裁判員裁判時代の法廷通訳人

水野 かほる・津田 守 編著

大阪大学出版会

目次

はじめに ……………………………………………………………… 津田 守　1

第Ⅰ部　概説

第1章　日本の裁判所における通訳と翻訳 ····· 津田 守、高畑 幸　11

 1　概要　11
 2　法廷（裁判所）における通訳翻訳業務　13
 3　法廷通訳人の存在と役割　22
 4　法廷通訳と法廷通訳人に関する制度化についての議論　27
 5　裁判員裁判の時代の法廷通訳翻訳　29
 6　補論　法廷通訳翻訳に携わるための自己研鑽参考書　31

第2章　裁判員制度における要通訳刑事裁判の特徴
 ……………………………………………… ヤコブ・E・マルシャレンコ　35

 1　はじめに　35
 2　要通訳刑事裁判における外国語の使用状況　36
 3　要通訳裁判員裁判における外国語の使用状況　38
 4　要通訳裁判員裁判の対象となった主な罪名及び覚せい剤取締法違反　40
 5　おわりに　42

i

第Ⅱ部　法廷通訳人の声

第3章　裁判員裁判時代の法廷通訳人
——数量調査結果とその考察 ……………………… 高畑 幸　47

 1　問題設定　47
 2　先行研究の検討　48
 3　調査データから　51
 4　知見のまとめと今後の課題　63

第4章　裁判員裁判を経験した法廷通訳人
——聞取り調査結果とその考察
………………………… 津田 守、佐野通夫、浅野輝子、額田有美　67

 1　はじめに　67
 2　調査概要　69
 3　調査結果　72
 4　まとめ　117

第Ⅲ部　通訳翻訳実務上の諸問題

第5章　司法通訳翻訳における中国語の多様性 ……… 本松 恵　125

 1　はじめに　125
 2　中国語の多様性　126
 3　中国における法廷通訳——外国語、少数民族言語について　129
 4　普通話と台湾国語の相違　132
 5　日本における中国語通訳と通訳人の現状　137
 6　おわりに　141

第6章　要通訳の刑事手続における〈リンガフランカ〉としての英語………………………………………ヤコブ・E・マルシャレンコ　145

 1　はじめに　145
 2　英語が「リンガフランカ」となる要因　147
 3　英語の多様性及び司法通訳への影響　154
 4　おわりに　160

第7章　法廷通訳における訳出の難しさ
 ── 否定表現の通訳例からの考察…………　水野かほる　167

 1　はじめに　167
 2　先行研究と本研究の位置付け　169
 3　調査の概要　173
 4　調査の結果と考察　176
 5　まとめと今後の課題　186

第Ⅳ部　海外における法廷通訳翻訳

第8章　スペインにおけるリーガル通訳翻訳、司法通訳翻訳、公認通訳翻訳…………マリア・イサベル・アルコネロ・グティエレス
（イグナシオ・キロス、森　直香　訳）　195

 1　はじめに　195
 2　リーガル通訳翻訳　196
 3　司法通訳翻訳　198
 4　公認通訳翻訳人　202
 5　公認通訳翻訳人の任命　203
 6　おわりに　204

第9章　通訳者の資格試験をめぐって
　　　　──スペインにおける司法・警察通訳サービスの下請けの問題を中心に
　　……………… フアン゠ミゲル・オルテガ・エラエス（森　直香 訳）　207

　　1　はじめに　207
　　2　唯一無二の質の定義は存在するのか？　学術分野 vs. 経営分野　209
　　3　スペインにおける司法・警察通訳の質に関する分析　211
　　4　スペインにおける法廷通訳、警察通訳業務の委託　213
　　5　行政が要求する質の確保のための必要条件　214
　　6　入札業者による、質の保証の必要条件の遵守　229
　　7　結論　235

第10章　米国における法廷通訳人の資格認定制度 ‥ 鈴木いづみ　245

　　1　はじめに　245
　　2　米国における法廷通訳の実情　248
　　3　日本語の法廷通訳人──その認定および実務　252
　　4　法廷通訳人の倫理　259
　　5　おわりに　262

第11章　刑事裁判手続において通訳の援助を付する自由権規約上
　　　　の義務の射程 ……………………………… 坂巻静佳　267

　　1　はじめに　267
　　2　自由権規約14条3項(a)及び(f)の保護法益　269
　　3　自由権規約14条3項(a)及び(f)に基づく義務の内容　271
　　4　おわりに　296

付録　主要な裁判員裁判対象事件一覧表 …………………………… 308

おわりに ……………………………………………… 水野かほる　311

索引　313
執筆者等一覧　316

はじめに

　日本のグローバル化が進んでいると言われてから久しい。経済、政治、社会、情報などの諸側面で、グローバル化状況からさまざまな影響を受けつつあるからだ。また、日本人が諸外国・地域に向け出国する一方、世界の津々浦々から来日する外国人の数も年々増加しているほか、いわゆるニューカマー（新来外国人）の中には、定住化していく人々も多い。
　そういった国境を越えたヒトの移動が盛んになる過程で、多様な言語や文化がもたらされ、多言語多文化共生に向けた社会が作られつつある一方で、在住ないしは滞在する外国人が事件や事故に巻き込まれることは少なくない。日本語を全く、あるいは十分には理解しない者（外国人ばかりでなく、日本国籍者のこともある）が、逮捕から裁判、ときには受刑や保護観察にまで至る手続に乗った場合、すなわち被疑者・被告人・受刑者、ときには被害者・参考人・証人などと、刑事司法関係者はコミュニケーションを図る必要が生じる。
　そのコミュニケーションを可能にするのが司法通訳翻訳人である。公益性のきわめて高い業務に従事することになる。裁判所に限っても要通訳案件は刑事・民事・家事・少年を問わずみられるため、通訳人ないしは翻訳人は裁判を適正かつ迅速に遂行させるに不可欠の存在となっている。

1 司法通訳翻訳

　ここでまず司法通訳翻訳を定義しておこう。法的手続を遂行する諸機関・組織において行われる通訳及び翻訳であり、ほとんどの場合、問答や語りの通訳と、文書や文章の翻訳が同じ仕事の流れの中で行われる。サイトトランスレーションないしはサイトインタープリティングと呼ばれる視訳もなされる。そういった意味で本書では通訳と翻訳の間に中黒（・）は入れず「一つの業務」として捉えている。ただ、刑事訴訟法や民事訴訟法では「通訳人」と「翻訳人」を別々に規定しており、本書でも業務遂行者として別々に記述することもある。

　本書で使う「司法」は、基本的に立法、行政、司法で言う司法すなわち裁判所の世界を指す。ただ、関係する機関・組織の中には、裁判所のほか、都道府県警察、検察庁、海上保安庁、財務省税関、厚生労働省厚生局麻薬取締部、弁護士会（法律事務所）、司法支援センター、拘置所、刑務所、保護観察所など、刑事司法手続に関わる「行政」機関や、政府から独立した弁護士会なども含まれる。ほとんどの場合、通訳翻訳人は事案ごとに、あるいは期間を限定して、民間人として依頼を受け業務を遂行している。

　通訳翻訳を（すなわち、通訳翻訳人を）必要としているのは、日本語を（十分に）解しない側であるのみならず、それぞれの手続を担う上記機関・組織でもある。通訳翻訳人の存在と役割は、前者にとっては「権利」であるとともに、後者にとっては「公益サービス」ないしは「人権の保障」という側面があると捉えられる。

　そういった意味で司法通訳翻訳は、他の領域、すなわち行政（政府及び都道府県・市町村）、保健、医療、福祉、教育、防災（減災）、地域コミュニティなどと同様にさまざまな公益場面で行われるため、公益通訳翻訳の一角に位置付けられる。

　司法手続においては、耳の聞こえない、あるいは口のきけない当事者がいることもある。そのときには「手話通訳人」が付くこととなるが、本書では

外国語通訳翻訳に焦点を当てることとする。ただ、きわめて稀に外国人被告人に手話通訳が求められることもあり、その場合には、外国手話通訳人に加えて日本語にリレーをする通訳翻訳人の存在も必要となる。

2 | 法廷通訳翻訳と法廷通訳人

　本書で扱うのは、司法手続の内で、主として刑事裁判手続に関わる通訳人、翻訳人である。「法廷通訳人」の用語には狭義の「裁判所選任」の「法廷」「通訳人」に限らず、刑事司法手続に関わるすべての通訳翻訳人を含むものとして使用する場面があり、具体的には、裁判所の法廷以外の場所（例えば勾留質問室）での通訳、警察・検察や弁護人が依頼する通訳翻訳人も検討の射程においている。

　本書名に「法廷通訳翻訳人」ではなく、「法廷通訳人」とあるのは、次の理由による。一般的に通用している「法廷通訳人」を本文中でもそのまま使い、あえて「法廷通訳翻訳人」とは書き表してはいないときもあるからだ。

　法廷通訳翻訳は業務の種類を表しているが、そこに従事する人を指すときには「法廷通訳人」と呼ぶことにする。マスコミのみならず、通訳（翻訳）人の間ですら、しばしば「ヒト（人）」を意味するにもかかわらず「法廷通訳」が使われているのが実情だ。しかしながら、本書では、その区別にこだわりたい。

　「裁判官」はヒトを想起させるが、「裁判」がヒトになることはない。「裁判所」や「検察」に人格をもたせて代名詞的に使用することはある。しかし、「弁護」という言葉がヒトを意味することはない。さらに言えば、証人、鑑定人、付添人、告訴人、告発人、被害者参加人、申立人、控訴人、上告人、訴訟代理人、権利承継人、訴訟関係人など、法律でヒトを指す際は、あくまでも「人」が付く（民事訴訟の「原告」や「被告」がむしろ例外的である）。

　「通訳」は本来あくまでも業務の種類ないしは内容のことであり、機関や組織、ヒトを指す言葉ではない。すなわち、「通訳」をするのが「通訳人」

なのである。こういった区別は通訳人の切実なる想いから来ている。「通訳人はヒト（人間）です、通訳翻訳のための機械（的存在）ではありません。」ちなみに、司法以外の領域においては、やはり「通訳」ではなく、法律で規定された概念ではないが「通訳者」が使われるべきことは言うまでもない。

3 法廷通訳人と裁判所通訳翻訳人

　通訳（翻訳）する者は、裁判所からすれば「通訳人」ないしは「翻訳人」であるのだが、そういった通訳翻訳は「法廷」内でのみ行われるわけではない。その意味で「＜法廷＞通訳人」と言ってしまうことには正確性が伴わない。英語で言えば、court interpreter すなわち court（裁判所）のであって courtroom（法廷）に限定された通訳人ではない。その意味では、裁判所通訳翻訳人こそが、語義として適合している。

　本書でも、裁判所からの依頼により行う通訳翻訳業務に従事する者は「裁判所通訳翻訳人」ないしは「裁判通訳翻訳人」と呼称したいところであるが、日本では「法廷通訳人」という表現があまりにも定着しているので、後者を使うこととする。本書で言う、「法廷通訳人」における「法廷」という言葉には、法廷も、公判前整理手続に使われる部屋も、（判決文の翻訳をするために提供される）通訳人控室も、勾留質問室も含んで使用する。「通訳」には、通訳及び翻訳業務の両方が含まれている。そういったことを常に念頭においていただきたい。

4 裁判員裁判時代

　日本の司法制度改革、とりわけ最重要の取組みの一つである裁判員制度は、2009（平成21）年5月に導入され、これによって裁判への市民参加が進められた。制度の運用を通して、対象事件の被告人が日本語を（十分に）解

しない主として外国人（ときには日本国籍者）であるために「要通訳の裁判員裁判」となる事例が多くあることが明らかになった。さらに、要通訳裁判員裁判を契機に市民の目が法廷通訳人の存在に向けられるようにもなった。それまで日本では、法廷通訳人は市民からのみならず法曹三者からも「黒子」として見なされる傾向にあった。法廷通訳人も適正で迅速な裁判の一端を担う人材でありながら、その就労環境や条件は十分なものではなかったり、制度的運用面においても困難を抱えていたりすることまでは、これまであまり理解されてこなかったのである。

　本書は、日本における裁判所（法廷）通訳翻訳と法廷通訳人の現状と課題を明らかにするよう、法廷通訳実務者の立場から、国際的な視座において試みるものである。執筆者は、司法通訳翻訳・国際法・日本語教育の専門家、日本人及び外国人研究者など、さまざまな背景と知見を持ち、その多くが裁判所通訳翻訳の現役でもある点に特色をもつ。

　本書に掲載されている情報は、これまで「声なき声」であった全国の法廷通訳人の「声」を、質的調査と量的調査の結果から引き出したものである。裁判員と比べて、法廷通訳人の経験と「声」についての実証的で学術的な研究はこれまでほとんど行われてこなかった。本書は制度導入とほぼ同時に開始された調査研究の成果となっている。ただ、本書で「聞こえてきた（通訳人の）声」は確かに声なき声であったのだが、決して一つにまとまったものではない。それぞれの通訳人が、特定言語の通訳人として、さまざまな事案を担当してきた経験を踏まえていることから、その見解や立場には優れて多様性がみられる。その多様性をも理解していただきたい。

　さて、法廷通訳翻訳及び法廷通訳人をめぐる問題の重要性はもちろん、日本に限定されない。多くの国や地域において、そういったテーマの調査研究が行われており、それらの成果は、日本においても大いに参考になると考えられる。例えば、近年、日本でも法廷通訳人の資格認定制度の必要性に関する議論が生起しているが、海外にはそうした制度を既にもっている国もある。本書は、スペイン及びアメリカ合衆国における制度とその実態を紹介しており、日本国内でなされている議論に貢献したい。

5 | 本書の流れと概要

本書は、法廷通訳翻訳及び法廷通訳人を巡る領域を異なる側面から論じる、以下の4部から構成されている。

第Ⅰ部「概説」
第1章は、日本における法廷（裁判所）通訳翻訳の制度上及び運営面での実情を法廷通訳人の視点から記述する。第2章では、最高裁判所が公表している言語別の要通訳事件データをもとに、法廷で最も使用頻度の高い言語は中国語であるが、裁判員裁判対象の重大事件の通訳言語としては英語が多いことを指摘する。

第Ⅱ部「法廷通訳人の声」
第3章では、法廷通訳翻訳の経験者101人から回答を得た数量調査をもとに、法廷通訳人の属性について明らかにした後、①裁判員裁判を担った経験のある通訳人の約8割が「負担が重くなった」と述べ、②法廷内で使われる日本語が「訳しにくい」と感じる要素のあることを指摘した。
第4章では、裁判員裁判経験のある通訳人19名への面談による聞取りから、数量調査での知見に加えて、①通訳対象者の言語能力や心理状態に起因する問題、②裁判員制度運用において特有の負担増、③法廷通訳翻訳に関わる人々からの理解と協力の必要性などが指摘される。

第Ⅲ部「法廷通訳翻訳実務上の諸問題」
第5章では、法廷で使用頻度が最も高い「中国語」において、地方語出身者も多数いることから地方語使用の被告人と北京語（普通語）使用の通訳人との間で意思疎通をきたすことが明らかになる。第6章では、法廷において、英語がそれを第一言語（いわゆる母語）とする被告人の通訳翻訳だけではなく、被告人の第一言語での通訳人が見つからない場合の代替言語あるい

は「共通語」として使用されることが示される。第7章では、通訳者への実験から、通訳しやすい、ないしは通訳可能な日本語の文型や表現法について明らかにする。

第Ⅳ部「海外における法廷通訳翻訳」

ここでは、日本の法廷通訳翻訳と法廷通訳人をより広い国際的視点から捉えようとする。第8章は、スペインにおけるリーガル通訳翻訳の現状について、および司法通訳翻訳と公認通訳翻訳の違いを述べる。第9章は、スペインにおける警察・司法通訳人雇用の条件及び入札書類の検討を通して考察する。第10章では、米国の法廷通訳人資格認定制度と実態について紹介する。最終の第11章は、「市民的及政治的権利に関する国際規約」の下で、日本を含む当事国はどのような措置を取れば通訳の援助を受ける権利を確保したことになるのか、条約上の義務の外延を分析する。

6 むすび

以上の通り、本書は裁判所（法廷）通訳翻訳及び法廷通訳人をグローバルな視野から考察している。国際的な多言語間のコミュニケーション、とりわけ通訳翻訳に関わっている人々、さらには法曹三者ほか刑事司法関係者だけではなく、広く司法に関心をもつ一般市民の方々にぜひ読んでいただきたい。

本書で「裁判」と「通訳翻訳」を結びつけるこのテーマを取り上げたことが、日本における多言語多文化社会のあり方や司法制度全般に関連する諸課題をより深く考察していく契機となることを、執筆者一同は心から願っている。

津田　守

第 I 部

概説

第1章
日本の裁判所における通訳と翻訳

津田　守・高畑　幸

1 概要

1.1 問題意識

　本章は、日本における法廷通訳翻訳の制度的側面と運用実態を概観するものである。刑事法分野の司法制度改革は、2009（平成21）年に導入された裁判員裁判がその要石と言われているが、その数年前から始まっていた即決裁判、公判前整理手続、集中審理などにおいても法廷通訳人は関わりをもち、その影響を受けてきた。要通訳事案においては、法廷通訳人が不可欠な存在として役割を果たしているからである。
　そこで、全国の通訳人候補者を名簿に登載し、研修の場を提供し、さまざまな手続において法廷通訳人を選任し、その業務遂行の指揮を行う裁判所の対応に着目したい。
　裁判所における法廷通訳人には、諸手続を適正、円滑、迅速に進めるため、的確な通訳翻訳を行うことが期待されている。業務遂行に必要な資質と確固たる責任感が求められており、このことが法廷通訳人にとっては大きなストレスと負担を与えることにもなる。
　ストレスや負担を軽減するために、あるいは就労環境を改善するために

は、どのような「配慮」が必要であり、対応がなされているのだろうか。まず以下に、法廷通訳人としての業務範囲について概観し、その後、特に裁判員裁判制度における法廷通訳翻訳の課題を指摘したい。法廷通訳人の在り方は、裁判所のみならず、広く司法手続にも影響を及ぼすからである。

1.2 司法通訳翻訳と法廷通訳

日本には、ろう者などの聴覚障がい者、言語に障がいのある（口のきけない）者、視覚障がい者、それに日本語を十分に解しない「外国人」（日本国籍者を含む）などがいる。そういった人々に対して提供される、法律に基づく手続における通訳翻訳サービスの総称を司法通訳翻訳と呼ぶ。

刑事司法通訳翻訳は、裁判所のほか、警察署、厚生労働省厚生局麻薬取締部、海上保安庁、検察庁、弁護士、司法支援センター（法テラス）、拘置所、少年鑑別所、刑務所、少年院、保護観察所などから依頼される通訳翻訳業務

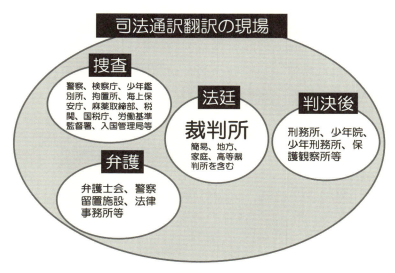

図1　司法に係る通訳翻訳業務の主要な現場

を指す(図1)。

　裁判ないしは裁判所に関わる通訳翻訳業務が「法廷通訳翻訳」である。ここで鍵括弧を付けたことに着目いただきたい。その意味は、文字通りの「法廷内」においてのみならず、勾留質問室や裁判員裁判のための公判前整理手続に使用する別室においても通訳人は通訳をしており、さらには裁判所の内外(しばしば自宅)で翻訳という作業もしている点に留意するためである。

　なお、法廷通訳翻訳という業務とそれを担う法廷通訳人には当然、手話通訳者もいるが、本書では主として日本語と外国語との間の通訳翻訳業務とその法廷通訳人について論じる。

2 法廷(裁判所)における通訳翻訳業務

2.1 「法廷通訳人」としての歩み

　ここでまず、本章著者(津田・高畑)が法廷通訳人となった契機から現在に至る経験の一端を紹介する。津田は1986(昭和61)年から約150件、高畑は1993(平成5)年から約450件、裁判所での通訳翻訳業務に従事してきた。なお、1980年代から1990年代初頭までは、要通訳事件が急増していたことから、裁判所は「通訳人確保」においては「藁をもつかむような」状態にあった。

　両名とも、フィリピン(タガログ)語通訳事件担当を主とし、英語[1]での通訳実務も行う現役である。また、高等裁判所単位で開催される「法廷通訳基礎研修」、「法廷通訳セミナー」や「法廷通訳フォローアップセミナー」などにおいて講師を務めてきた。

　1986(昭和61)年のある日、津田が当時勤務していた外国語大学の代表電話に高等裁判所から電話が入り、受けた庶務課から研究室へ転送されてきた。「フィリピン人の言葉のわかる人はいませんか」とのことだった。タガログ語という特定もなかった[2]。

　いずれにせよ、大学でただ1人しかいなかった「フィリピン語」教官に電

話が回ってきたのである。その数週間後、津田は生まれて初めて入った法廷で通訳人を務めることとなった。被告人質問は休廷無しの2時間超であったが何とかこなした。それよりも、法廷には外気に接する窓が無いことに強い印象を持った。同時に、「内なる国際化の最前線」が法廷にあり、公開の場ではあるとは言え、構造的に外気（外の世界）には直結していないことを体感した。

　その事件は、ある地方裁判所で有罪判決を受けたフィリピン人の控訴審だった。被告人は一審判決を聞いて、他に3名の共犯者がいた中で自分は主犯格とされていることに初めて気がついた。誘われて仲間に加わり、単に日本へ同行したが、自分は分解されていた銃器の一部の部品を「運ばされただけ」であるとの主張が控訴理由だった。審理の結果、刑が減じられた。被告人が通訳の付く第一言語での言い分で陳述できたため、裁判官の判断に資することになった、という実感をもった。

　当時は、「フィリピン人は英語がわかる」との通念から、また「フィリピン人の言葉」の通訳人材が見当たらなかったこともあり、捜査段階、弁護、第一審のすべてにおいて英語の通訳人が付いていた。しかし、高等裁判所はかような被告人の控訴理由に鑑み、本人がより自由に陳述できるように、との配慮から上述した経緯でフィリピン（タガログ）語通訳人を選任することとなったのである。

　次のようなことも1990年代初めにあった。津田の居住地からやや離れたある地方裁判所から「法廷通訳人を交代させたいので、引き継いでくれないだろうか」との連絡が入った。雇用者（ボス）を殺害した事件の被告人はフィリピン・ミンダナオ島出身者で、第一言語はビサヤ語（セブ語と呼ばれることもある）、第二言語は標準語としてのフィリピン（タガログ）語、第三言語は英語（フィリピンでハイスクール中退程度の英語力）、そして第四言語が日本語（日本滞在歴は10年弱）であった。

　第一回公判の冒頭手続が終わった時点で、当初の法廷通訳人が「（被告人は興奮状態にあり）上記4つの言語を混在させて発言するので意味が通じず通訳ができない」とのことで辞意を表明したようだ。そういった事情と起訴内

容が職務従事中の殺人という背景を聞き、津田は「お引き受けはしたいが、主として日比・日英間の担当をする日本人の私と、フィリピン人でタガログ語及びビサヤ語の両方のわかるもう１人の通訳人との２人でチームを組んでみたい」と要望をした。

裁判所は「１週間ほど待ってほしい。上級裁判所に問い合わせる」とのことだったが、結局「そのチームでお願いします」ということになった。実際、被告人質問時には、タガログ語とビサヤ語を使い分けて通訳したところ、本人からは、ときに英語や日本語もが飛び交う答えが返ってきたりした。日本語に訳される前の原発言は、正に「混ぜこぜ」で、しかも感情のきわめて高まった状態でのものだった。そういった難しさがあったものの、何とかチーム連携により対応することができた。これが約20年後の裁判員制度下におけるチーム通訳の試みにつながることになるとは想像もしなかった。

2013（平成25）年から2014（平成26）年にかけて、別の地方裁判所では、米国籍の被告人が傷害（及び、追起訴による脅迫）という罪名で起訴されていた。津田は法テラスからの連絡により起訴前弁護（国選弁護人）の通訳人を務めていたが、裁判所にて選任予定となっていた通訳人が何らかの事情で辞退したため、裁判所は担当検察官の了承を得たうえで、法廷でも通訳人を務めるよう津田に依頼をしてきたので受けることとした。被害者２名は共に米国人。どちらも証人として尋問を受けることもあり、かなり複雑な審理が繰り返された。

判決宣告の期日に、主文（有罪）を告げた後、裁判官が理由を伝え、段落ごとに通訳をしている最中のことであった。被告人がその場に突然立ち上がり、通訳人による通訳を遮り、２分間近く（少なくとも津田にはそう感じられた）怒り叫ぶような発声を続けたのである。10名近い傍聴人を含めて法廷内は「凍り付いた」かのごとくになった。裁判官は、周りへの危険性は無い、かような反応をする被告人の気持ちも分かると判断したのだろうか、あえて被告人を止めようとはしなかった。落ち着いた段階で、裁判官は中断された部分から訳しなおすよう、通訳人に指示をした。

中立性と公正さを求められる法廷通訳人ではあるが、30年間近い法廷での

経験の中で初めての、あまりにも想定外の事態発生に直面したのである。しかしそこでは、裁判官の冷静かつ適切な訴訟指揮によって救われた感がある。

　後日談がある。執行猶予を受けていたが控訴した被告人が、第一回控訴審公判を間近に控えていた2015（平成27）年の初めであった。偶然の風の便りではあったが、控訴中で在留資格も残っていたはずの彼が自殺をした、とのことだった。第一審での通訳人としては、正直やるせない気持ちになったことは否定できない。さまざまな事件を重ねてきたとはいえ、法廷通訳人としての役割と責務について、津田は常に自省の想いを持っている。

　そのような経験もあり、津田は（旧）大阪外国語大学、大阪大学、名古屋外国語大学それぞれの大学院において、公益通訳翻訳の中の主として「司法通訳翻訳」領域において研究とカリキュラム開発を進め、それらを通して実務者育成にも取り組んできた[3]。

　かたや、高畑が初めて司法通訳を経験したのは修士課程に在籍していた1993（平成5）年である。当時、津田のもとで指導を受けていた高畑は、大阪市内の某警察署から津田研究室にかかってきた電話一本で「出動」することとなり、複数のフィリピン人被疑者が同時に関わったとされる覚せい剤事件で、捜査通訳にデビューした。

　後日、その事件の審理を傍聴する機会をもった。さらに判決宣告を傍聴に行ったのだが、関西唯一とも言われていたフィリピン人のベテラン法廷通訳人が現れなかった。期日を間違えてしまったのだ。急遽、ピンチヒッターとして傍聴席にいた高畑が依頼され、法廷通訳人を始めることになったのである。

　その後、大学院生時代は大阪地方裁判所（及び支部）を中心に年間30件程度のペースで法廷通訳人を務め、大学教員として広島と静岡に勤務する間も年間5～10件の事件を担当してきた。その中で痛感したのが、地方都市での通訳人不足である。外国人の人口が多い大都市（東京、名古屋、大阪）は要通訳事件も多い。かたや、地方都市では年間数件の受任しかなく、各言語の通訳人にとって法廷通訳は「副業」にすぎないことが多い。あるいは、殺人未

遂等の大きな事件が発生すれば捜査段階でその裁判所がある都市圏内に住む通訳人の全てを動員してしまい、遠隔地から法廷通訳人を呼んで公判を、ということもあった。実際、高畑はこれまでに那覇、松江、徳島、高松等の地方裁判所に出かけて行ったことがある。通訳人材の都鄙格差を問題意識としてもっている。

2.2 通訳人候補者リストへの「登載」

　津田と高畑が法廷通訳を始めた頃は初心者への体系的な研修が行われていなかったが、近年は裁判所が導入研修、基礎研修等を実施している。また、各地の裁判所は折にふれ裁判官と通訳人との意見交換会を実施して、通訳人のおかれた実情や悩みの把握に努めている。

　通訳人志願者の多くは直接、裁判所にアプローチをしている。すると、まずは裁判傍聴（要通訳事件が望ましい）を勧められる。傍聴人としてではあるが、実際の審理の流れややり取りを直接見聞し、雰囲気に慣れることが期待されている。その上で「傍聴日誌」にあたる作文を提出することになる。観察や理解したことを書くだけではなく、それらについての所感や率直な疑問などが述べられていれば、裁判手続の理解度や法廷通訳への関心の高さが評価される。

　次に面接が設定され、その際には履歴書をもとに、学歴、職歴、とりわけ通訳翻訳歴等を尋ねられるが、面接をする裁判官は志願者の「通訳能力、識見、誠実さ、信頼性等をチェックし、通訳人としての適格性を審査するのが通常である。」[4]

　その面接時には、同時に翻訳ないしはサイトトランスレーション（視訳）を求められたり、裁判官に加えてベテラン通訳人が立ち合い、法律用語や裁判での言い回しを交えた模擬的やり取りのテストが行われたりもする。このようにして、通訳人としての資質や適性についての一定の評価がなされているのである。ただし、この段階では名簿に「登載」されるにすぎず、直ちに通訳依頼が来るわけではない。実際に法廷通訳を始める前には、以下のよう

な研修が行われている。

2.3 裁判所による法廷通訳人研修

「法廷通訳セミナー」は、全国の高等裁判所管轄内の地方裁判所を会場に、年2回、通常は2言語の研修が同時に開催されている。2日間にわたるもので、各地裁から推薦された、原則として、名簿に登載済みの法廷通訳人候補者を対象とする。開催の数週間前には「模擬裁判」で使われる起訴状、冒頭陳述、論告、弁論等、証人尋問や被告人質問などのシナリオを除いた資料が送付される。セミナーの当日までに書面の翻訳をしておけるようにとの配慮からである。

1日目には、まず裁判官及び書記官から法廷通訳に関する概要や通訳人への期待などのレクチャーが行われる。次に、ベテラン通訳人が経験談を交えながら、通訳人としての心構えや注意事項を説明する。通常、各言語2名の通訳人が講師としてセミナーに加わっている。

その午後には模擬裁判が始まる。役割分担として裁判官が裁判官を、裁判官ないしは書記官が検察官、弁護人、証人を、通訳人講師の1名が被告人を、そして研修参加者が通訳人となり模擬裁判の実習を行う。

2日目は模擬裁判の続きを行うか、別の種類の公判を例に模擬実習を行う。その後、裁判官、講師の通訳人、研修参加者が再度一堂に集まり、「まとめ」を行うのが典型的なスケジュールである。

なお、研修終了後、裁判官と講師通訳人との間で「検討会」が開かれている。そこで、研修参加者の通訳能力を振返るとともに、講師通訳人には、研修参加者の資質に関する一定の評価をするよう求められる。

おおよその流れは同じであるが、中堅の通訳人向けとなる「法廷通訳フォローアップ研修」もほぼ定期的に開催されている。そこでは、「自白事件」より難しい「否認事件」を、あるいは「裁判員裁判」に特化した内容の研修をも行っている。このように、裁判所はさまざまな場面で稼働できる法廷通訳人の育成をしているのである。

研修そのものではないが、ほぼ毎年各地の裁判所では、実績を重ねてきた通訳人若干名を招いての「法廷通訳研究会」が開催され、通訳人の声に耳を傾けるとともに、公判への臨み方やことばの訳し方などについての裁判所からの要望を伝える場となっている。

2.4 法廷通訳翻訳人の必要性と費用

最高裁判所作成の『ごぞんじですか法廷通訳』によると、「法廷における通訳人は、日本語で行われる裁判手続を外国語に通訳するとともに、被告人の発言を日本語に通訳するわけですから、被告人の権利を保障し、適正かつ迅速な裁判を実現する上で非常に重要な役割を果たしています」とされている。

自由権規約第14条は以下のように定めている。「すべての者は、その刑事上の罪の決定について、十分平等に、少なくとも次の保障を受ける権利を有する。（a）その理解する言語で速やかにかつ詳細にその罪の性質及び理由を告げられること。（中略）（f）裁判所において使用される言語を理解すること又は話すことができない場合には、無料で通訳の援助を受けること。」日本も同規約を批准しており、国内的実施義務を負っている。

刑事訴訟法第175条によると、「国語に通じない者に陳述をさせる場合には、通訳人に通訳をさせなければならない」とある。また、刑事訴訟費用等に関する法律の第一条では、「刑事の手続における訴訟費用の範囲及び裁判所又は裁判官が行なう刑事の手続における証人、鑑定人、通訳人若しくは翻訳人（以下「証人等」と総称する。）又は弁護人に対する給付については、他の法令に定めるもののほか、この法律の定めるところによる」と規定されている。このような規定に基づいて、法廷通訳人が必ず付けられており、その費用は一旦は国庫から支払われている。判例によれば最終的には、必ずしもすべての被告人に通訳翻訳費用の無償化が保証されるわけではないが、通常は被告人の負担とされていない。

2.5 法廷通訳人の制度的位置付け

　日本には、裁判所はもとより司法（及び行政）全般の通訳翻訳人の一般的資質及び身分等を規定する法律は存在していない。つまり、都道府県警察本部、地方検察庁、高等裁判所、単位弁護士会、司法支援センター、入国管理局ほかが、必要に応じて募集し選考するなどした上で、それぞれ独自に通訳翻訳人として名簿に登録（裁判所では「登載」）している。拘置所や刑務所においては、通訳翻訳業務を入札にかけて外部委託し、受託した人材派遣会社が自社に登録している通訳翻訳者を派遣する形を取ることが多い。

　したがって、ほとんどの通訳翻訳人は、上記の特定機関の専属という訳ではなく、民間人として一人一人が個別に（ときには派遣会社等を介して）、それぞれの機関からの要請を受け、毎回の特定の業務を遂行している。この現実は、通訳翻訳人の資格認定制度を論じる際に留意すべき点である。また、警察職員のように「専属の職員」として採用されている場合を除き、どの機関においても通訳翻訳人の国籍は問われていない。

　さて、裁判所にて上記の「法廷通訳人研修」を修了すると、各高等裁判所の「通訳人候補者名簿」に改めて記録される。「通訳人候補者名簿」は電子的に管理され、基本的には同じ高等裁判所管轄内の第一審裁判所ないしは支部においての通訳人及び翻訳人の候補者リストとして運用される。必要に応じて、全国レベルでも活用されているようだ。

　通訳人が選任された事件の概略及び個々の通訳人の通訳実績は、裁判所で累積的に記録されている。登載されたばかりの候補者には通常「やさしい自白事件」から依頼をすることになるし、経験豊富な通訳人には「難しい否認事件」と予想される場合や重大な罪名を扱う裁判員裁判の依頼をすることもできるようになっているようである。

　裁判所書記官研修所編（1992）によると、同時期から「通訳が付された事件については、被告人に通訳が付された事件に限って、事件毎に、事件番号、被告人の氏名、国籍、（中略）通訳言語等、録音体の数、法廷通訳等を巡る紛議の有無」の調査及び報告がされていた[5]。最高裁判所事務総局刑事局の

通達により、1989（平成元）年には「通訳人名簿」が調整されるようになった。同書には以下の記述もある。「通訳人ごとに受任件数や受任事件の種類、同事件の経過などを記録する等し、小回りのきくようきめ細かな通訳人候補者名簿的なものを調整する等工夫して、事案に応じて適格な通訳人が速やかに確保できるようにするための地道な努力をすることが考えられてよいであろう。そうすることにより、一人の通訳人に通訳の依頼が集中することも防げ、事案が比較的簡単なものは努めて経験の少ない通訳人に依頼して経験を重ねてもらうなどすることもできるであろう。」[6]。

現在でも裁判所では、前述のとおり「通訳人候補者名簿」が維持管理されて、通訳人の確保と運用に努めている。

2.6 法廷通訳人選任及び受任

裁判所から通常は電話での依頼が入り、法廷通訳人候補者として1件ごとに決定される。第一回期日が既に決まっているときと、おおよその日程が決まっていて通訳人の都合を尋ねられる場合がある。

受任する際、担当弁護人が国選か私選かを書記官に尋ねておくことが望ましい。既に決まっていれば、必要に応じて行われる接見や打合せ等のため、弁護人の氏名や連絡先等を把握できるからである。決まっていなければ、後日、書記官ないし弁護人から連絡が来る。

裁判所からは「法廷通訳人選任予定者」であることを示す書面が郵送されてくるので、公判開始前はそれで「身分」を示せるようになっている。弁護人と警察署や拘置所に同道接見に行くこともあるが、その受付でこの書面を示すことができる。

裁判所書記官は、公判担当検察官にも通訳人の氏名及び連絡先等を伝える。それは、通訳（翻訳）の便宜のために冒頭陳述要旨、証拠の標目、書証内容の要約、論告要旨等の提供をしてもらうためである。時間的余裕のあるときには郵送で、あるいはファックス等を使って、公判期日の前に届けてもらえる。そうなれば翻訳をしておくなど準備がしやすくなるという配慮であ

る。

　多くの場合、弁護人からの冒頭陳述要旨、弁論要旨等は郵送、ファックスまたは電子メールに添付の形で届けられる。それにしても、公判期日の直前ではなく時間的余裕をもって送ってもらえるよう、書記官を通して要請しておくことが肝要である。

　さて、初公判の冒頭で通訳人選任手続があり、通訳人宣誓を行った時点で正式に「法廷通訳人」となる。そして、判決言渡が終了し、裁判所が閉廷を宣言した時点で「法廷通訳人」ではなくなる。

　以上のように、法廷通訳翻訳人の登載手続や研修制度が、要通訳事件の増加に伴い、徐々に整備されてきた。とはいえ、通訳人（候補者）には、常に自己研鑽を重ねるとともに、通訳翻訳実務者同士の経験の共有や意見交換が欠かせないことは言うまでもない。

3 ｜ 法廷通訳人の存在と役割

3.1　日本の刑事手続と法廷通訳翻訳が必要とされる場面

　日本における刑事手続の全体像を図2に示した[7]。

　刑事手続の場合、法廷通訳人として通訳翻訳が求められる主な場面は以下の通りである。

1) 宣誓
2) 勾留質問
3) 弁護人接見
4) 勾留理由開示請求手続
5) 起訴状翻訳
6) 公判前整理手続
7) 地方裁判所・簡易裁判所等での公判

第1章 日本の裁判所における通訳と翻訳

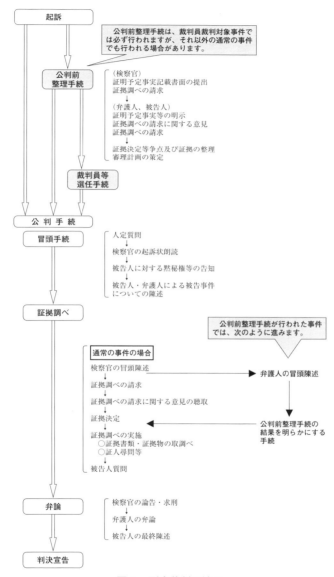

図2　刑事裁判の流れ
（最高裁判所『平成27年版　ごぞんじですか　法廷通訳』より転載）

8）判決宣告直後の弁護人接見
9）控訴審

以下に、各段階での通訳翻訳業務について詳しく見てみよう。

1）**宣誓**：裁判所において通訳人が必要とされる手続の開始時に、通訳人としての宣誓がある。「宣誓　良心に従って誠実に通訳をすることを誓います。　通訳人」と宣誓することにより「法廷通訳人」となる[8]。それは勾留質問や勾留理由開示請求手続の直前、（被告人が最初に出席する）公判前整理手続ないしは公判手続の始まる直前、すなわち公判で言えば「冒頭手続」の直前に行われる。

2）**勾留質問**：裁判所内の勾留質問室で行われる。そもそも日本の裁判所では、裁判所法第74条により日本語を用いることになっている。その裁判所に、刑事事件で言えば検察庁から勾留請求が出されてくる。被疑者が外国人で日本語を解しないとなると、直ちに裁判所は裁判官がその被疑者とのコミュニケーション上の橋渡しをする通訳人を勾留質問場面で必要とするからである[9]。

3）**弁護人接見**：被告人が勾留中の場合は警察署あるいは拘置所（独立した拘置所を持たない地裁の場合は刑務所）で行われ、通訳人は「法廷通訳人選任予定者」として弁護人接見に同道する。在宅起訴時の被告人との打合せは通常、弁護士事務所で行われる。何回かの期日が指定される事件においては期日と期日の間に、同道接見ないしは打合せを繰り返すことがある。ただし、国選弁護人が付いている場合の通訳料は裁判所からではなく、司法支援センター（法テラス）から後日振り込まれる。

接見での通訳は、事件の概要を理解し、被告人の方言や話し方の癖をつかんでおくためにも重要な機会である。また、被告人が書いた反省文や被告人の家族からの手紙の翻訳等を頼まれれば、一定範囲に限り法テラスの費用負

担により有償で翻訳することになる。

　4）**勾留理由開示請求手続**：弁護人が被疑者の勾留理由開示を求めた場合、裁判所は非公開の法廷を使ってそれに対応する。いずれその被疑者に対する公判が行われるとして、公判時に同じ通訳人が選任されるとは限らない。

　5）**起訴状翻訳**：当該事案の法廷通訳人選任予定者が依頼されることもあるし、全くの別人が翻訳のみの依頼を受けることもある。どちらにせよ、裁判所からは1件あたり数千円の翻訳料が、翻訳人に後日振り込まれる。

　6）**公判前整理手続**：裁判員裁判では必ずなされる手続となっている。また、従前の方式の裁判においても実施されることがある。非公開の法廷または会議室で行う。公判開始に向けて、検察側と弁護側がそれぞれの主張や申請する証拠の標目を裁判所に提示し、争点を整理しておくという作業である。そのために必要な文書の翻訳を法廷通訳人が頼まれることがあり、それについては一定の範囲で、裁判所は通訳料とは別に翻訳料を加算している。文書の種類としては、「証明予定事実記載書」、「証拠開示に関する意見書」、弁護人に開示された証拠、検察官の証拠意見、被告人による上申書などである。裁判員裁判において法廷通訳人が、多くの翻訳業務を行うことになるのはこのあたりである。

　7）**地方裁判所・簡易裁判所等における公判**[10]：原則として開廷から閉廷に至るまで法廷内での発話を全て通訳する。ただし、裁判官の訴訟指揮に従って省くこともある。冒頭手続から、審理、結審、判決宣告までである。「円滑に、迅速に」通訳を行うためには、法廷で読み上げられる書面をあらかじめ翻訳しておくことが欠かせない。例えば、起訴状、冒頭陳述要旨、証拠等関係カード、論告要旨（ときに、供述調書の抜粋）、弁論要旨、判決文[11]等である。起訴状と判決文以外は、それを読み上げる人（検察官または弁護人）が読み上げるのと同時に通訳を行うことも多い。その場合、ワイヤレスマイ

クを使用する（被告人は、片耳にイヤフォンを装着させられる）。いずれにせよ、事前の翻訳が不可欠だが、それは法廷通訳の仕事の範囲内（通訳の為の資料）と考えられ、「翻訳料」は発生しない。

8）判決宣告直後の弁護人接見：裁判所内拘置所分室で行われることが多い。この接見を行うか否かはあくまでも弁護人の任意である。執行猶予付判決の場合であっても、被告人は気が動転していて「執行猶予」の意味を理解していないことがあるので、弁護人が気をきかせて判決宣告後に拘置所分室内で面会し、その意味をかみくだいて説明したりする。

有罪であれば、判決言渡の時点で、被告人が控訴する権利があることを必ず裁判官が言及しているので、弁護人として被告人にその意向や意味について確認を取る場合もある。そこでの、たとえ数分間の接見であっても、弁護人がそれを司法支援センターに報告すれば「通訳料」に勘案される。

また、実刑判決の場合は、翌日以降に改めて拘置所で被告人と面会し、その後の控訴予定について話し合うこともある。その時も司法支援センターから通訳料が支払われる。

9）控訴審：第一審が要通訳であれば、控訴審でも法廷通訳人が選任される。ただし、実際の審理の過程では法廷通訳人の「活躍の場」は少ない。被告人質問が全くなされない場合もあるからだ。

弁護側から控訴提起がなされる場合、弁護人は被告人のために控訴趣意書を作成することになる。第一審に国選弁護人が付いていた場合、控訴審では通常、別の国選弁護人が選任されている。ただ、多くの場合、同一の通訳人が選任されることとなる。その上で、弁護人と通訳人が接見を繰り返し、控訴趣意書が用意される。弁護人によっては、出来上がったものを改めてその被告人の理解する言語に翻訳して、本人が読めるようにすることがある。その翻訳も「法廷通訳人選任予定者」として翻訳をして、費用は司法支援センターから支払われる。

4 | 法廷通訳と法廷通訳人に関する制度化についての議論

　ここまでは、主として実務者の立場から、裁判所における通訳翻訳について見てきたが、本節では法廷通訳及び法廷通訳人に係る制度化についての議論の流れをその初期から振り返ってみよう。実情とあるべき姿のギャップを埋めるヒントを得るためである。

　日本における司法通訳翻訳をめぐる議論の中、最も注目を浴びてきたテーマとして、法廷通訳人資格認定制度の不在及びその必要性が挙げられる。例えば、2013（平成25）年に日本弁護士連合会（以下「日弁連」）が提出した「法廷通訳についての立法提案に関する意見書」（以下「意見書」）も話題となった。その「意見書」は、「通訳人の能力確保のための通訳人の資格・名簿制度」や「通訳人の能力の維持及び向上のための継続的研修制度」などの必要性を主張している（日本弁護士連合会 2013：1）。また、類似した制度が既に米国、韓国、オーストラリア、そして欧州連合（EU）などの諸外国において導入されていることを強調している。とりわけ米国の制度を例にしながら、日本においても通訳人認定制度を導入することが必要である、と主張する研究者もいる（武田 2013）。

　鶴田（2015：4）は通訳人認定制度への提起が、すでに2000（平成12）年の第20回司法制度改革審議会においてなされていると指摘する。ただ、議論自体はそのはるか前にも行われていた。さらに言えば、それについて法律家や研究者のみならず、立法府の国会議員も発言してきている。衆議院と参議院の双方に、それぞれの「法務委員会」が設置されている。それらの委員会では、法廷通訳人認定制度も取り上げられたことがあり、例えば、1988（昭和63）年に行われた衆議院法務委員会では、元裁判官の衆議院議員（2015（平成27）年現在、当選13回）で、法務大臣（2回）を務めた経歴のある保岡興治による次のような発言がなされた（保岡興治氏のホームページ）。

　（前略）我が国の国際化の進展の中で司法制度が、外国人が我が国で犯

罪を犯して、その手続上に乗っかってくる。被告人になる場合もあれば、関係して証人などに呼んでこれを聞かなければならないというようなことも出てくるということから、法廷における通訳制度の充実をもっと図るべきである（衆議院会議録情報　1988）。

　それ以外にも、法廷通訳やその制度をめぐる問題や課題は少なくとも衆議院では2008（平成20）年（衆議院会議録情報　2008）、そして参議院では1997（平成9）年、1998（平成10）年、2003（平成15）年、2008（平成20）年、そして2015（平成27）年にも取り上げられた（各年度の参議院会議録情報）。そういった議論の中、日本において有能な通訳人の確保、通訳人の報酬に対する不明な基準、通訳人の登載や選任をめぐる問題や課題が繰り返し取り上げられてきている。

　しかし、国会議員らや日弁連による問題提起は、裁判所ではあまり反映されていないように見受けられる。ただし、裁判所の法廷通訳に対する対応については、既に1997（平成9）年に最高裁判所事務総局刑事局の監修のもとで出版された『特殊刑事事件の基礎知識──外国人事件編』がある。出版から20年が経過しようとしているが、その当時、「通訳の要否」、「通訳言語の選定」、「通訳人の選任手続」、「法廷通訳セミナーの実施」などの課題について、具体的な助言やガイドラインが記載されている（最高裁判所事務総局刑事局、1997）。つまり、米国のような「法廷通訳人認定制度」こそ導入されていないものの、日本の裁判所でも要通訳事件への実務的な取組みは実施されてきた。

　もちろん、通訳人候補者の登載やその前提となる面接などにおいて通訳人としての能力と資質が十分に試験されているかどうか、通訳人の能力を評価する適切なメカニズムがあるか否かなどに関しては議論の余地はあるだろう。しかし、法廷通訳に関する仕組みの運用や通訳人への配慮（例えば、担当事件に関する資料を通訳人に事前に提供することは、海外の事例ではあまり見られない）を考慮すれば、裁判所の取組みをある程度は評価すべきではないだろうか。

通訳人資格認定制度をめぐる議論の中には、もう一つの欠落を指摘することができる。つまり、その議論は「法廷」に過度な焦点を当てており、その他の刑事手続をその対象外としていることである。事実、警察や検察庁による取調、弁護人による接見・打合せ、さらには矯正施設においても通訳翻訳業務が行われる。確かに、刑事裁判は被告人の人生を左右することにおいて決定的な力をもつと言えるが、例えば捜査段階で作成される供述調書などが公判時に証拠として採用されていることからも、その際の通訳の「品質」も法廷でのときと同じように重要であると言えるだろう。また、日弁連が裁判所に「意見書」を提出しているにもかかわらず、全国の単位弁護士会にも、日弁連としても通訳人に対する認定制度は導入されておらず、登録手続と基準は統一されていない。

　本節のまとめとして、次の点を強調しておきたい。通訳人資格認定制度の要否を議論するならば、「法廷」にとどまらず、捜査段階や弁護人接見などの際における司法通訳翻訳の全般（さらには、民事訴訟でのもの）を視野に入れるべきである。そうでない限り、法廷通訳人を対象とする徹底した認定制度を創設したとしても、それ以外の司法通訳翻訳の現場は現状のままとなり、改善を期待できないだろう。すなわち、認定制度が不可欠だとするならば、「法廷通訳人」だけを対象とするのではなく「司法通訳翻訳人認定制度」を目指す必要があるのである。

5 裁判員裁判の時代の法廷通訳翻訳

　本章の最後に、2009（平成21）年に導入された裁判員制度が法廷通訳翻訳にもたらした影響を見てみよう。なによりも、裁判への市民参加が進められると同時に、要通訳裁判員裁判を契機により多くの市民が法廷通訳人の存在を知るようになった。具体的には、裁判員裁判の要通訳事件では、通訳のありかたが以下の3点で特に大きく変わった。

① 裁判長を含めた3名の裁判官以外に、6名の裁判員（一般市民）の発話をも通訳する必要が出てきた。職業裁判官は、要通訳事件の場合にはゆっくり話す等、配慮をしてくれる場合が多い。しかし、裁判員は公判そのものに慣れていないため、無意識のうちの方言使用、略語使用、早口等、通訳をしづらい話し方をする場合がある。

② 集中審理のため、公判が数日（あるいはそれ以上）に及ぶ。しかし、その日程は、裁判所から電話依頼を受けた段階では、すなわち公判前整理すら始まる前で、当然、全く決まっていないのである。裁判所によっては、例えば「（漠然と）半年後に、実際の裁判員裁判が予定されるかもしれない」と伝えてくれることもあるが、それも公判前整理手続の進み具合次第で確定的ではない。

③ 通訳すべき言語が一つであっても、審理上、複数の通訳人を付ける「複数通訳」方式が導入された[12]。連日開廷や長時間審理が行われるときにいわばチームで取り組むことができ、必要に応じて相互にチェックアンドサポートが可能となる。ただし、裁判所ないしは選任された法廷通訳人によっては「単独通訳」のままで実施されることもある。

ちなみに、要通訳事件となる罪名の例を挙げると、現住建造物等放火、通貨偽造・同行使、殺人、強盗致傷、営利目的による覚せい剤の輸出入または製造、危険運転致死等である[13]。詳細は巻末の「裁判員対象事件リスト」を参照されたい。

いずれにせよ、裁判員裁判の対象となる事件は複雑かつ否認事件となることが多く、従前の裁判と比べて、より高度な通訳翻訳能力と資質が必要とされる。通訳人のレベルアップは急務であり、事実、裁判所においても裁判員裁判対応可能な通訳人の研修を重ねている。同時に、法廷通訳人にとっては大きな心理的・身体的負担が課せられる時代になったとも言える。

次章以降では、本研究で行った法廷通訳人を対象とした量的・質的調査からの知見を提示する。本書を通じて、裁判員裁判を担う法廷通訳人の負担や

第1章　日本の裁判所における通訳と翻訳

就労環境の整備につながることを期待したい。何よりも、法廷通訳人の間の相互理解と経験の共有等が望まれ、法廷通訳人と法曹三者とのさらなる連携関係が構築されることが期待される。

6 │ 補論　法廷通訳翻訳に携わるための自己研鑽参考書

　なによりも「入門」のための必読書が『ごぞんじですか　法廷通訳』である。最高裁判所事務総局刑事局の作製により、各年版が冊子として刊行され、最高裁判所のホームページにもそのまま公開されている[14]。そこでは「あなたも法廷通訳を」という副題がついているように、法廷通訳について知りたい、さらには法廷通訳をやりたいと考える人々を対象として、「外国人事件における通訳人」、「通訳人候補者となるには」、そして「研修について」、最新の統計を提供しながら懇切丁寧に解説している。また、「刑事裁判の流れ」や「裁判員裁判 Q&A」も説明されている。問合せ先として、高等裁判所のある8つの都道府県の地方裁判所の刑事訟廷事務室への連絡先が記載されているところから、法廷通訳に関するとりまとめが、高等裁判所管轄の地域ごとになされていることがうかがえる。

　法廷通訳人初心者にとっての必携は『法廷通訳ハンドブック』（法曹会刊）である。実践編として、しかも裁判員裁判、被害者参加等の新制度に関する記述も含めた改訂版は、2015（平成27）年現在、既に英語、韓国・朝鮮語、スペイン語、タイ語、フィリピン（タガログ）語、中国語、ベトナム語、ペルシャ語、ポルトガル語、ミャンマー語、モンゴル語で刊行されている。ほかにも、未改訂版ではあるが同書は、インドネシア語、ウルドゥー語、シンハラ語、トルコ語、ヒンディー語、ベンガル語、ロシア語、イタリア語、ドイツ語、フランス語のものがある。さらには、英語、スペイン語、タイ語、中国語、パンジャビ語、ポルトガル語版の『少年審判ハンドブック』（法曹会刊）も出版されている。

　一方、法廷通訳翻訳人の「ユーザー（利用者）」向けの参考書とも言える、

裁判官を主たる対象としたと思われる『特殊刑事事件の基礎知識――外国人事件編――』（法曹会、1996）がある。勾留質問手続における通訳人の確保、法廷通訳人の選任、通訳人との連絡、通訳言語の変更、通訳人用の判決要旨の事前開示などについて具体的、かつ詳細に記述がある。もう一つは、『渉外刑事事件における書記官事務の研究』（司法協会、1992）である。ここにも、渉外（つまり外国人）刑事事件の動向、外国人に対する裁判権、通訳人の選任、通訳人との打合せ、通訳人が外国人である場合の配慮、通訳料の支給、外国人の傍聴人、通訳人尋問調書などについて記述がある。その他の資料については、以下の「参考文献リスト」に含めてあるので参照されたい。

◆注
1) 前者は人材が少ない「稀少言語」であり、後者は人材豊富とされる「メジャーな言語」である。
2) フィリピン共和国1987年憲法において「Filipinoを国語とする」との条項が定められる頃であったので、いわゆるタガログ語を基盤とするフィリピンの国語、すなわちフィリピン語という指定もなかった。
3) 西松鈴美（2003）「司法通訳人訓練の方法論～大阪外国語大学大学院での実践～」『通訳研究』3：103-121、奥野省吾（2005）「大阪外国語大学における警察の関する講義の実施について」『警察学論集』58(7)：49-60、津田守（2011）「巻頭言　法務通訳翻訳教育の現場から」『ICD NEWS』（法務省法務総合研究所国際協力部報）42：1-5。
4) 最高裁判所事務総局刑事局監修『特殊刑事事件の基礎知識――外国人事件編――』65頁。
5) 裁判所書記官研修所（1992）『渉外刑事事件における書記官事務の研究』127頁。
6) さらに「同名簿は［中略］毎年4月に更新されることとされ、通訳人等に関する最新の情報を書く裁判所が得られるよう努力がなされている。」同上、139頁。やはり同書によれば、1991年現在で、全国で578名の登載があったとされている。その後、追加更新され、4,000名、60数言語ほどに拡充している。
7) 最高裁判所『平成27年版　ごぞんじですか　法廷通訳』。
8) 宣誓段階では、1990年代は宣誓文の後に通訳人の氏名を読み上げていたが、2000年代から氏名を読み上げないようになった。通訳人のプライバシー保護のため、とされている。
9) 実際はほとんどの場合、時間的制約もあり便宜上、検察庁での勾留請求にあたっての通訳人が、引き続き裁判所での勾留質問に立ち会うことになる。同一の通訳人が検察庁と裁判所において「同じように（少なくとも被疑者にはそう映っている）」

通訳を続けても構わないのか、という議論はありうる。とはいえ、上述のように、勾留質問の直前において、通訳人は裁判所に対して宣誓をしており、そのことを被疑者は理解することになる。
10）裁判には、即日判決の裁判、従前の複数期日にわたる裁判、裁判員裁判がある。いずれにせよ、期日が既に決定されていて、通訳人となることを引き受ける場合と、「次回公判期日」や裁判員裁判日程については、検察官、弁護人に加えて、通訳人の都合が尋ねられ、それを勘案したうえで裁判所が決定する。要通訳事件において、法廷通訳人の存在と役割が不可欠である所以である。
11）判決文（あるいは、その要旨）は、判決宣告の当日、公判開始の1時間ほど前に書記官室で閲覧でき、その場で翻訳をすることもできるが、読んで理解をしておいたうえで、判決言渡にサイトトランスレーション（視訳）することになる場合も多い。法廷通訳人は、結審のあった時に書記官を通じて（あるいは裁判官に直接）、事前に閲覧ができるように頼んでおくことが肝要である。やや例外的には、長い判決文が予想されるときには、言渡の前日に裁判所に出向いて書記官室等で閲覧と翻訳をすることが許される場合もある。
12）チーム通訳にするか、独りの通訳人が担当するかは、ケースバイケースである。チーム通訳の導入については通訳人の間でも意向がさまざまであることから、裁判所は通訳人候補者と協議した上で決めるようになっているのが実情である。具体例としては、第Ⅱ部第3章の聞き取り調査結果を参照されたい。
13）「主要な裁判員裁判対象事件一覧表」http://www.moj.go.jp/content/000003697.pdf（2015年5月9日アクセス）本書巻末付録に掲載あり。
14）『ごぞんじですか法廷通訳』（毎年、改訂発行されており、最高裁判所のホームページから閲覧とダウンロードが可能）http://www.courts.go.jp/vcms_lf/h27ban-gozonji.pdf（2015年12月2日アクセス）

◆参考文献

奥野省吾（2005）「大阪外国語大学における警察の関する講義の実施について」『警察学論集』58(7)：49-60.
最高裁判所事務総局刑事局監修（1996）『特殊刑事事件の基礎知識——外国人事件編』法曹会.
最高裁判所事務総局刑事局監修『法廷通訳ハンドブック』（各国語版）法曹會.
裁判所書記官研修所編（1992）『渉外刑事事件における書記官事務の研究』司法協会.
武田珂代子（2013）「法廷通訳の公的認定制度と倫理規定の整備に向けて」『季刊刑事弁護』、76、89-93.
竹中浩編（2015）『言葉の壁を越える　東アジアの国際理解と法』大阪大学出版会.
津田守（2005）「司法通訳翻訳」真田信治・庄司博史編『事典　日本の多言語社会』岩波書店、79-82.
津田守（2007）「私の視点　裁判員制度　法廷通訳のあり方再考を」『朝日新聞』2007

年8月10日.
津田守編, 日本通訳翻訳学会監修 (2008)『法務通訳翻訳という仕事』, 大阪大学出版会.
津田守 (2009)「裁判員裁判導入と法廷通訳翻訳の在り方——法廷通訳人の視座からの考察と提言——」『法律時報』81(1):39-46.
津田守 (2011a)「多言語共生社会に向けて」『グローバル人間学の世界』, 大阪大学出版会、136-157.
津田守 (2011b)「巻頭言 法務通訳翻訳教育の現場から」『ICD NEWS』(法務省法務総合研究所国際協力部報) 42:1-5.
津田守 (2013)『15言語の裁判員裁判用語と解説』(全3巻) 現代人文社.
鶴田彬 (2015)「法廷通訳人が求める制度改革のあり方」、修士論文, 東京外国語大学大学院.
西松鈴美 (2003)「司法通訳人訓練の方法論〜大阪外国語大学大学院での実践〜」『通訳研究』3:103-121.
水野真木子・渡辺修 (2015)『法廷通訳人の倫理 アメリカの倫理規定に学ぶ』, 松柏社.

◆ウェブ資料 ＊いずれも2015年6月18日アクセス
参議院会議録情報 (1997)「第141回国会 法務委員会 第8号」http://kokkai.ndl.go.jp/SENTAKU/sangiin/141/1080/14112041080008a.htm
参議院会議録情報 (1998)「第143回国会 法務委員会 第3号」http://kokkai.ndl.go.jp/SENTAKU/sangiin/143/1080/14309221080003c.htm
参議院会議録情報 (2000)「第147回国会 法務委員会 第3号」http://kokkai.ndl.go.jp/SENTAKU/sangiin/147/0003/14703150003003a.html
参議院会議録情報 (2003)「第156回国会 法務委員会 第21号」http://kokkai.ndl.go.jp/SENTAKU/sangiin/156/0003/15607100003021a.html
参議院会議録情報 (2015)「第189回国会 法務委員会 第13号」http://online.sangiin.go.jp/kaigirok/daily/select0103/main.html
衆議院会議録情報 (1988)「第112回国会 法務委員会 第2号」http://kokkai.ndl.go.jp/SENTAKU/syugiin/112/0080/11203020080002c.html
衆議院会議録情報 (2008)「第169回国会 法務委員会 第4号」http://www.shugiin.go.jp/Internet/itdb_kaigiroku.nsf/html/kaigiroku/000416920080325004.htm
日本弁護士連合会 (2013)「法廷通訳についての立法提案に関する意見書」, http://www.nichibenren.or.jp/activity/document/opinion/year/2013/130718_3.html
保岡興治ホームページ (2015)「プロフィール」, http://www.yasuoka.org/profile/

第2章
裁判員制度における要通訳刑事裁判の特徴

ヤコブ・E・マルシャレンコ
Jakub E. Marszalenko

1 はじめに

　日本に裁判員制度が導入されたのは2009（平成21）年5月のことである。同年の9月には、初の要通訳裁判員裁判が開廷された。2014（平成26）年12月末現在、合計7,262人の被告人がこの制度の下で裁かれ、そしてそのうちおよそ1割（722名）に通訳人が付せられた。それらの要通訳裁判員裁判において、使用率の最も高い通訳言語は英語であり、そして被告人の最も多い罪名は覚せい剤取締法違反であった。

　本章では、最高裁判所の公表資料（『ごぞんじですか　法廷通訳（各年版）』、『平成21年における裁判員裁判の実施状況等に関する資料』、および後者の22、23、24、25、26年版）をもとに、要通訳裁判員裁判に関するデータを紹介、分析していく。なお、両資料の主な違いは、『裁判員裁判の実施状況等に関する資料』がそのデータの対象となる年の翌年に公表されるのに対し、『ごぞんじですか　法廷通訳』は2年後に公表される点が挙げられる。したがって、前者の資料には2009（平成21）年〜2013（平成25）年まで、そして後者は2009（平成21）年〜2014（平成26）年までのデータが蓄積されている。

　以下においては、まず次節で、日本の法廷通訳全般（通訳を必要とする刑事裁判の第1審）における外国語の使用状況に関する統計を分析したのちに

(2)、要通訳裁判員裁判における外国語の使用状況 (3) と、要通訳裁判員裁判の対象となった主な罪名 (4) について検討する。これらを通して、通訳を必要とする裁判員裁判の特徴、そして要通訳裁判員裁判と本来の要通訳裁判の違いを明らかにする。

2 要通訳刑事裁判における外国語の使用状況

　裁判所法第74条に規定されているように、日本の裁判所で使用される言語は日本語である。刑事訴訟法175条は、日本語を十分に解しない被告人には通訳人を付けなければならないと規定する。これは国内法のみならず国際法上の義務である。日本も締約国である「市民的および政治的権利に関する国際条約」の14条2項 (f) は、被告人は、裁判所の言語を理解できないまたは話せない場合、無料で通訳の援助を受ける権利があると規定する。そのため、外国籍を有する、または日本語の能力が十分でない被告人の場合、その被告人には理解できる言語の通訳人が国家によって付せられ、通訳人を通じて、裁判の手続きが行われていくこととなる。

　近年の要通訳刑事裁判の全体（裁判員裁判とそうでない刑事裁判）を概観すると、日本の裁判で最も用いられる外国語は東アジア（中国語や韓国・朝鮮語）そして東南アジア（タイ語、フィリピン（タガログ）語、ベトナム語など）の諸言語である。最高裁が発行した『ごぞんじですか　法廷通訳』（平成23～27年版）によれば、裁判員制度が始まった2009（平成21）年から2013（平成25）年の間、使用率の最も高い外国語は、中国語、韓国・朝鮮語、フィリピン（タガログ）語、そしてポルトガル語であった。非日本語話者が被告人の刑事裁判において、そのほかアラビア語やフランス語をはじめ、およそ40のさまざまな言語が毎年使用されている。また、2009（平成21）年に通訳人が付いた被告人は4,085名であったが、2010（平成22）年には3,353名、2011（平成23）年には2,658名、2012（平成24）年には2,468名、そして2013（平成25）には2,261名と、ここ数年の要通訳刑事裁判は減少傾向にある。

第 2 章　裁判員制度における要通訳刑事裁判の特徴

表 1　2009（平成21）年～2012（平成24）年の間に法廷で使用された主たる外国語

通訳言語（五十音順)	使用率[1]				
	2009（平成21）年	2010（平成22）年	2011（平成23）年	2012（平成24）年	2013（平成25）年
英語	4.5%	5.9%	7.4%	7.0%	6.4%
韓国・朝鮮語	11.4%	11.3%	9.4%	9.2%	7.5%
中国語	31.0%	31.1%	33.4%	31.0%	32.7%
シンハラ語	1.7%	1.1%	0.9%	(その他内)	1.5%
スペイン語	6.7%	7.3%	7.6%	6.6%	7.5%
タイ語	5.0%	4.2%	3.2%	4.5%	4.1%
フィリピン（タガログ）語	10.6%	11.8%	12.2%	11.3%	9.7%
ベトナム語	6.0%	7.0%	7.9%	7.9%	9.9%
ペルシア語	3.7%	3.5%	2.9%	2.8%	2.7%
ポルトガル語	10.9%	10.2%	8.3%	9.6%	9.8%
ロシア語	(その他内)	(その他内)	(その他内)	1.3%	(その他内)
その他	8.6%	6.8%	6.8%	8.8%	8.2%
各年の総数	4,085	3,352	2,658	2,468	2,261

　各年における外国語の割合は表 1 の通りである。2009（平成21）年から2011（平成23）年までの間、法廷で最も頻繁に使用された10言語の種類に変動はなく、これら10言語の中の順位および使用率だけがわずかに推移している。ところが、2012（平成24）年にはシンハラ語が上位10言語から外れ、その代わりにロシア語が第10位になった。一方、上位10言語は2013（平成25）年には2011（平成23）年までの状況に戻ったが、第 2 位となったのは、それまでのフィリピン（タガログ）語やポルトガル語ではなく、ベトナム語だった。

　表 1 の通り、要通訳刑事裁判全体を通じて、中国語は他のどの言語よりも使用率が圧倒的に高い。ただし、「中国語」と言ってもその変種は数多くあり、各裁判において実際に使用されたのは「北京語」、「広東語」または「台湾語」等であることに留意が必要である。それにもかかわらず、『ごぞんじ

ですか 法廷通訳』のデータでは、「中国の諸言語」の内訳は区別されていない。

　中国語以外で各年における使用率が10％前後の主な通訳言語は、韓国・朝鮮語（使用率：7.5％〜11.4％）、フィリピン（タガログ）語（9.7％〜12.2％）、ポルトガル語（8.3％〜10.9％）、そしてベトナム語（6.0％〜9.9％）である。一方、英語は、要通訳刑事裁判での使用率上位10言語に入ってはいるが、全ての年において約4.5％から7.5％未満の使用率となっており、比較するとそれほど高い割合を占めているとは言えない。

3 要通訳裁判員裁判における外国語の使用状況

　最初の要通訳裁判員裁判は2009（平成21）年9月にさいたま地方裁判所において フィリピン国籍の被告人に対して開廷されたものである（津田 2008：3）。

　下記の表2では2009（平成21）年〜2013（平成24）年の間に開廷された要通訳裁判員裁判における外国語の使用状況をまとめた。

　表2の通り、この制度が導入された2009（平成21）年は5月〜12月にかけての合計7か月分で21件にとどまるが、2010（平成22）年には120件、2011（平成23）年には172件、2012（平成24）年には145件と、その後は1か月あたり10件以上の要通訳裁判員裁判が開かれていることがわかる。また、2013（平成25）年には、2012（平成24）年と同様、要通訳裁判員裁判の減少傾向が続き、その件数は134件となった。とはいえ、通訳人の付いた裁判員裁判は、全ての裁判員裁判のおよそ10％を占め、比較的高い比率であると言っても過言ではないだろう。さらに、2009（平成21）年の要通訳裁判員裁判で使用された外国語数は7言語のみであったが、2010（平成22）年には14言語、2011（平成23）年には21言語、そして2012（平成24）年には27言語まで増加した。翌2013（平成25）年には言語数が20言語まで減少したが、2014（平成26）年に再び増加し、24言語になった。

第 2 章　裁判員制度における要通訳刑事裁判の特徴

表 2　2009（平成21）年～2014（平成26）年の要通訳裁判員裁判で使用された主たる外国語[2]

通訳言語 （五十音順）	被告人数（使用率[3]）						
	2009（平成21）年	2010（平成22）年	2011（平成23）年	2012（平成24）年	2013（平成25）年	2014（平成26）年	各言語の合計
英語	1 (4.7%)	17 (14.1%)	43 (25.0%)	45 (31.0%)	38 (28.3%)	27 (20.7%)	171 (23.7%)
韓国・朝鮮語	1 (4.7%)	6 (5.0%)	5 (2.9%)	6 (4.1%)	2 (1.5%)	2 (1.5%)	22 (3.0%)
スペイン語	3 (14.2%)	6 (5.0%)	26 (15.1%)	16 (11.0%)	33 (24.6%)	20 (15.3%)	104 (14.4%)
中国語	9 (42.8%)	30 (25.0%)	40 (23.3%)	20 (13.8%)	22 (16.4%)	26 (20.0%)	147 (20.3%)
ドイツ語	—	—	6 (3.5%)	6 (4.1%)	3 (2.2%)	6 (4.6%)	21 (2.9%)
フィリピン （タガログ）語	1 (4.7%)	12 (10.0%)	2 (1.2%)	5 (3.4%)	2 (1.5%)	2 (1.5%)	24 (3.3%)
フランス語	—	5 (41.7%)	4 (2.3%)	5 (3.4%)	5 (3.7%)	1 (0.07%)	20 (2.7%)
ペルシア語	—	16 (13.3%)	12 (6.8%)	7 (4.8%)	7 (5.2%)	5 (3.8%)	47 (6.5%)
ポルトガル語	5 (23.8%)	17 (14.1%)	9 (5.2%)	9 (6.2%)	8 (5.9%)	7 (5.3%)	55 (7.6%)
ロシア語	—	4 (3.3%)	6 (3.5%)	2 (1.4%)	—	3 (2.3%)	15 (2.0%)
その他	1 (4.7%)	7 (5.8%)	19 (11.0%)	24 (16.5%)	14 (10.4%)	31 (23.8%)	95 (13.1%)
各年の合計	21	120	172	145	134	130	722

　言語別に見てみると、興味深いことに、要通訳裁判員裁判で最も多く使用されている外国語は「一般事件」（本章では、裁判員裁判の対象とならない刑事事件のことを意味する）とは異なっており、中国語ではなく、英語である。2009（平成21）年は、7か月間に開廷された21名の被告人に対する要通訳裁判員裁判のおよそ半分の9件で「中国語」が通訳言語として使用され[4]、英語は1件にとどまる。しかし、その後は英語の使用率が徐々に増加し、2012

(平成24)年には中国語(13.8%)を逆転して、使用率1位(31.0%)となった。2013(平成25)年にもその傾向が続き、英語の通訳人を付せられた被告人の人数が38名(28.3%)であったのに対し、中国語の通訳人の付いた被告人は22名(16.4%)にとどまった[5]。2014(平成26)年には、英語(20.7%)と中国語(20.0%)の比率がほぼ同様となり、その差はわずかの1件だった(英語27名、中国語26名)。合計で見れば、英語第1位(171名、23.7%)を占めており、それに次ぐのは中国語(147名、20.3%)、スペイン語(104名、14.4%)などという順になる。

要通訳裁判員裁判では、一般事件での使用率と比較して、フランス語、ドイツ語またはロシア語などのような言語が通訳言語として用いられる割合が比較的に高い。一方、中国語とフィリピン語を除き、東アジアや東南アジアの諸言語の使用率は、要通訳刑事裁判全体での使用率と比較して低いことも指摘できる。

4 要通訳裁判員裁判の対象となった主な罪名及び覚せい剤取締法違反

裁判員裁判が対象とする事件は比較的に重罪だと見なされるケースのみである。ここでいう「重罪」とは法定刑が比較的に重い犯罪を意味し、「原則としては、死刑または無期の懲役・禁固に問われる事件や、故意の犯罪によって被害者が死亡した事件など」である(津田[編]2013:30)。したがって、殺人罪や強姦罪などのような「凶悪」犯罪のみならず、直接の被害者のない犯罪である覚せい剤取締法違反(営利の目的)などのような違法薬物を巡る罪も、この「重罪」に含められる。ただし、裁判裁判の対象となる覚せい剤取締法違反は「営利の目的」の事件のみであり、覚せい剤の密造、密輸、密売などのような犯罪行為に限られる。言い換えれば、単なる覚せい剤の使用や所持は裁判員裁判の対象とならない。

表3は、2009(平成21)年から2014(平成26)年までの間に発生した、裁判員裁判の対象となった全ての被告人(日本語話者と非日本語話者)の主な罪名

表3　2009（平成21）年～2014（平成26）年の裁判員裁判における主な罪名

罪名 （五十音順）	被告人の人数						各罪名の合計
	2009（平成21）年	2010（平成22）年	2011（平成23）年	2012（平成24）年	2013（平成25）年	2014（平成26）年	
覚せい剤取締法違反	16	108	167	127	112	112	642
強盗致傷	42	393	320	322	270	267	1,614
現住建造物等放火	11	131	151	134	126	117	670
殺人	33	357	337	323	293	255	1,598
（準）強制わいせつ致死傷	9	63	87	80	102	82	423
傷害致死	—	114	131	180	162	120	707
その他	31	340	332	334	322	249	1,608
各年の合計	142	1,506	1,525	1,500	1,387	1,202	7,262

をまとめたものである。

　表3からわかるように、裁判員制度の導入以来、この制度下で最も多く裁かれた罪名は強盗致傷（合計：1,614名）であり、それに次ぐのは、殺人（合計：1,598名）であった。強盗致傷と殺人それぞれの半分にも及ばないが、第3位から第5位は傷害致死（707名）、現住建造物等放火（670名）、そして覚せい剤取締法違反（642名）となっている。

表4　要通訳裁判員裁判における主な罪名

罪名 （五十音順）	被告人の人数						各罪名の合計
	2009（平成21）年	2010（平成22）年	2011（平成23）年	2012（平成24）年	2013（平成25）年	2014（平成26）年	
覚せい剤取締法違反	13	52	124	95	83	98	465
強盗致傷	7	28	16	16	19	13	99
殺人	1	13	11	9	11	5	50
傷害致死	—	1	6	4	—	2	13
麻薬特例法違反	—	11	4	8	5	4	32
その他	—	15	11	13	16	8	63
各年の合計	21	120	172	145	134	130	722

ところが、裁判員裁判における要通訳事件のみに関するデータを分析してみると、大きく異なる傾向が認められる（表4）。裁判員裁判総件数の中では5位の覚せい剤取締法違反が、要通訳裁判員裁判では他の罪名を大きく引き離し、この制度の導入以来毎年1位を占め続けている。覚せい剤取締法違反で起訴され、要通訳裁判員裁判で判決を言い渡された被告の合計人数は、裁判員制度が導入されてから2014（平成26）年末までで465名となっている。すなわち、要通訳裁判員裁判のうち、およそ64％強（722件内の465件）が覚せい剤取締法違反に占められているのである。

　表4の通り、覚せい剤取締法違反に次ぐ主な罪名は強盗致傷であるが、その合計人数は覚せい剤取締法違反の4分の1にも及ばない（99名）。他の罪名も、覚せい剤取締法違反の事件数と比較すると極めて少なく、殺人罪50名、麻薬特例法違反32名、そして傷害致死13名という順序になっている。

　また、覚せい剤取締法違反に対する全て裁判員裁判のうち（表3）、72％強（642名のうち465名）が要通訳事件となっている。さらに、覚せい剤取締法違反とその他の薬物犯罪を対象とした裁判員裁判も考慮すると、違法薬物を取り扱った事件は、要通訳裁判員裁判の約70％（722名のうち506名）をも占める[6]。言い換えれば、法廷通訳人の関わる裁判員裁判の3分の2以上が、違法薬物をめぐる犯罪を対象とした事件である。

5 おわりに

　以上の検討から、最高裁判所によって公表された統計に現れる要通訳裁判員裁判の主な特徴は、2点にまとめられる。第一に、要通訳裁判員裁判とそうでない要通訳刑事裁判を比較すると、使用された言語やその使用率には大きな違いが見られるという点である。具体的には、窃盗などのような比較的「軽い」犯罪を取り扱う一般事件においては中国語が圧倒的に高い使用率を占めるのに対し、（覚せい剤取締法違反を含む）「重罪」のみを対象とする裁判員裁判では、英語が最も多く使用されていることが挙げられる。なお、英語

の割合が高い背景については、本書第2部の第6章で詳述する。

　第二には、裁判員裁判全般においては強盗致傷罪や殺人罪などのような人命や身体に悪影響を与える「凶悪」犯罪が最も多かったのに対し、非日本語話者を対象とする要通訳裁判員裁判では覚せい剤取締法違反（営利の目的）が、他の犯罪に比べて圧倒的に多いという点である。

　今後の要通訳裁判員裁判でも、英語が最も高い使用率を占め続け、そして覚せい剤取締法違反（営利の目的）が被告人数の最も多い罪名であり続いていくのか、推移を見守る必要があるだろう。

◆注
1）　各言語の割合は少数第2位を四拾五入しているため、合計は100％にならないことがある。
2）　2010（平成22）～2013（平成24）各年版の『裁判員裁判の実施状況等に関する資料』より。
3）　各言語の割合は少数第2位を四拾五入しているため、合計は100％にならないことがある。なお、上記の表で記載されているパーセンテージは、筆者により計算されたものである。
4）　表2には記載されていないが、その「中国語」のうち、最も使用された方言は北京語であり、その次は広東語、そして次いで台湾語であった（最高裁判所事務総局2011：77）
5）　さらに、その年において英語に次いで最も多く使用された通訳言語は中国語ではなく、スペイン語であった（33名、24.6％）。
6）　比較的に少数であるため、表4には記載されていないが、2010（平成22）年～2013（平成25）年の間、各年において麻薬取締法違反の要通訳裁判員裁判は2件ずつ、2014（平成26）年には1件あった。

◆参考文献
津田守編（2013）『15言語の裁判員裁判用語と解説（第1巻）』現代人文社．

◆資料
刑事訴訟法（2011）http://law.e-gov.go.jp/htmldata/S23/S23HO131.html（2012年9月21日アクセス）．
最高裁判所事務総局（2010-2015）『平成［21～26］年における裁判員裁判の実施状況等に関する資料（各年版）』．
最高裁判所事務総局刑事局（2011-2015）『ごぞんじですか　法廷通訳（各年版）』最

高裁判所.
裁判所法（2012）http://law.e-gov.go.jp/htmldata/S22/S22HO059.html（2012年9月21日アクセス）.
津田守(2008)「裁判員裁判導入と法廷通訳翻訳業務に就いての一考察」（発表原稿）日本通訳学会第9年次大会（獨協大学、2008年9月13日）個人発表.

第 II 部

法廷通訳人の声

第 **3** 章
裁判員裁判時代の法廷通訳人
―数量調査結果とその考察

高畑　幸

1 │ 問題設定

　本章の目的は、筆者らが実施した数量調査をもとに「法廷の黒衣（くろこ）」と呼ばれる法廷通訳人の就労実態および裁判員制度導入による法廷通訳者への負担増を明らかにすることである。

　日本における外国人犯罪の増加と複雑化に伴い、少数言語も含めて多くの熟練した法廷通訳人が必要とされている。しかし、法廷通訳は裁判所から事件ごとに選任される業務請負であり、通訳人は個人自営業的な働き方をせざるを得ない。

　筆者の高畑は1993（平成5）年から法廷通訳を始め、これまでフィリピン語および英語で約450件の法廷通訳を担当してきた。2006（平成18）年に大学の専任教員となるまでは、通訳報酬が主な収入であった。正直なところ、筆者が法廷通訳のみで生計を立てていた頃ならば、このような原稿は書かなかっただろう。なにしろ、雇用者は日本でただ一つ、裁判所のみなのだ。雇用者である裁判所に対して「異議申し立て」をするならば、面倒な通訳人だと思われて通訳依頼が来なくなるとの予測が立つからである。本調査のデータを見ると、多くの通訳人が同様に考えていたらしい。したがって、法廷通訳人にとっては「沈黙が最良の営業戦略」となり、同業者組合が存在せず、

その労働実態は知られず、就労環境改善のための試みもほとんどなされてこなかった。

　以上の問題意識から、本章では、筆者ら「静岡県立大学法廷通訳研究会」が2012（平成24）年度に実施した、法廷通訳経験者101名に対する質問紙調査「法廷通訳の仕事に関する調査」をもとに、就労実態として、①法廷通訳人はどのような人びとなのか、②法廷通訳者が「負担」に感じていることは何か、③法廷通訳にとって「訳しやすい日本語」「訳しにくい日本語」とはどのようなものか、の3点について明らかにする。その後、裁判員制度を担当する通訳人が特に感じている「疲れ」についてまとめたい。

2　先行研究の検討

　水野かほるによる2000（平成12）年以降の法廷通訳をめぐる先行研究の検討（水野かほる、2012）によると、法廷通訳は、これまで法言語学、社会言語学、通訳翻訳論等からのアプローチで研究がなされてきた（津田守、中村幸子、堀田秀吾、水野真木子、毛利雅子、吉田理加ら）。

　裁判員制度が導入される2009（平成21）年以前の司法通訳研究で主たる論点となっていたのは、①通訳言語と被告人の母語が異なる場合（母語の通訳がいない場合に出身国・地域の公用語の通訳者をつける等）は違法な措置になるかという問題、②通訳人を介して作成された調書等の証拠能力の問題、③通訳の正確性の問題、④通訳の公平性・中立性の問題等であった。それに対して、裁判員制度導入以降の司法通訳研究では、①模擬裁判のデータをもとに、通訳人を介した供述が裁判の心証に与える影響、②長時間の通訳が通訳人に与える影響等が論じられている。

　上記のように、これまでも「通訳をどのように行うか」や「通訳が裁判に与える影響」については研究がなされてきたが、そもそも「司法通訳、法廷通訳とはどのような仕事なのか」については先行研究が少ない。通訳翻訳論の研究者は、自身が通訳翻訳業経験者であることが多く、「働き方」そのも

のは自明視されてきたのであろう。管見の限り、日本で法廷通訳人を対象に行われた数量調査は見当たらない。そのため、彼（女）らの就労実態とその課題について客観的に明らかにするデータがなかった。

それに対し、通訳人の働き方を第三者的視点からとらえてきたのが、水野かほる（2001、2004、2012）である。「司法通訳人は高度な専門職である一方、資格認定制度も職業組合も存在せず、仕事は裁判所から連絡があったときに引き受けられるなら引き受けるという形態であり、仕事の確保も収入も不安定な立場にある」と書いている（水野かほる、2012：23）。水野の指摘は筆者も実感するところである。

また、水野は、2009（平成21）年5月の裁判員制度導入が法廷通訳にも少なからず影響を与えていることを指摘している。すなわち、裁判員制度の開始に伴い、伝聞証拠禁止原則（刑事訴訟法320条1項）を徹底し、「直接主義・口頭主義の精神を踏まえた公判廷での審理」を充実させることとなった（水野かほる、2012：25）。裁判員裁判では、情報伝達の正確さが重要とされ、法廷での通訳の等価性（原発言と通訳人によって通訳された発言とが同義であること）が従来以上に求められているという（毛利雅子、2006、2007：水野真木子、2006等）。しかしながら、裁判員制度の導入によるこのような変化が、法廷通訳の労働環境にどのような影響を与えたかについては、いまだ具体的な分析はなされていない。

弁護士会が作成した法廷通訳に関する要望書・意見書およびその裏付けとなった数量データにも目配りしておこう。

第一に、大阪弁護士会が2011（平成23）年に行った調査である。大阪弁護士会の2011（平成23）年11月22日付の大阪地方裁判所長宛て「要通訳事件における法廷通訳の充実に関する要望書」では、「疲れによる誤訳の防止」を目的として裁判員裁判における長時間審理での複数通訳人確保等を求めている。弁護人から法廷通訳人へのヒアリングに基づく要望書とあるが、ヒアリング対象となった弁護人および法廷通訳人の数は明かされていない。

第二に、日本弁護士連合会（日弁連）が2013（平成25）年に行った調査である。2013（平成25）年7月18日、日弁連は、「法廷通訳についての立法提案に

関する意見書」を取りまとめ、最高裁判所長官、法務大臣および検事総長あてに提出した。同意見書は本調査のデータを引用して裁判員制度導入後の通訳人への負担増を指摘し、法廷通訳の資格認定や能力に応じた報酬設定等を提案している。

　2014（平成26）年9月6日には日弁連によるシンポジウム「ただしく伝わっていますか？あなたの通訳〜裁判員裁判時代の通訳人と弁護人の協働のために」が開かれた。基調講演によると、上記「立法提案」への問題意識は、現状のままでは通訳人の立場が不安定で、質の確保ができないこと、法律による規則を作って（通訳の問題が端緒となる）不服申立の手がかりを作ることだという。このシンポジウムで報告されたのが、日弁連が2013（平成25）年11月から2014（平成26）年1月にかけて弁護人および通訳人を対象に行ったアンケート調査の結果である。回答者は弁護人96名、通訳人148名（29言語）であった。

　通訳人への質問は「法廷通訳業務について向上したいと思うか」「能力向上の必要を感じるか」等、研修の必要性（参加意欲）を問うものが多い。法廷通訳人のユーザー目線からの質問と言える。一方、弁護人による回答を見ると、弁護人も法廷通訳人の資質および能力について疑問を持つ場面も多々あることがわかる。そこでは、弁護人から通訳人への不安感や不信感が垣間見える。

　上記の日弁連によるアンケートと本調査との根本的な違いは、本調査は調査主体が第三者（研究チーム）であるため、回答者はより自由に、忌憚のない意見を出せるということにあるだろう。以下に、本調査の単純集計および自由回答欄への記述をもとに、先に示した調査課題（就労実態および裁判員裁判特有の問題）について明らかにしていきたい。

3 調査データから

3.1 調査の概要

　本調査の主体は、「静岡県立大学法廷通訳研究会（University of Shizuoka Court Interpreters Research Team）」である。その構成員は、水野かほる、津田守、高畑幸、坂巻静佳、森直香であり、高畑が質問紙調査を担当した。調査の目的は、「法廷通訳者が感じる負担は何か、それを軽減するためにはどのような制度的配慮が必要なのかを明らかにし、その改善に向けた提案をすること」であった。調査対象は、「日本国内で法廷通訳の経験がある人」とした。

　調査方法は紙媒体（印刷物）の調査票と、オンラインで回答できる調査票（Googleフォーム）とを併用した。調査票はいずれも日本語のみで、サンプリングは機縁法である。調査時期は、2012年12月8日から2013年1月31日とした。

　2012年12月8日に江戸東京博物館（東京都墨田区）で行われた公開シンポジウム「裁判員裁判制度と要通訳事件の3年間を振り返る」（大阪大学グローバルコラボレーションセンター主催、静岡県立大学グローバルスタディーズ研究センター他共催）の会場内で、紙媒体の調査票を50部配布し、その場で5部回収した。また、同会場で、この調査の実施とデータ回収について口頭で知らせると同時に、チラシを配布して告知した。上記シンポジウムで配布した紙媒体の調査票は、後に3部を郵送回収した。その後は、オンラインアンケートのURLを、協力依頼文書とともにメールで関係各方面へ送って回答を呼びかけた。通訳翻訳者が無料で登録・求職できるサイトの管理者を通じて、同サイトに登録する法廷通訳経験者に依頼メールを一斉送信してもらったり、季刊誌『通訳翻訳ジャーナル』の編集部を通じて、同誌のメールマガジンで告知をしてもらったりして、企業・団体の協力を得た。また、回答者からも協力者をご紹介いただいた。その結果、2013年1月末までに101名の回答（すべて有効回答）を得ることができた。

3.2　回答者の属性

3.2.1　学歴、居住地、通訳言語——高学歴の都市居住者が多い

　回答者101名のうち、性別の回答があったのは100名（以下、N＝100と略す）で、そのうち女性は62名（62.0％）、男性は38名（38.0％）であった。年齢層（N＝101）は40代が45名（44.6％）と最も多い。学歴（N＝100）は、大学院等を合わせて教育年数17年以上が最多（46名、46.0％）で、次いで大学卒（39名、39.0％）であった。高学歴の人たちが法廷通訳人を務めていると言えるだろう。

　居住地（N＝101）は、首都圏（40名、39.6％）、近畿地方（25名、24.8％）、東海地方（19名、18.8％）と、都市部の居住者が多い。担当事件の管轄高裁（複数回答、N＝101）では、東京高裁管内が54名（53.5％）と最多である。次いで、大阪高裁管内（35名、34.7％）、名古屋高裁管内（17名、16.8％）であり、三大都市圏で外国人事件が多いことがわかる。外国人人口が集中する首都圏の裁判所では、外国人事件数も他の都市に比べて必然的に多くなる。首都圏等の都市部居住の法廷通訳人のほうが受任しやすく通訳経験を積みやすいと言えよう。逆に、地方在住者は事件数が少なく経験を積めずに通訳技能向上が難しいという問題点がある。

　世帯構成（N＝99）では、「自分と配偶者と子ども」が多く（38名、38.4％）、家計の担い手か否か（N＝99）を尋ねると、担い手だという回答者が半数にのぼる。回答者個人の主な収入源（N＝98）は司法以外の翻訳・通訳が最多（27名、27.6％）であった。これに司法通訳・翻訳（24名、24.5％）と「語学学校や大学での非常勤講師および常勤講師」（合わせて24名、24.5％）とを加えると、「語学力を活かした仕事で生活している人」は75名（76.5％）であった。すでに語学の専門家として多方面で活躍している人が法廷通訳をしていると言えるだろう。

　第一言語（N＝101）は日本語という人が56名（55.4％）だが、第一言語が外国語という回答者も26名（25.7％）いる。また、バイリンガルの回答者は19名（18.8％）であった。

回答者の通訳言語（複数回答、N＝101）は多岐にわたる。多いのは英語（21名、20.8%）、中国語（北京語）（14名、13.9%）、韓国・朝鮮語（12名、11.9%）、スペイン語（12名、11.9%）である。しかし少数言語の回答も多く、「その他」言語として、インドネシア語、ペルシア語、ヘブライ語、スウェーデン語、ポーランド語、マレーシア語、トルコ語、ウルドゥー語、ミャンマー語、フランス語、ドイツ語等があげられた。法廷で使われる言語では英語の割合は低いが（最高裁判所、2014）、アンケート回答者には英語通訳者の割合が高い。これは、上記「通訳言語」の質問は複数回答であり、英語とそれ以外の言語の通訳を行うという回答者がいたためである。

3.2.2　入職動機──法廷通訳キャリア及びやりがいを重視、経験年数12～16年が最多

法廷通訳を始めたときに仕事として魅力だと思ったこと（複数回答、N＝100）は、①自分の能力が生かせる（67名、67.0%）、②社会貢献ができる（61名、61.0%）、③自分の能力向上につながる（57名、57.0%）となっている。報酬が多いことを挙げたのは15名（15.0%）にとどまり、入職動機としては、金銭的対価よりもやりがいに価値がおかれていることがわかる。

入職経路（N＝100）は、自分から裁判所へ電話をして法廷通訳を希望したという人が46名（46.0%）と最多であった。家族や友人・知人からの紹介、学校の先生からの紹介も一定数存在する（あわせて45名、45%）。また「その他」では、警察や検察庁で通訳をしていたところ、法廷通訳を勧められたという回答が複数あった。

法廷通訳開始年（N＝101）は1986（昭和61）年から2012（平成24）年まで開きがあるが、1996（平成8）～2000（平成12）年（調査時点で12～16年）が25.7%と最多で、通訳歴12～16年の経験を持つ回答者が最も多い。担当件数（N＝101）ではビギナー層（1～10件：32名、31.7%）とベテラン層（201件以上：19名、18.8%）とに分かれる。ベテラン層に難しい法廷通訳事件が集中して依頼される傾向があり、そのような人々が専業法廷通訳人として働いていると思われる。一方、上に示したように、すでに「語学職」で生計を立てている回答

者が多いことから、本アンケートの「ビギナー層」には、法廷通訳人としての担当事件件数は少なくても、他分野の通訳・翻訳経験は豊富な人が含まれていると推察される。

　法廷通訳人としての自己認識（N＝101）では、「中堅」だという人が49名（48.5％）と多く、次いで「ベテラン」（29名、28.7％）、「ビギナー」（21名、20.8％）となっている。この結果は、前述の担当事件数による「ベテラン層」（18.8％）「ビギナー層」（31.7％）の分類とは必ずしも一致していない。これは、自分を通訳人としてどう位置付けるかは主観的なもので、事件担当件数の多少がそのまま自己認識につながるわけではないことの現れである。換言すれば、法廷通訳人の「経験値」を客観的に測るためのスケール（尺度、判定基準）は存在しないのである。

3.3　法廷通訳人にとっての負担

3.3.1　心身の疲れ──通訳はストレスフルな仕事

　法廷通訳で疲れやストレスを感じたこと（N＝101）が「よくある」「たまにある」人は、合わせて88名（87.2％）にのぼる。疲れを感じた回答者（複数回答、N＝88）は、それが原因となって、①集中力が途切れやすくなり（48名、54.5％）、②単語がとっさに出て来なくなり（46名、52.3％）、③ミスをしないか不安になる（40名、45.5％）と考えられる。その結果、④的確な訳が出て来ずに、一度訳したものを言いなおしたり（37名、42.0％）、⑤小さな訳し落としをしたり（35名、39.8％）といった小さなミスが生じているようだ。

　自由回答欄においても「法廷通訳人の集中力が続く時間には限度があるので、法廷通訳人の状態を見つつ、適度な間隔で休憩時間を入れるよう、裁判所にお願いしたい」という意見が複数みられた。また、多くの裁判所には通訳人の休憩所がない。「公判前に書類や訳文のチェックをしたり、公判後に一杯お茶を飲んで疲れをとったりする、通訳人が自由に使える休憩所を設けてほしい」との要望もあった。現状では、法廷通訳人の疲れやストレスへの対策が不十分なばかりか、業務の遂行に必要な環境でさえ十分に整備されて

第3章　裁判員裁判時代の法廷通訳人

いるとは言い難い。

　また、法廷通訳人は大きな心理的負担を感じている（複数回答、N＝101）。警察・検察庁での通訳は非公開の場だが、法廷通訳は公開法廷で行うので、①多くの人びとが見ている中で通訳をすることへのプレッシャー（52名、51.5％）がある。さらには、②誰かから誤訳を指摘され批判を受けることへの不安（35名、34.7％）や、③自分の誤訳や訳し落としにより他人（被告人等）の人生が左右されることへの不安（33名、32.7％）もある。法廷通訳人はその仕事に伴う社会的責任の大きさを常に感じながら働いているということがわかる。

　回答者101名のうち、裁判員裁判経験があるのは39名であった。裁判員制度の導入により、通訳人の負担が「とても増えた」「少し増えた」と感じている人は、39名中32名（84.2％）にのぼる。その理由（複数回答、N＝32）は、①集中審理により連日公判があるため、翌日の公判のための書類翻訳等、準備に要する時間が足りない（23名、71.9％）、②翻訳が必要となる書類が増え、準備時間が足りない（21名、65.6％）、③拘束時間が延びた（19名、59.4％）というものだった。

　裁判員裁判ではチーム通訳（複数の通訳人が交代で通訳する）が導入されているが、チーム通訳になって負担が減ったという意見がある一方、相通訳人（もうひとりの担当通訳人）と気が合わない、相通訳人と能力レベルに差がある等の理由で、やりづらいと感じている回答者もいた。

3.3.2　法廷通訳人の報酬と負担感——報酬には不満が多い

　法廷通訳の報酬（N＝100）が「少ない」「どちらかといえば少ない」と回答した人は、合わせて67名（67.0％）にのぼる。「少ない」と感じる回答者へその理由（複数回答、N＝67）を尋ねると、①責任の重さに比べて報酬が低い（55名、82.1％）、②公判前の関係資料の翻訳が無報酬（53名、79.1％）という意見が多くあった。

　通訳人のもとへは、公判前に、冒頭陳述や証拠関係カード、論告要旨、弁論要旨等の書類が、ファックスまたは郵送で送付されてくるが、公判直前に

しか手元に届かないこともある。自由回答欄には、「徹夜で翻訳をしたことがある」との記述もあった。公判で検察官・弁護人が書面を読み上げるのに合わせて即興で通訳すると正確性を欠くので、前日までに書類を翻訳することは必須の作業である。この部分が無報酬であること、さらにはしばしば時間的に余裕がないなかで作業せざるをえないことが、余計に辛さを感じさせているのかもしれない。また、英語・中国語等で会議通訳経験がある回答者からは、「他の通訳の仕事に比べて法廷通訳は報酬が低い」との意見もあった。

　法廷通訳の報酬について問題に感じること（複数回答、N＝91）を尋ねると、①明細がわからない（59名、64.8％）、②算定基準があいまい（57名、62.6％）といった指摘が数多くみられた。法廷通訳人に、1時間当たりの報酬額や実質労働時間等を記した明細が示されることはなく、事後に送付される支払通知にもそのような記載はない。当然ながら、事件の難易度や法廷通訳人の能力が報酬に反映されているか否かもわからない。通訳人は、難しい事件に対し「自分の能力を出し切って長時間働いた」と思っていても、約1か月後に裁判所から届く、金額だけが表示された支払通知を見て、報酬の少なさに驚くことがある。

　先に述べたように、法廷通訳をするための特別な資格はなく、法廷通訳に就けるか否かの判断基準が不明瞭であるのみならず、その報酬の算定基準・明細はあいまいで、その能力認定基準も公開されていない。通訳人からすれば、自分が裁判所からどう評価され、それが報酬に反映されているのか否かがわからないというのが現状なのである。

　この点について、自由回答欄には以下のような記述が見られた。

① 通訳人の拘束時間や疲労については、法曹界の理解があまりに乏しいと感じる。通訳人を単なるスピーキングマシンと考えているのではないかと思しき点が多い。報酬も含めての待遇改善を検討課題としてほしい。
② 「言った通りにそのまま通訳すること」と「ニュアンスを正確に伝え

ること」という、相反する要求を満たすことは、異なった文化・社会環境の上に立つ言語文化間の通訳作業において、（対応する言葉がない場合もあり）ほぼ不可能に近い。法廷通訳として、そのように求められることに負担に感じる。

③ 研究者やメディアによって、法廷通訳の「誤訳」が問題にされることがある。特に英語は多くの人が解るので、英語の（事件の）場合が多いように思う。自分もいつかバッシングを受けるのではないかと不安に感じる。しかし「誤訳」という指摘が的外れであったり、根拠が不確かだったり、現場の実態とはズレがある場合もあるようにも思う。特に、研究者やマスコミが「誤訳だ」と言った場合、通訳人の側は、守秘義務があるために、詳細について反論できないことに問題を感じる。

④ 法廷終了後、傍聴人と同じ出口から通訳人も出ることに、毎回不安を感じる。被告人の関係者が傍聴席にいることがあり、出口から出るとエレベーター前などで一緒になるからである。そうした関係者に、何度か話しかけられそうになった。裁判官などは裏の出口から退室するので、一緒の出口から出させてほしいといつも思っている。女性なので、「関係者に自宅までついてこられたらどうしよう」という不安もあり、関係者が来ていた法廷通訳の仕事の後は、直接自宅に戻らないように気を遣っていた。

①と②は体力的、また技術的な問題と言えよう。それに対し、③と④は法廷通訳人の立場に関わる深刻な問題である。事実、③で指摘されたように、法廷通訳人の「誤訳」が指摘され、報道がなされている（例えば、「裁判員裁判で通訳ミス多数　専門家鑑定　長文は6割以上」『朝日新聞』2010（平成22）年3月21日）。法廷通訳人は、その事件に限り裁判所から任命されるだけで、裁判所の職員ではない。誤訳はもちろん問題だが、法廷通訳人は、それを指摘されたりマスコミでバッシングを受けたりすることのリスクを、1人で背負わねばならない。最悪の場合、法廷通訳としての信頼を失い仕事を続けられ

なくなるだろう。さらに、その指摘が的外れであったとしても、公判の詳細については守秘義務があり、自身の個人情報を自身で保護すべき立場にある通訳人が、反論の機会を持つことも難しい。

　また、④は司法通訳人の個人情報の保護にも関連する。被告人の家族が傍聴に来ることは珍しくないが、法廷通訳人が、家族から「裁判所側の人間」とみなされて、公判後に執拗に質問を受けたり、被告人への連絡を頼まれたり、ややもすると「権力側の人間」として恨みを持たれたりすることすらある。こうした経験を通じて、法廷通訳という仕事そのものを負担に感じ、沈黙のままこの仕事を去る通訳人もいる。法廷通訳人が労働災害、名誉棄損、人権侵害の被害者となる可能性もあるわけで、こうした場合の相談窓口や心理的苦痛に対するカウンセリングの体制が整備されることが望まれる。

3.4　訳しやすい／訳しにくい日本語

　法曹三者の発言が訳しにくいと感じたこと（N＝100）は、「よくある」と「たまにある」を合わせて87名（87.0％）にのぼる。法曹三者の中で、比較的訳しやすい発言（複数回答、N＝101）をするのは裁判官（50名、49.5％）だと評価されている。わかりやすく感じられる話し方（N＝100）としては、①主語と述語が明確、ひとつのセンテンスが短い（ともに62名、62.0％）、②センテンスの構造がわかりやすい（60名、60.0％）、③適当な速度（58名、58.0％）があげられていた。

　逆に、比較的訳しにくい発言（複数回答、N＝100）をするのは検察官（42名、42.0％）との回答であった。わかりにくく感じる話し方（複数回答、N＝99）としては、①センテンスの構造がわかりにくい（58名、58.6％）、②ひとつのセンテンスが長い（56名、56.6％）、③発言の意図がはっきりしない（52名、52.5％）ことがあげられていた。検察官の発言がわかりにくいことの理由の一つは、検察官は反対尋問の場面が多いからであろう。主尋問については、弁護人接見に通訳人が同行すれば、弁護人および被告人との問答の流れを把握できるが、反対尋問では、発話者自身もその場で質問を練りながら発言せ

ざるをえない。そのため、反対尋問をする機会が多い検察官の発言は「わかりにくい」「訳しにくい」と感じられるのかもしれない。

ここで、「センテンスの構造がわかりやすい／わかりにくい」について説明を加えよう。「Ａさんが家に到着してすぐに仕事を始めた」という内容は、「すでに家に到着していたＡさんはすぐに仕事を始めた」とも、「Ａさんはすでに家に到着していて、すぐに仕事を始めた」とも表現できる。しかし、前者は関係代名詞を使って訳すことになるためセンテンスの構造が複雑で訳しにくく、後者は主語＋述語、主語＋述語を2回繰り返して訳せば良いので訳しやすい。また、一つのセンテンスが長いと、それだけ構造が複雑になりがちで、訳しにくさにつながる。いざ逐次通訳をしようというときに、どれを主語、どれを述語として訳さねばならないかの判断に、時間がかかってしまうのである。

そのほか、「通訳人への気配りがない」（36名、36.4％）、「法廷独特の言い回しを使う」（33名、33.3％）等も「訳しにくい」原因として挙げられた。

自由回答欄には、次のような記述があった。

① 常に主語を述べ、できる限りわかりやすい構造の日本語で、短い文章で話してもらえると訳しやすくなる。本人も気づいていないと思うが、話している間に話の焦点がずれるなどして、話し始めと話し終わりの主語と述語が一致しないこともある。そのような、日本語として成り立たない文で話すことはやめてほしい。簡潔に発言してほしい。

② できる限り主語を明確にしてもらいたい。「同業者間での会話」の意識をなくしてもらいたい。発音についても、意味においても、述語をあいまいにしないでほしい。日本語では否定語は文末におかれるため、文末の述語の形がはっきりしないと、否定文なのか肯定文なのか判断できない。

③ 法廷独特の言い回しをなるべく避けてほしい。被告も裁判員も法律用語がよくわかるわけではないので、わかりやすい語を選んで発言してほしい。

④ あくまでも外国人を相手にする裁判である。日本で教育を受けてきた日本人とは違うのだから、法廷通訳を入れたのにも関わらず、日本人同様の日本語で裁判をするのは（裁判用語、「しかるべく」等）不適切だと思う。ここでこそ、やさしい日本語を取り入れるべきだと思う。
⑤ 「被害者に対してどう思っていますか？」というような質問のされ方だと、「かわいそうだと思う」というような、違和感のある返事が（被告人から）返ってくることが多い。「被害者に対して自分は悪いことをしたと思うか」などと、もう少し具体的な言葉を入れてほしい。
⑥ 「〜ではなかったのですね」「〜ではありませんでしたか」という否定疑問文、付加疑問文などは、通訳しづらいと感じることがしばしばある。
⑦ 「以前あなた、3年前には一緒に暮らしてはいなかったと言ってはいませんでしたよね」のような、否定が数回出てくる言い回しを避けてほしい。

①は、法廷通訳以外の通訳でも、「訳しやすさ」として望まれるものだろう。②から④は、法廷通訳特有のものである。法曹三者は、いわゆる「法律用語」を駆使して犯罪事実を立証したり、被告人を弁護したりする。法曹三者の間ではそれが日常用語なのだが、法廷通訳人、また外国人の被告人らにとっては、わかりづらい語彙や表現であることが多い。ただし、裁判員制度の導入以降、法廷で使われる言葉が従来よりも平易になる傾向はある。

3.5　裁判員裁判に特有の問題

本調査の回答者で裁判員裁判を経験した人は39名であった。裁判員制度導入後に負担が「とても増えた」「少し増えた」と答えたのがそれぞれ16名で、「変わらない」は6名、1名が無回答だった。その理由（複数回答）は、「連日開廷で準備の時間が不足する」（23名）、「翻訳する書類が増えた」（21名）、「拘束時間が増えた」（19名）、「負担が増えたのに報酬が同じ」（10名）、「チー

ム通訳で報酬が減った」(7名)の順であった。

裁判員裁判に関して、自由回答には以下の記述があった。

① 裁判員裁判の証人尋問の通訳。簡単な資料はもらったがそのときだけ参加したので、込み入った内容はわからなかった。未成年による傷害致死事件と言うこともあり、被害者側も参加していたので　日本語訳にもとても気を使った。その上、被告人らをＡ、Ｂ、Ｃなどアルファベット読み。一度に複数のことを考慮しつつ適切に訳すということでとても疲れた。しかし、裁判員制度の雰囲気の中で休憩を要求するのはとても勇気のいることで簡単にはできない。この経験で事前の書記官とのやり取りが不可欠だと思いました。連続通訳時間を聞くことが大切です。

② 特に正確さが求められる通訳(重大否認事件、裁判員裁判)には、2人通訳をつけてほしい。サブはノート取り、メインのミスを即座に指摘。時間、進行の区切りで交代など。

③ 法廷通訳は、原則、2人で通訳すべきと従来から主張してきました。ましてや、裁判員制度が採用されたのだから、公判の通訳人負担を軽減するため、複数通訳人が望ましいと思います。

④ 多くの裁判所庁舎内には通訳の控室がない。裁判員裁判の際はまるまる一日を裁判所内で過ごさなければならないにも関わらず、調べものをする場所もない。通常の公判に比べ、直前にしか渡されない書面翻訳の数も多いのにそれを訳す場所すらないのである。守秘義務が要求されるのに一般傍聴人がいる待合室で関係書面を広げて読むのもおかしな話である。また一日仕事の集中力を保たせるためにも、5分で良いから通訳人だけでゆっくりする場所がほしい。

⑤ 裁判員制度などが導入され、通訳者の精神的負担は増加する一方にもかかわらず、待遇や勤務条件などがまったく改善されていないことにあきれております。質の高い通訳者を確保するための資格制度の話も一向に進んでいない模様。資格制度の導入は正直申し上げて本当に意

味があるのか疑問ですが、まずは待遇を改善することが重要だと思っています。

①は裁判員裁判となる複雑な事件に（証人通訳等で）特定の公判だけに参加した通訳人への情報提供の問題である。②と③は長時間かつ連日の公判に対応するためのチーム通訳について。④は裁判所内の設備に関する問題だ。これらに共通するのは、通常の公判通訳に比べて裁判員裁判の通訳は体力的にも能力的にも負担が大きいということである。負担の大きさは、傍聴者ですらわかるだろう。公判廷において、法曹三者、裁判員、被告人は「会話のやりとり」をしているのに対し、通訳人だけが「しゃべりっぱなし」なのだ。それにも関わらず、多くの裁判所庁舎内には通訳人待機室はない。

⑤は報酬に関するものである。一般に、法廷通訳を始めて間もないビギナー層は被告人が罪を認めている比較的単純な事件（入管法違反等）、中堅層は被告人が罪を認めず争う否認事件（傷害等）を担当し、ベテラン層が長時間の集中力を要する裁判員裁判を担当することが多い。裁判員裁判の通訳人で報酬への不満がより高まる理由は、「通訳者としての熟練度が報酬に反映されていない」ことに尽きるだろう。裁判員裁判では法廷で読み上げられる書面の量が増える。それに伴って、無給で翻訳する時間も増える。法廷での通訳報酬は時間ごとに一律に決められており、熟練者が手早く通訳をするほど裁判は早く終わり報酬は低い。チーム通訳となれば負担は減るが、相通訳人が通訳中は、自分は「待機中」となり通訳報酬が出ないため、拘束時間は長くても報酬は半分である。したがって、通訳人として経験を積み能力を向上させたことが評価されていない。換言すれば、裁判員裁判を担当することのインセンティブが弱いのである。

4 知見のまとめと今後の課題

4.1 知見のまとめ

　第一に、回答者の属性としては、「高学歴の語学専門職で、都市部居住の40代女性が多い」と言える。自分の能力を生かしたい、社会貢献をしたいとの意欲で自発的に入職した人が多かった。この動機づけは「通訳報酬への不満」と関連している。つまり、報酬への不満があろうとも、入職動機の「やりがい」は通訳として働いた時点で満たされるため、報酬への不満があっても表明しづらく、結果的に法廷通訳人の報酬問題が放置されてきたのではないだろうか。

　第二に、法廷通訳人にとっての負担とは、「公開の場で通訳することへのプレッシャー、心身の疲れと報酬の少なさ」とまとめることができる。通訳報酬の多さ／少なさについては議論が分かれるかもしれないが、通訳人は報酬の金額以上に、その算定基準が明確化されないことや、能力の差が報酬に反映されているのか明らかではないことに、疑問を感じている。通訳人が経験した事件数や熟練度を客観的に評価し、それを報酬へ反映させる仕組みが必要であろう。

　第三に、訳しやすい／訳しにくい日本語については、「主語と述語が明確で、構造がわかりやすく短いセンテンスで話す」と訳しやすく、その逆だと訳しにくい。具体的には、難解な法律用語はできるだけ少なくして日常的な言葉で話し、否定表現の重複を避けるといった工夫をすると訳しやすくなる。詳細は水野論文を参照されたい。

　第四に、裁判員裁判を担当する法廷通訳人へのインセンティブである。裁判員制度の導入により、長時間・連日の審理が続くこととなり、法廷通訳人は疲労を感じている。担当できる通訳人は熟練者であり、通常の法廷通訳よりも割増の通訳謝礼とする等の配慮が望まれる。

　2013（平成25）年に日弁連が行った調査の結果と比較すると、本調査では

法廷通訳人の立場から、心身の疲れや報酬の問題等、きわめて率直な意見が寄せられたと言える。特に裁判員裁判を経験した通訳人への負担感は大きいことがわかる。

4.2 今後の課題～法曹三者との意見交換を

　本章は本研究の第一段階として法廷通訳人の就労実態を明らかにした。最後に、今後の研究課題として残るのは、以下の２点である。第一に、「訳しやすい日本語」について、具体的な場面設定をして実験する等の社会言語学的研究を進めること。第二に、法廷通訳人の労働環境の整備と専門職化に向けて、海外の事例等に学びながら、日本で実現可能な、研修や資質の保証、各通訳人のレベルによる報酬の体系化等を提案していくことである。日本社会においては多文化化・多言語化がさらに進むことが予想されるため、良質な法廷通訳人（及び司法通訳翻訳人）の養成は不可欠といえる。また、外国人の言語権を保障するという人権の視点からも、法廷通訳問題の改善の重要性は明らかである。

　本章で示したのは、通訳人の立場から見た「法廷通訳という仕事」の調査結果であった。今後も通訳人が法曹三者と意見交換および相互評価をしながら、法廷通訳を専門的職業分野として発展させていくことが望まれる。

＊本章は、「2012法廷通訳の仕事に関する調査報告書」（2013年3月20日、静岡県立大学法廷通訳研究会発行）の調査結果の単純集計および自由回答欄への記入の一部を再構成した高畑・水野・津田・坂巻・森（2013b）に高畑が大幅に加筆修正を行ったものである。

◆参考文献
大阪弁護士会（2011）「要通訳事件における法廷通訳の充実に関する要望書」https://www.osakaben.or.jp/web/03_speak/kanri/db/info/2011/2011_4ef97bd889d04_0.pdf（2015年12月2日アクセス）
最高裁判所事務総局刑事局編（2014）『平成25年版　ごぞんじですか　法廷通訳』最高裁判所。

高畑幸、水野かほる、津田守、坂巻靜佳、森直香（2013a）『2013法廷通訳の仕事に関する調査報告書（PDF版）』(http://usr.u-shizuoka-ken.ac.jp/kn/UK13000001201303009999.pdf)

高畑幸、水野かほる、津田守、坂巻靜佳、森直香（2013b）「法廷通訳の仕事に関する実態調査」『国際関係・比較文化研究』12(1)：177-189．

津田守（2005）「司法通訳翻訳」真田信治・庄司博史編『事典　日本の多言語社会』岩波書店、79-82．

津田守編・日本通訳翻訳学会監修（2008）『法務通訳翻訳という仕事』大阪大学出版会

津田守（2009）「裁判員裁判導入と法廷通訳翻訳の在り方——法廷通訳人の視座からの考察と提言」『法律時報』1004：39-46．

日本弁護士連合会（2013）「法廷通訳についての立法提案に関する意見書」http://www.nichibenren.or.jp/activity/document/opinion/year/2013/130718_3.html（2014年9月9日アクセス）

水野かほる（2001）「外国人事件と司法通訳の問題に関する予備的考察——静岡県における調査報告」『国際関係学叢書』18：95-158．

水野かほる（2004）「適正な通訳が保証されるために——司法通訳人に対するグループ・インタビューから」『国際関係・比較文化研究』2(2)：229-249．

水野かほる（2012）「近年の司法通訳をめぐる状況と課題」、『国際関係・比較文化研究』11(1)：21-36．

水野真木子（2006）「判決文の通訳における等価性保持の可能性と限界」『スピーチ・コミュニケーション研究』19：113-131．

水野真木子・中村幸子（2010）「要通訳裁判員裁判における法廷通訳人の疲労とストレスについて」『金城学院大学論集社会科学編』17(1)：71-80．

毛利雅子（2006）「司法通訳における言語等価性維持の可能性——起訴状英語訳の試み」『日本大学大学院総合社会情報研究科紀要』7：391-397．

毛利雅子（2007）「司法通訳人の役割——法廷通訳における言語等価性との関連において」『日本大学大学院総合社会情報研究科紀要』8：315-323．

第 **4** 章
裁判員裁判を経験した法廷通訳人
―聞取り調査結果とその考察

津田　守・佐野通夫・浅野輝子・額田有美

1 はじめに

　本章は、研究チームのうち法廷通訳人である者が、裁判員裁判を経験した法廷通訳人に直接、聞取り調査を行い、彼らの置かれた状況や諸条件、さらにはそれらについての認識を、質的方法を用いて明らかにする試みである。
　日本語を十分に解さない人物が、刑事事件の当事者（被告人ないしは証人）となった場合、公判審理（裁判員裁判の場合においては公判前整理手続）から判決言渡しに至るまでの通訳翻訳と、その通訳翻訳業務を担う通訳人の存在（以下、法廷通訳人とする。）は、適正かつ迅速な公判運営にとって必要かつ不可欠な存在となっている（津田、2013：2）。
　2009（平成21）年5月の裁判員制度の施行等を契機に、法廷通訳人を対象とする調査研究が着手されており、その成果の一つが、『2012 法廷通訳の仕事に関する調査報告書』（2013a）である。概要をまとめた高畑ほか（2013b）は、法廷通訳人を対象とした質問紙調査から、彼らにかかる負担を、①心身の疲れ、②報酬と負担感（体力的・技術的な問題、通訳人の個人情報保護）、③訳しやすい/訳しにくい日本語、の3点にまとめている。その内容の紹介と分析が、本書第3章であった。
　本章では、同報告書の質問紙調査結果を踏まえながら、質的な方法（聞取

り）を用いて、より詳細かつ具体的に各法廷通訳人が抱える負担の現状を描写したい。しかもそこからくるストレスや悩みを、各法廷通訳人の個々の経験という文脈の中で把握することを試みる。それにより、質問紙調査ではすくい取れなかった諸問題を浮かび上がらせたい。

　なお、どちらの調査においても、指摘された問題点や課題はすべてが裁判員裁判に限定されたものとは限らない。本章のどの調査協力者も、裁判員裁判のみならず従前からの刑事裁判においても法廷通訳人として選任されてきた、ないしはされているからであり、そもそもすべての裁判に共通することであることを念頭においておく必要がある。

　いずれにせよ、本調査の特徴は、裁判員制度導入の初期に裁判所から選任され裁判員裁判での法廷通訳人を務めた、（そのほとんどは経験のかなり豊富な）通訳人に絞って、時に従前の裁判との比較も含めた発言を得ていることである。

　以下では、まず、調査協力者である法廷通訳人と調査方法の概要を簡潔に説明し、現役の通訳人19名に対して実施した聞取り調査の結果を、通訳言語ごとにインタビューの中で語られた悩みや負担に着目してまとめ、最後に、そこから明らかになった通訳人の負担感に関しての問題点を類型化する。それによって、法廷通訳人の負担軽減に広く関心を向けることに繋げたい。

　結論を先取りすれば、①通訳対象者の言語能力や心理状態に起因する問題、②裁判員裁判制度運用においての負担増への理解、③法廷通訳に関わる人びとからの理解と協力による環境改善の必要性、の３点が指摘できる。通訳人らは自らの立場の脆弱さを承知しており、そのため、これら問題の解決には「あきらめ」の気持ちすら持っていることも明らかになった。

　ただ、ここで強調しておかなければならないのは、上記③にある（法曹三者及び裁判所書記官等からの）「理解と協力」が既に、あるいは大いに得られていることがしばしばあることも指摘されている。すなわち、法廷通訳人の就業条件や環境整備に向けては、そういったプラス面でのさらなる対応も期待されるのである。

　さて、裁判員制度は2009（平成21）年５月に導入され、その９月に最初の

要通訳裁判員裁判がさいたま地方裁判所にて実施されている。この聞取り調査は下記の通り、2011（平成23）年から2012（平成24）年にかけて、すなわち2年から3年が経過している時点で実施された。その後も、調査対象者であった法廷通訳人の多くが要通訳事件の担当を続けている。そのことから、フォローアップの聞取りを行ったり、時に要通訳事件公判の裁判傍聴も続けたりしてきた。おそらく経験則から、法曹三者も法廷通訳人自身も裁判への取組みの姿勢や方法において、いくつかの新たなる工夫や改善を行ってきていることがうかがわれる[1]。以下の論考は、通訳人の声が声としてまだまだ反映されてきてはいないという観点から書かれたものであることに留意されたい。

2 調査概要

2.1 調査方法

津田守（フィリピン語・英語法廷通訳人、調査当時は大阪大学教授）、佐野通夫（韓国・朝鮮語法廷通訳人、こども教育宝仙大学教授）及び浅野輝子（英語法廷通訳人、名古屋外国語大学准教授、現教授）らは、裁判員裁判事件の法廷通訳経験がある19名を対象に、2011（平成23）年11月から2012（平成24）年11月にかけて半構造化インタビュー[2]を行った。なお、インタビューは日本語で行われ、対象者に許可を得て一人あたり1時間20分から3時間30分までのやりとりのすべてを録取した。

その録音体は、そのまま文字に起こした。抜粋を以下の通り採録したが、本章に収録するにあたっては、それぞれの協力者に原稿を確認（場合によっては増補改訂）及び了解をいただいた。また、聞取り調査は行ってはいない他の多くの法廷通訳人の経験や意識についても知見を得ており、それも本章執筆のための貴重な背景となっている。

2.2 調査協力者

　本調査の協力者は、英語、スペイン語、北京語、福建語、台湾語、韓国・朝鮮語、フィリピン語、ペルシア語、ドイツ語、ポーランド語、イタリア語、ポルトガル語の、順不同で12言語[3]、19名の法廷通訳人であった。このうち、女性は14名、男性は5名であった。

　これら対象者の年齢は、20代から60代までさまざまで、日本生まれ日本育ちの者もいれば、外国生まれ外国育ち、あるいは外国生まれ日本育ちの者もいた。通訳経験も多様で、裁判所での通訳以外に警察や検察庁での捜査手続や弁護士会、司法支援センター、刑務所、入国管理局などでの経験もほとんどが持っていた。法廷通訳経験に限っても20年以上に及ぶ者（4名）、10年以上20年未満（10名）もいれば、5年以上10年未満（4名）や3年未満（1名）もいた。裁判所での法廷通訳回数もさまざまで、400件以上の要通訳事件を経験している者も数名含まれる一方で、法廷での通訳経験が10件未満という者もいた。

　なお、裁判員裁判経験についてもその回数には幅があり、1回あるいは数回のみの者がいる一方、制度施行後（制度下での最初の要通訳裁判員裁判は2009（平成21）年9月に行われたが）、最初の3年間に10件以上の公判前整理及び裁判員裁判公判をこなした、かなりの「ベテラン通訳人」も5名含まれている。

　いずれにせよ、19名の（裁判員裁判制度開始から3年以内の）要通訳裁判員裁判経験数の合計は最低でも140件となる。というのは、上記の10回以上の通訳人は、聞取りをした時点で、例えば10数回、と答えたがその場合には「最低の」10回として数えたからである。その意味で、この19名の最低の「経験平均件数」は約7.4とかなり多い。このことから、要通訳裁判員裁判に限ると、比較的少数の通訳人に集中して裁判所は法廷通訳人選任を行っていることがうかがえる。

　周知のように法廷通訳人候補者登載名簿は全国の高等裁判所ごとにまとめられている。そのため、例えば大阪市在住者は大阪地方裁判所ないしは大阪高等裁判所から選任要請を受けることがほとんどだ。しかし、時には京都、

大津、奈良、和歌山、神戸地方裁判所から連絡が入る。さらには、岡山地方裁判所や高松地方裁判所などからでも、当該言語の通訳人が見つからない場合などに要請を受けることもある。

今回の調査協力者の場合も同様であるが、裁判員裁判に限っては、調査時点では、東京、名古屋、大阪、広島、福岡高等裁判所管轄内での地方裁判所における経験を持っていた。ちなみに、施行4年目までの段階では、少なくとも仙台高等裁判所管轄内では要通訳裁判員裁判は1件も実施されなかった。

調査協力者である法廷通訳人19名の概要（いずれも調査当時）は表1のとおりである。

表1　調査協力者の概要

本章における呼称	第1通訳言語、第2通訳言語、第3通訳言語	法廷通訳経験年数
Aさん	英語	10年以上20年未満
Bさん	英語	20年以上
Cさん	英語	10年以上20年未満
Dさん	英語	20年以上
Eさん	英語、フィリピン語	10年以上20年未満
Fさん	スペイン語	10年以上20年未満
Gさん	スペイン語	10年以上20年未満
Hさん	スペイン語	10年以上20年未満
Iさん	スペイン語	5年以上10年未満
Jさん	北京語、台湾語	20年以上
Kさん	北京語、韓国・朝鮮語	10年以上20年未満
Lさん	北京語、台湾語	20年以上
Mさん	北京語、台湾語、福建語	10年以上20年未満
Nさん	フィリピン語、英語	10年以上20年未満
Oさん	ペルシア語	10年以上20年未満
Pさん	ドイツ語	5年以上10年未満
Qさん	ポーランド語	5年以上10年未満
Rさん	イタリア語	3年未満
Sさん	ポルトガル語	5年以上10年未満

3 調査結果

ここからは、インタビューの中で語られた悩みや負担に着目し[4]、言語ごとに各法廷通訳人の語りを整理した上で、文脈から切り離すことなく抜き出し、その現状を明らかにすることを試みたい。

なお、「　」内は各通訳人の語りからの引用を指し、［　］内は執筆者によって追記した内容を示す。

3.1　英語の法廷通訳人（6名）

英語の通訳人に共通する悩みは、①被告人にはノンネイティブ話者やダブルリミテッド（英語と別の言語のどちらもが抽象的思考が可能なレベルに至っていない状態）が含まれること、②法曹三者の中にも英語を理解する人がおり「間違い」等を指摘される可能性があること、の2点である。ただ、後者については、通訳人にとって助かる（サポートとなる）面もあることは事実である。以下に、AからEの語りをみていこう。

また、【　】内の数字は、本章の分析としてまとめたイシュー（悩みや負担など）を出現の順に、執筆者が便宜的に番号を振ったものであり、各番号に続く下線文はその内容を指す。以下に引用する通訳人の語りの中に下線を加えた部分は、数字を振ったイシューに該当すると執筆者が判断した発話部分である。

3.1.1　通訳人Aの場合

通訳人Aは、10年以上の法廷通訳歴を持ち、これまでに担当した要通訳事件は50件以上を数えた。このうち、裁判員裁判の法廷通訳人を務めた経験は2件であった。

始終はっきりとした口調で聞き手の問いかけに答えた通訳人Aが、繰り返し強調したことは、【1】報酬の算定基準が開示されていないことに対する

悩みとそれに付随する負担であった。通訳人 A は、報酬が仕事量に対して適切か否かではなく、そもそも報酬の算定基準が開示されていないことが問題であるとし、次のように語った。

　「私は報酬以外のことは基本的に、それほど大きな、本質的な問題ではないと思うのです。特に X 地裁はまだまだ他の裁判所と比べたら待遇が良い方だからです。(中略) 本質的な問題は、印象として報酬額が高い低いとかの問題が本質ではなくて、まずは基準を公表してほしいということです。なによりもそこから始まる。その基準が明示されれば、自然に法廷通訳という業務について理解が深まって、いろいろなところで動きがあると思うのです。」

そして同様の立場から、法廷通訳人の資格制度設立を模索する一部の通訳人たちの動きに対しても次のように指摘した。

　「[法廷通訳人] 資格は、まだまだ先に考えられるべきです。必要な第 1 のステップは、報酬基準の開示。まずこれから始めないとダメだと思います。すなわち、労働関係の根幹をなすべきものですから。」

また、報酬やその算出基準が明示されていないがゆえに、裁判員制度施行後に公判資料の翻訳量が増えたにもかかわらず、報酬金額が反映されていないように感じる現状についても次のように述べた。

　「[裁判員裁判になって] 結局たくさんの情報を事前にいただけるようになったのですけれど、従前からの裁判と比べて翻訳する量が多くなった。準備は以前よりもっとしっかりできるけれども、[翻訳などの] 作業量が多くなったから、報酬的には落ちている [と感じる]。」

報酬の算定基準が開示されていないこと以外に、通訳人 A が口にした悩

みや負担には、【2】英語を第一言語としない被告人（証人）の通訳があった。
例えば、オランダ人の被告人の法廷通訳人を務めた際の経験を次のように語った。

> 「オランダ人〔の通訳〕を英語でやりましたよ。しかしそのオランダ人は英語がパーフェクトとは言い難くて。（中略）オランダ語訛りが強くて、すごく聞取りが難しかった。本当はオランダの母国語でやった方が良かったのではないかと…。」

同様に、別事件でモンテネグロ出身の証人の通訳を担当した際のことにも言及した。

> 「モンテネグロの人、初めてだったのですけれど、とても表現できない訛りですね。全く聞取れない訛りではないですけれど、重要なところが聞きとれない。」

英語を第一言語としない被告人（証人）の法廷通訳人に、英語の通訳人が選任される背景には、必ずしも第一言語の通訳人を選任しなくとも英語ならば大きな問題にはならないだろう、という法曹関係者の認識があるのではないか、と通訳人Ａは指摘した。

> 「その言語の通訳人が足りないっていうのは大きな問題だと思うのですけれど、英語がある程度できれば英語でいっちゃえ、みたいなのがあって。」

その他には、【3】「誤訳」が過度に問題化されることへの不安についても次のように語った。

> 「私も完璧とは言えないですから絶対に誤訳はしていると思うのです。

第 4 章　裁判員裁判を経験した法廷通訳人

　(中略)細かいところで言えば、どの通訳人も、ある程度経験を積めばめちゃくちゃミスしていると思うのですよ。(中略)山ほどミスをしていると思うからこそ、どういうところでミスしているのか、ミスしやすい傾向の部分とか、直していきたいではないですか。そういう意味で悩む時もあります。(中略)私が集中力がどこかで途切れて、(中略)ものすごく重要なファクトを言い間違えて、全国紙に載るかもしれませんし。」

これに関連して、【4】通訳人の能力が弁護材料にされる可能性も十分にあり得ることを、ある事件での自身の経験に触れて語った。

　「[ある被告人の弁護人が]証人尋問が始まる前に裁判官に「通訳の技能をテストさせてくれませんか」と裁判官に要求したのです。(中略)「審理が始まる前に通訳人の技能をテストしてくれませんか」みたいな感じ[のこと]を言って、裁判官が(中略)「裁判所がきちんと選任した人物ですからその必要はありません。ちゃんとできるという前提でお願いしていますから」と。(中略)ああいうのを見て、かれら[弁護人]も弁護するにも弁護材料がなかった、と。全ての証拠が(中略)[被告人]有罪の方向に向いているから。(中略)通訳人に[責任を]かぶせるしか武器がなかったのかも知れません。」

このように「誤訳」が恣意的に問題化される、あるいは通訳人自身が弁護材料にされる危険性があるにもかかわらず、通訳人 A は「あえて文脈から意味を汲み取って、自分なりに訳す」ことも認めた。

　「日本語そのまま訳しても、なかなか伝わらない部分があります。(中略)私はあえて文脈から意味を汲み取って、自分なりに訳すということも結構しています。」

75

「あえて文脈から意味を汲み取って、自分なりに訳す」という姿勢を通訳人Aが続けてこられた背景には、理解ある裁判官の存在があった。

> 「X地裁では、(中略)英語がかなりできる裁判官が大体一人は在職しているのです。(中略)確定的ではないですが。現在(中略)[裁判官が]確か4人か3人いるのですけれど、T裁判官という方が(中略)外国に留学したこともあって(中略)通訳人に対してすごく理解があります。彼とは法廷外で話したこともあるのですけれど、通訳がどれだけ難しい仕事かわかっているので、たまに案件がもめたりなんかすると「すみません」みたいな。そういう理解者というか、通訳業務が何たるか少しでもわかってくれる裁判官がいると楽に進みます。」

裁判官の中に通訳言語に通じる人物が1名でもいれば、法廷通訳人にとっての環境が大きく改善する可能性があることが示唆される。

3.1.2　通訳人Bさんの場合

通訳人Bは通訳人Aの知人で、法廷通訳ではAより長い経験を持つが、近年はAとチームを組んで法廷通訳に臨むこともある。この通訳人Bも、「誤訳」が過度に問題化されることへの悩みを次のように口にした。

> 「[通訳は]完璧を目指してもなかなか完璧にできるものでもないですからね。(中略)本当にやればやるほど難しいっていうのはあると思うんですよ。とても簡単な英語ほど日本語にどう置き換えるべきか、と迷うことはいっぱいありますよね。」

「誤訳」が過度に問題化されてしまうという点も含め、法廷通訳人の責任がますます追及される傾向がある一方で、法廷通訳人の仕事が正当には評価されていないとの認識から、【5】後進が育っていないことへの懸念も示した。

第4章 裁判員裁判を経験した法廷通訳人

　「バッシングを受けないまでも、本人がすごいストレスを受けるというのは結構あると思うんです。だから［法廷通訳をやってみないかと誘ってみても］「やりたくない」と言うのね。（中略）<u>裁判所ではやりたくない</u>、と。」

　報酬面だけではなく、法曹三者との関係性が法廷通訳人にとっていかに重要かについても次のように語った。

　「［法曹三者は］「通訳人が来ないと裁判はできませんから」と言ってはくれるんだけどね、果たしてね、本当のところは。（中略）お金のことは我慢しても、それなりに通訳に対する<u>リスペクト</u>であったり<u>イニシエーション（手ほどき）</u>であったり、<u>そういうのがあれば頑張れますよ</u>ね。（中略）そういうところをもう少しわかってもらえるといいのかな？とは時々思います。」

　裁判員裁判に関しては、【6】<u>翻訳量の多さ</u>を指摘した。

　「［裁判員裁判では法曹三者に］「読み原稿」みたいなものを（中略）を用意してもらう［のが良い］。（中略）冒陳にしても論告、弁論にしても10ページも要らないんですよ。例えば、法律的な解釈の部分は省略するとかね？（中略）そっちの方をスリム化して逐次［通訳］を、という方向性の方が私は良いんじゃないかな？と思う。大きな一つの理由は、通訳人の負担がかなり減ると思うんですよ。」

　上記の発言の背景として、膨大な量の翻訳を行っても、すべてが被告人にとって重要な情報であるというわけではない、と通訳人Bは話した。

　「私は最初通訳を始めた時は、法廷でしゃべっていることはできるだけ<u>正確に通訳する</u>というのは私の使命だと思ってきたんですよ。（中略）

ところが、本来の審理あるいは手続きとは直接は関係ないところで検察官と弁護人が言い争うことがあるんですよ。例えば証拠を出す、出さないの問題であったり（中略）法解釈であったり。（中略）こんなの、本当に直訳したところで、被告人にはわかってもらえないような話なんですよ。しかも、彼らが争っている時は止まりませんから。一時、全部メモをして、今の話は彼がこう言った、こう言ったとやっていたんですよ。でも、それが果たして被告人にとっては良いことなのか、ちゃんと伝わったのかとなると［話は］別ですよね？」

3.1.3　通訳人Cの場合

　アメリカ合衆国においても法廷のみならず、民事渉外事件におけるデポジション（証言録取）でも通訳人を務めた経験を持つ通訳人Cは、「裁判官で嫌な人に当たった経験は日本ではありません」と述べ、インタビュー中も悩みや負担を口にすることはあまりなかった。
　しかし、日本での法廷通訳経験の中で英語を第一言語としないというよりも、そもそも第一言語が何語なのか曖昧な【7】ダブルリミテッド状態にある証人の通訳に苦労したエピソードについて語った。

　　「日本語も英語も流暢ではないので、簡単な会話であればできるのですが、少しでも特殊な、あるいは細かいデリケートな質問をすると、なかなか…。理解ができていないので適当に返事をするし、証人自体も自分が何を言おうとしているのかわからないような答えになっていて。しかもその中で日本語と英語がごっちゃになっていると、通訳人にわかるわけがないです。」

　このような起点言語も目的言語も不自由なダブルリミテッド状態にある人物の発言の通訳にはとりわけ注意を払って対応してきた、と通訳人Cは語った。

第4章　裁判員裁判を経験した法廷通訳人

　　「［そのまま］全部日本語へ訳すと日本語がぎこちなく聞こえるのですが、そういうような話し方になっているのでこちらで勝手に整理し、「この人はちゃんと理解して答えている」というイメージを与えると間違いです。（中略）その人の学力を表す表現やあどけなさを勝手に省いたり整えてしまったりと、もしかすると裁判官が（中略）「この人、賢そうだし、企んでいたのではないのか」と受け止めるようなこともあるのです。それが判決にひびいてくる時もありますし。」

これはガーナやモザンビークなどの被告人の場合であったそうだ。ちなみに前者では公用語は英語だが、広くアカン語、ダバニ語、エウェ語、ガー語などが使われている。後者ではポルトガル語が公用語だが、多くは公用語でない民族言語（バンドゥー諸語）ないしはスワヒリ語を第一言語としている。

　　「大学を出ていない被告がどうも半数以上で、日本に来てからは、日本人の友だちや奥さんのお陰で、日本語と英語を日常会話レベルで話せていますが、やはり細かい説明、微妙な説明、難しい説明に被告人は困ることが多く、口下手にならざるを得ません。あと、焦ったり、怒ったりすると、英語で言えるところは英語、英語でわからない表現は日本語で、と一生懸命ごっちゃ混ぜで話します。この場合、通訳人にとっては、加えて、まず紐解く［編注：「ごっちゃ混ぜ」を整理する、の意］作業が発生してしまい、通訳時間が数倍増すことになります。このような訓練を受けている通訳人はいません。それでも、落ち着いて、証言の自分のノートを、気をつけて分解しながら、論理的に、かつ、正確に通訳はしますが、これは大変な作業です。また、ちゃんとやると、訳出はガタガタした形になるのですが、逆に、滑らかに整えてしまう法廷通訳人が日本には多いと感じます。」

　<u>「誤訳」が過度に問題化される</u>ことや<u>通訳人の能力が弁護材料にされる</u>ということについても、次のように語り、法廷通訳人を務めるにあたっての覚

79

悟を示した。

　「裁判員裁判も普通の裁判もそうですが、重箱の隅をつつきたがる人もおり（中略）心臓に毛が生えていないと務まらない仕事なのです。」

加えて、通訳人Aや通訳人Bは特に言及しなかった【8】法廷内での音声の聞取り辛さについても次のように語った。

　「検事も弁護人もそうなのですが、歩き回りながら話したりするので言葉が聞こえない時があるのです。アメリカでも同じですが、用意したメモなどを見ながら、あまり顔を上げずに話し、証人台の証人に証拠文献を見せるために動き回っている検事も弁護人もいます。歩き回っているときは、通訳人は、背中を向けられたり、その背中に声が遮られたりします［日本でも裁判員裁判導入に伴い、このように検察官や弁護人が裁判員に語り掛ける場面が多く見られるようになった］。あと、法廷も法廷ごとに音響が違うのでちょっとでももぞもぞ話されたり背中を向けられると、もう全然聞こえなくなったり、とぎれとぎれに聞こえるときがあります。」

　「ビジネス通訳であれば、言っていることを察して通訳しますが、法廷通訳は本当に話していることのみを通訳しますから、聞こえない部分は聞こえない部分となり、その度に、通訳は頓挫します。しかし、ここでもまた会議通訳畑出身の法廷通訳人は、聞こえてない部分を正直に聞き取れなかったと証人に聞き返すことは滅多にしません。私は全部聞き返しています。」

　「一度駆け出しのころ聞き返しすぎたことがあります。多分私も緊張していたと思いますし、コツもノウハウもあまり持っていなかった頃でした。ニューヨークだったのですが裁判官ができない通訳人をよこしたと法廷通訳人部門（Interpreter's Office）にクレームを入れたので、そのチーフインタープリターに、私がやっていることは間違っていないと裁判官

に対して説明してもらったことをよく覚えています。やはり、良心に従って、誠実に、聞こえていないことは聞こえないと言える法廷通訳人は、日本の方が少ないように感じます。もちろん、日米だけに限定して話しています。」

通訳人Cは、「自分のパフォーマンスにもひびくので、きちんと言わなければいけないことは言わないと」とも強調し、法廷通訳に従事する際の環境を改善すべく、可能な範囲において自身で作り出すよう努めていることがわかる。

それにしても、例えば傍聴人の咳払い、法廷出入り、取材記者たちの離着席などの際の突発的な「騒音」も通訳人の集中力を削ぐ要因となることが、他の通訳人から指摘されている。

3.1.4　通訳人Dさんの場合

20年以上の法廷通訳経験を持ち、その間、500件以上（うち裁判員裁判は30件以上）の事件を担当してきた「超ベテラン」通訳人Dは、一部の通訳人に集中する【9】<u>仕事量の多さと偏り</u>を指摘した。通訳人候補者名簿に登載されている英語通訳人の数については「英語だからいくらでもいる」と言われている。しかし、実際に法廷通訳人として、とりわけ裁判員裁判のために選任されるのは、極端に言えば通訳人D自身を含むわずか数名の通訳人であるのが現実とのことであった。

「皆が均等に稼働していない。私と、あと若干名が必死にやっているような状況で、1人が辞めるとなればとんでもないことになります。」

一部の通訳人に対する仕事量の多さと偏りゆえに、【10】<u>裁判特有の用語</u>に加え、精神鑑定関連等の特殊用語の通訳を求められる機会も多い。法廷通訳人を務めるにあたっては、【11】<u>広域の専門知識を獲得しなければならない苦労</u>があることも口にした。

「法廷通訳なので法律だけを知っていればいいのではなく、DNA鑑定が一つの争点となった場合、正確な通訳のためには、DNAについての知識が求められます。最近担当した事件はDNA鑑定がメインでした。準備の段階で何を勉強すべきか、ということです。ケースによっては、関連する国際条約のことも知らなければいけませんし。」

　拘置所で弁護人が被告人に接見する際に同行するなどして事件の概要や争点を把握し、求められる専門知識を事前に調べておくことで、ある程度の対応は可能であろう。しかし、被告人に接見する際の通訳人には、選任された法廷通訳人とは別の人物を弁護人が選ぶことも多く、この場合、【12】接見時の通訳人と法廷通訳人との間での引き継ぎや、通訳語彙の整合性に後々問題が生じることもある、と指摘した。

　「弁護人が自分の知っている通訳人を連れて弁護活動をしているため、審理の進行に影響が出ている事件があるのです。(中略)夜間の接見にすぐ行ける人となれば(中略)使い勝手のいい、アルバイト感覚の人を[選ぶことになるのだろう]。[そういった接見時の通訳人は]母国語以外に日本語ができるというだけで、何もクオリフィケーション(資格)はなしに[弁護士会や司法支援センターに]登録はできているところに問題があります。」

　また、裁判所・法廷という「非日常的な空間」で通訳を行うことは、【13】心理的な疲れを伴うということも認めた。

　「一般人としては通常、体験しない非日常的な空間で仕事をするわけです。朝から晩までネガティブな内容、深刻な内容を自分を介して伝え続ける[通訳している]ということは相当なストレスです。若い時は気が付きませんでしたが、すごいストレスになっているのだな、と。裁判所に行かない時の解放感といったら、格別ですから。」

このような心理的な疲れをますます深刻化させる原因として、【14】自身の個人情報を自身で守らなければならない状況があることを挙げた。

> 「以前は、傍聴人側に法廷でのマナーという暗黙の了解がありましたが、今は裁判所に誰でも入ってきてしまうので頭が痛いです。傍聴の態度が目に余り、通訳に支障をきたすような場合、書記官に伝え、注意してもらうほどです。私は自分のプライバシーを守るために結構苦労しています。法廷の外で話しかけられたり、後をつけられたりするのです。」

法廷通訳人には、法廷内外において心理的な負担が重くのしかかっていること、さらに、その負担に対して自分自身で対処・対応せざるを得ない状況に立たされていることがわかる。

3.1.5 通訳人Eさんの場合

10年以上の法廷通訳経験の中で100件以上の要通訳裁判に関わってきた通訳人Eは、ある裁判員裁判において、英語を第一言語としない被告人の通訳をせねばならず、苦労したことがあった、と話した。

> 「被告人が英語のネイティブでなくて。(中略)例えばある被告人は、I think so と言うべきところを I hope so とか言ったり、語彙も少ないし、長い文章はついて行けないし。(中略)これで英語で裁判をしていてよいのだろうか、と思いました。」

通訳人Eらの語りから、英語を第一言語としない被告人に対しても英語の通訳人を選任するという状況が各地で見られることがわかる。また、通訳人Eは、裁判員裁判の場合には特に接見時の通訳を依頼されることが多いと述べ、それゆえの仕事量の多さを嘆いていた。

> 「弁護士さんが熱心に接見に行かれたりして。夜間接見とか言って。

裁判が終わった日も（中略）そのまま拘置所に行って18時から20時までの間、接見。（中略）20時まで接見して、翌日また朝10時までに裁判所へ行って、また丸1日通訳をして、というのをやって。（中略）［通訳人2人のチーム通訳で担当したため］休廷時間の接見も［通訳人］1人ずつ交代で休んだり、もう1人の人が接見に行ったり。すごかったです。」

　裁判員裁判制度では、増加する通訳人の仕事量の負担を軽減する一つの方法が、他の通訳人とチームを組むことである。通訳人E自身も上記のとおりチームで裁判に臨んだ経験がある。しかし、この場合には【15】チームを組む通訳人との相性・関係性が極めて重要となってくることも強調し、「一緒にやりにくい方と一緒にやるくらいなら、1人でやった方がまし」だという。その他、裁判特有の用語を通訳する難しさを挙げ、その難しさを克服するためには経験を積むことが何より重要であるとした。

　　「いきなり「この証拠を弾劾証拠として提出します」というのが法廷で出てきて、弾劾証拠って何だろう、という感じでしたけど。今だったら対応できるんですけど、当時は弾劾証拠というのを聞いたのが初めてだったのですごく困ったんです。」

　また、法曹三者に【16】通訳や通訳人への誤認識がある場合には、特に負担が増すという。

　　「［ある事件で］私が意味を取り違えて、質問したんですけど、ある検事さんが「いや、僕が言っていることを直訳してもらったらいいんです」とか言うんですよね。［通訳人も］意味がわからないと直訳ってなかなかできない。（中略）言語というのが、一対一で対応するかのように思っている人もいる。」

　法曹三者側の通訳および通訳人への誤認識は、通訳言語を問わず多くの法廷通訳人が口にする点であり、それが法曹三者の間にいかに根強く広まって

第4章 裁判員裁判を経験した法廷通訳人

いるかをうかがうことができる。

3.2 スペイン語の法廷通訳人（4名）

英語と同様に、スペイン語も中南米で広く使われているためダブルリミテッドの話者の存在がある。通訳人の立場の脆弱さが指摘されるものの、その改善要求に対する「あきらめ」も共通して聞かれた。

3.2.1 通訳人Fさんの場合

通訳経験は法廷通訳がほとんどという通訳人Fは、10年を超える法廷通訳経験の中で100件以上の事件を担当してきた。このように豊富な経験を持つ通訳人Fも、<u>裁判特有の用語</u>を通訳することは決して容易ではない、と語った。

> 「とにかく省略が多いので、法曹三者だからわかるわけですよね。（中略）<u>「覚せい剤の認識」</u>だけじゃわかりませんですよね？（中略）「認識」ならまだいいですけれど、（中略）<u>「知状性」</u>って何よって。（中略）法律用語、法の比較の辞典に載っているような、ああいうものは調べればいいんですけれど、そうじゃない独特の言葉遣いってあるでしょう？<u>「しかるべく」</u>もそうですけれど、「<u>思量（思料）します</u>」というのも最初わからなかったですね。」

また、裁判員裁判の場合には、<u>翻訳量の多さ</u>と【17】<u>翻訳が必要な文書の直前の依頼や送付</u>も悩みの種だと述べた。

> 「[裁判員裁判で]<u>量的にも時間的にも、大変なのが論告と弁論</u>ですよね。一応前もって［書面を］もらってはいますけれど、当然、被告人質問の後で大幅に変わったりする時に、翌日朝から論告弁論の時は「何時頃［修正版が］出ますか？」って［尋ねて］、「22時前に出るんだったら

起きて待っているけれど、そうじゃなければ寝て、朝［翻訳を］やります」とかっていうようなことをやって。（中略）弁護人は今はもうほとんどメールで［文書の送受信を］やっていますけれど、検察庁はメールは認めないみたいだから。」

より大きな問題の一つとしては、【18】法廷通訳人の立場の脆弱さを指摘した。

「そもそも我々は「法廷通訳人」と名乗れないでしょう。あくまでも「法廷通訳人候補者」なのですから。候補者が集まって組織作ってどうするのよ、っていう話になっちゃうから。（中略）ただ法廷通訳の場合は、法廷通訳人になるための要件みたいなもの、資格みたいなものを定めてしまうと［不合格者が出て人手不足となり］裁判ができなくなるということがやっぱりネックなのかなぁ、と想像しているのですけど（苦笑）。」（ちなみに、最高裁判所によれば、毎年40-50種類もの言語で要通訳裁判が実施されている。）

そして、法曹三者に通訳や通訳人への誤認識があること、それゆえに「誤訳」が過度に問題化されることで、さらに法廷通訳人の立場の脆弱さが助長されていることも自身の経験から語った。

「制度的な問題は色々あると思うんですけど、結局一番の大元というか、カギになるのは、裁判所が（中略）［法廷通訳人が］間違える可能性が絶対にあるということを認めたところから始めないと変わらないかなぁ、と。今の姿勢だと、要は裁判所が選任した通訳に誤りはない、と基本的に言い切っちゃっていると思うんです。というか、（中略）正式にはそう言い切らざるを得ない、というようなところが。（中略）通訳は間違うものだからどうやってそれを防ぐか、という発想に切り替えないと正しい通訳事件の裁判っていう方向にはなかなかいかないだろう

な、という気が。(中略) そこを認めた上でやらないと、なんか微妙にその場当たり的にちょっと良くなったかな、みたいなもので。本質的に良い方向には向かわないんじゃないかしら、という風な気はしますね。」

また、「誤訳」が過度に問題化されることに関連して、通訳人の能力が弁護材料にされる危険性も、常に身近に感じてきたことを認めた。

「覚せい剤の否認事件ですと、半数くらい［の被告人］は通訳人があああだった、こうだったと言いますから。(中略) だけど、これは通訳人としては濡れ衣だよなと思う印象を持つものもかなりあるので。」

通訳人Fは、通訳人の能力が弁護材料にされる危険性を回避するための策の一つとして、捜査段階等での可視化によるメリットについても言及した。

「だから (中略) 可視化されるということは、通訳人にとって嫌な部分もあるけれど、メリットもあるんだろうなと思ってですね。後で［取調段階の］通訳人がだめだったと言われて、「じゃあ［そのときの記録を］出してみようじゃないか」と言えるものがあった方が良いかなぁ、というところもありますね。」

また、法廷通訳人を務める際の心理的な疲れや、【19】一人で二役以上の通訳を行う場合の負担についても語った。

「最初の仕事が弁護人の接見ですから (中略) どうしても被告人の方に感情移入する部分があって。(中略) 公判になったときに両方［弁護人の通訳も、検察官の通訳も］全部やりますでしょう。そうすると、なんとなく弁護人の手伝いみたいな感じで向こう［被告人］にも受け取られていたのが、今度は検察官の口になって責め立ててゆく。その切り替

えが自分の心理的に重荷に感じる部分があって、それでもう色々悩みながらやってきたんですけれど。(中略)出来る限り透明になるということを努力しているので(中略)じゃないとストレス［が］溜まっていけないかな、という気がして。」

　通訳人Fも、他の通訳人同様、法廷通訳人に特有のこの心理的な疲れやストレスを何とか軽減するため、「透明な存在になる」ことを自らに課し、感情を消す努力をしている。

3.2.2　通訳人Gさんの場合
　幼少期をスペイン語圏で過ごし、そこで教育を受けた通訳人Gは、スペイン語を第一言語としない被告人の通訳を任されたときの驚きを次の通り語った。

「［被告人の国籍が］メキシコ人だから［通訳言語は］スペイン語でと言われました。ところが、彼は生まれはメキシコで、その後7、8歳まではメキシコにいたけれど、家族でアメリカに移り住んだため(中略)英語の方が得意だったのです。(中略)国籍はメキシコだけど、裁判は英語でやりたいと［被告人は］申し出たと［私に］言うのですが、［裁判所に］「あなたはメキシコ人だからスペイン語で」と言われました。」

　同様のケースは他にもあったと通訳人Gは続け、その際の苦労を振り返った。

「ペルー人の被告人で奥さんがブラジル人でした。本人同士はお互いにスペイン語とポルトガル語を混ぜながら話していたのだと思います。私はそのことを知らずにスペイン語で通訳しており「じゃあ、奥さんに証人で出てもらいます」と。そしたら奥さんがポルトガル語で答えてくるから、「え！？」と思い。(中略)手を挙げて「裁判官、奥さんはポル

第4章　裁判員裁判を経験した法廷通訳人

トガル語です。ポルトガル語の通訳を呼んだらどうでしょうか？」と言いました。そうしたら裁判官も「まあ、そんなに難しいこと聞かないから、多分お互いスペイン語でなんとかなるでしょう」とおっしゃったのです。（中略）あれほど困ったことはありませんでした。」

　これらの経験を経て通訳人Gは、通訳や通訳人への誤認識（ないしは無理解）があり、とりわけ法曹界にはそれが根強く存在するように感じると述べた。

「裁判所に限ったことではなく、通訳人を利用する側がおおむねそうなのです。この日に通訳人がいないとなったら（中略）別の通訳人を都度都度置けばいいと。置いたら、その通訳人は自動的に利用者側の希望する通りに通訳をしてくれるという感覚があります。もしそれができないと、「ああ、この通訳人はダメ」みたいな判断をされます。通訳人は機械みたいな存在だと思っているのが全般のイメージではないでしょうか。特に法廷はそうかもしれないのですけど。」

このような誤認識の影響もあり、法曹三者の発言には【20】否定表現の連続が多く、通訳する際に苦労する旨を語った。

「否定の、否定の、否定という言い方の連発がすごいです「あなたはその現場に行かなかったってことがなかった訳ではないですよね？」（中略）マイナス、マイナス、プラスで、要は「行ったことがあったの？」みたいな。（中略）繰り返し言いますけれど、否定の否定の否定という言い方が多いので、とても神経を使います。（中略）検察官の質問は捻って、捻って、捻ってあるから。日本人でも理解できるのかな、という疑問を持つくらいです。」

その他の悩みとしては、【21】生活環境や教育水準の異なる被告人の通訳

を行う際のことを挙げた。

　　「「この人［被告人］、［通訳内容を］理解してないな」と思ったのが（中略）「役目は何ですか？」共犯者の役目・役割という時に、スペイン語では色々な言い方がありますが、役目というのが本人に通じなくて。（中略）なぜかと言ったら<u>その人の教育レベルにもよる</u>のです。（中略）その人はその単語を知らなかったから通じなかったのです。ですから［訳語が］三つくらいあるときは、なるべく三つとも言うようにして、「これ、これ、これは何でしたか？」みたいにします。そうすると、どれか一つは理解して答えてくれるのではないかと思います。」

　また、極度の緊張状態にある被告人の通訳を担当する場合には、同じ内容の通訳を繰り返し求められたりして、苦労すると語った。

　　「やはり被告人もそれだけ長く集中が続かないのです。緊張しているから。特に覚せい剤は［求刑が］10年とか言われるじゃないですか？そればかり頭にあるから［私が］一生懸命、検察官の質問をようやく一言一句、訳したと思っても、［被告人に］「もう一回［お願いします］」などと言われたりします。」

　自身に万が一の事態が起こった場合や【22】緊急時の対応への不安も洩らした。

　　「熱がある。でも行かなければならない。まあ、熱があったくらいでは行くと思いますが、例えば交通機関が不通な場合は、もうどうしましょうですよね。」

　このような不安は、法廷通訳人が共通して抱えている大きな問題であろう。しかし、今回のインタビュー調査の中で、緊急時の対応について不安を

口にした通訳人の数は少数で、むしろ多かったのは、法廷通訳人は法曹三者ではない立場なのだから仕方がない、という諦めに近い発言であった。このような傾向からも、法廷通訳人個々人が「立場の脆弱さ」をいかに内面化しているかがうかがえる。

3.2.3　通訳人Hさんの場合

　10年以上にわたり、100件を超える事件の法廷通訳人を務めてきた通訳人Hは、「どれだけ書記官がコーディネーターとして活躍して下さるかが、すごく大きなポイントだと思います」と述べ、法曹三者、とりわけ書記官とのコミュニケーションのよしあしで法廷通訳人の仕事の質も左右されるのだと繰り返した。

　したがって、仮に【23】書記官とのコミュニケーションが上手く行かず、その結果、公判が始まるまでの【24】事前準備が十分にできないときには、生活環境や教育環境の異なる被告人であるという点も重なり、大きな負担が生じることになるという。

　　「例えば「毛布」という単語があったとして、その「毛布」という単語には色々な訳語があります。自分が知っている「毛布」という単語を使ったとしても、被告人に通じるかどうかはわかりません。被告人がふだん「毛布」というのをどういう単語で言い表しているのかわからないからです。人の名前ですとかも同様です。（中略）公判前に被告人の話す言葉を聞くことなく、公判で初めて被告人の言葉を聞いた場合、聞取れないということもあります。（中略）社会階級や受けてきた教育、さまざまな社会的、家庭的環境によって使う言葉も違いますし、隠語やその地域、年代の人たちの間だけに通じる言い回しや言葉の使い方もあります。そういったことをきちんと事前にチェックできる機会を持つことが大切です。」

　「誤訳」が過度に問題化されることや、法曹三者に通訳や通訳人への誤認

識があることについては、次のように述べ、そもそも「正しい訳」とこれに対する「誤った訳」を想定すること自体が、通訳の本質や通訳人の現状とは相容れないことだと指摘した。

「ある程度、通訳人として生き残ってきている人であれば、正確であることは当たり前のことになっていると思いますけれど、それでも<u>10人通訳人がいれば10通り、通訳された言葉は違ってくる</u>ものです。」

そして、<u>法廷通訳人の立場の脆弱さ</u>を守るべき裁判所への期待感を口にした。

「私たちは裁判所に選任されているわけです。弁護人のために働いているわけでも、検察のために働いているわけでもなくて、裁判所のために働いているわけです。(中略) 大きな事件ではマスコミ対応ということもあります。それに対しては、通訳人がマスコミとの接触を望まない場合、あるいは裁判所が通訳人とマスコミとの接触を望まないような場合には、<u>裁判所がきちんと</u>「通訳人にはインタビューしないで欲しい」と言ってくれる、<u>私たちを守ってくれる存在</u>でもあると思うのです。(中略) 公判の準備では、どうしても接見等で弁護人と行動を共にすることが多くなります。そして弁護人について接見に行っていると、弁護人のために働いている、みたいに錯覚してしまうことも多いですけど、基本は［通訳人は］裁判所との契約に基づいて業務を遂行している、ということですよ。」

通訳人 H の上記発言はもっともである。この「通訳人の立場性」や「通訳人の個人情報保護」については、質問紙調査でも指摘されたところである。

3.2.4　通訳人 I さんの場合

10年以上、法廷通訳人として経験を積んできた通訳人 I は、裁判員裁判で

の負担として、翻訳が必要な文書の直前の依頼・送付を挙げた。

　「［論告や弁論の訂正依頼の文書が］前夜11時すぎに入ってきますので、そうすると２時、３時までは［翻訳作業を］やっていますので。それで翌日の裁判ですから、そこを少し考えてほしい。（中略）［それまでの集中審理で］かなりの疲労が蓄積していて、さらにこれですから。連日連夜です。深夜まで。（中略）本当にやめていただきたい。」

　また、公判直前に翻訳依頼文書を送付する際、検察庁ではファックス送信のみなので、通訳人Ｉとしてはさらに負担に感じるとも語った。

　「検察官は、ファックスはテスト送信があって、それから送って下さいますので。あれ、問題なのですけどね。そのときに自宅にいないと、仕事で帰りが遅いと、受け取るのが限りなく遅くなるので。（中略）一番良いことは、検察官も弁論も、早く下されば郵送で十分。前々日とか前日だから、ああいうことになるんですから。」

　裁判員裁判以外の裁判も含めての苦労は、年齢や生活環境、教育環境の異なる被告人の通訳であると述べた。

　「言語ですから、変わっていきますので。若い人たちの言葉がどんどんと変わっているということ。（中略）かれらがどの程度の教育を修めたかということによって随分変わりますし、文法的にちゃんと話していないことも多々あります。（中略）書いてもらうとよく［文法の間違いも］あります。」

　また、スペイン語の場合には、スペインとラテンアメリカ諸国のスペイン語の違いだけに止まらず、ラテンアメリカ諸国の中でも言語が多様化しているという。このようなスペイン語の多様性にも柔軟に対応するために、他の

通訳人と協力し、チームとして裁判に臨むことが有益であるとも語った。

> 「スペイン語の場合は、国によって話し方がものすごい違うんですよ。言葉がスペインで勉強した人と南米で勉強した人が違うと、［通訳人には］わからないところが出てくるかもしれない。そういうときには（中略）［チームの中で］お互いが交代できるとか。」

大きな課題として、法廷通訳人の立場の脆弱さに言及し、「通訳人は黒子である」と述べた。

> 「しょせんは、通訳人は黒子ですから。主には法曹界が頑張ってくださる。法曹界は、我々通訳人のように資格もない知識も薄い者に、いかに上手く通訳してもらうかを工夫していただきたい。［中略］通訳人をいかに上手く使うか、そこに集中していただきたい。」

上記の発言は、法廷通訳人を取り巻く環境の改善に向けた法曹界への訴えのようにも聞こえた。しかし同時に、法曹界に通訳人の環境を改善しようとする雰囲気は感じない、という諦めのような言葉も口にした。

> 「黒子（中略）が働きやすいように［改善する］、という意識は［法曹界には］ほとんどないです。今後もないと思いますね。（中略）我々通訳人としては、［法曹界から］そんなに重要視はされていないってことがわかりますので。［通訳人は］いなきゃいけないですけど、この人たちのために皆を動かすということはないです。（中略）当然だと思っていますので。どうして通訳人の環境を良くするために周りが動いてくれるのでしょうね。」

このような法曹三者に対する「期待しても無駄だと思う」といった諦めの態度は、多くの通訳人に共通するものである。

3.3　北京語の法廷通訳人（4名、福建語、台湾語ないしは韓国・朝鮮語通訳人でもある者を含む）

　中国語（北京語）は日本の法廷で最も頻繁に使われる通訳言語である。それだけに複雑な否認事件も多く含まれ、通訳人は長時間の通訳への疲れ、そして準備にかかる時間と翻訳量の多さへの不満を挙げている。

3.3.1　通訳人Jさんの場合
　通訳人Jは、裁判員裁判について「今まで5件経験した裁判員裁判に不満というものはありません」と述べた。また、法曹三者との関係性についても「検事も弁護士もとっても協力的でした。余りむやみに大量にするんではなくて、すごく纏めていただいて」と話し、特に悩みや大きな負担を感じることはなかった様子であった。
　しかし、法曹三者の間に通訳や通訳人への誤認識が存在し、通訳人はある言葉を別の言葉へ一対一でそのまま通訳できるものだ、と誤って捉えられがちな現状を裏付ける一例として、次のようなエピソードを語った。

> 「例えば「いとこ」の一つの言い方でもね。［裁判長が質問した］「2人はどういう関係ですか？2人はいとこですか？」って。これ、訳せないんです。裁判長に「え、いとこが訳せないの？」「いえ、いとこが色んな形があって。父方、母方、それから男、女によって年の上下も違うので」って言ったらY地裁の裁判長は「もう、親戚って訳しなさい」と。（中略）その辺が、日本語の方にはちょっとわからないような。「おじさん」でも例えば「伯父さん」と書くと、淑女の「淑」の右だけ書く違いがあるんですけど、日本では父方、母方関係なくで、要するに年の上下ということだけで話せるけど。そうなると全然違うんですよね。」

　通訳や通訳人への誤認識に関連して、弁護側だけでなく裁判所側も「誤訳」に過度に敏感になっている場合もあり、やるせなくなった経験があると

語った。

> 「[被告人]本人は「是」、私が「はい、そうです」と[通訳して]言ったら裁判官が「今の訳語、長いですね？間違っているんじゃない？」と付け加えて。[裁判長が]そういう言い方したから[私は]「いいえ、間違っていません」。(中略)閉廷してから裁判官が「さっき、すみませんでした」って言うからね、いや、同じ謝るなら傍聴席もたくさんいるから[皆が見ている前で]謝ってほしいなって。なにも閉廷してからそう言うのもね？そういうのは裁判官の配慮の足りなさに、がっかり。」

「誤訳」が過度に問題化されることで心理的な疲れが増し、上手く処理されないまま疲れが蓄積されがちだ。通訳人Jは特に裁判員裁判のように審理が連続して行われる場合には、その場その場で意識的に懸念点を払拭し、疲れを貯めこまないよう努力していると語った。

> 「現場に入ると色んなことも起きるんでしょうけど、次へ引きずらないためにはその場で処理するようにしたり気づいた誤訳とか訳漏れっていうのは必ずその場で処理するようには努めたりしています。後で気づいたこともなるべく早めに書記官に伝えるようにしています。直接裁判官に会って「実は先程の意味はこうこうなんですけど」と。(中略)夜はちゃんと眠りたいので、[気がかりなことを]持って帰りたくない。(中略)気にかかるとね、次の日に影響するので。そういう意味では処理の仕方は自分なりに考えてするようにはしています。」

別の悩みとしては、報酬の算定基準が開示されていないことを挙げた。算定基準が開示されていないことによって、(特にチーム通訳の経験を持つ)一部の法廷通訳人の間で、報酬額に関する不満が生じているという。

> 「私の方で特に問題はないですけど、通訳人によっては複数通訳だと

第 4 章　裁判員裁判を経験した法廷通訳人

　<u>もしかしたらペイが半分になるんじゃないかっていう</u>。（中略）前に弁護士会でも何回も話し合ったんですけど、賃金の支払いの不明瞭さが（中略）20年経ってもクリアされてないのがね。（中略）法テラスはまだ明瞭ですよね？（中略）でも裁判所に関しては私たちはほとんど知らないということで（中略）<u>どういう計算しているのかよくわからないから教えていただきたいな</u>という気はします。」

　法廷通訳人の報酬算定基準の非開示は、通訳人自身のモチベーションの低下や、法廷通訳人同士の人間関係にも悪影響を及ぼし得る、大きな問題であるということがわかる。

3.3.2　通訳人 K さんの場合
　10年以上の法廷通訳経験を持ち、その間に計300件前後の事件（裁判員裁判を含む）を担当した通訳人 K は、裁判員裁判における<u>翻訳量の多さ</u>と<u>翻訳が必要な文書の直前の依頼・送付</u>に頭を悩ませた経験があると語った。

　「弁護士からも膨大なものがファックスで送られて来た時は一番困りました。「ファックスで40枚？」など思いながら。（中略）一番困るのが、<u>ギリギリでありながら膨大な量</u>のものがファックスで送られて来る時に、家のファックス機も故障が起こるかもしれませんし、インクが切れるかもしれませんし。」

　そもそもの翻訳量が多いため、ある程度事前に翻訳文書を入手していたとしても、審理日程の途中で差し替えがある場合には、その差し替え部分の修正も一苦労だったと述べた。

　「［文書の内容が］全部変わったのであれば仕方がないのですが、ポイントが変わったのにポンと送られてきて。最初から最後まで何十ページもチェックをするのには時間がかかるし、見落としがあってもいけない

97

ので、「[マーカー等で印を付けるなどして]絶対にわかるようにしてください」ということだけは（中略）しつこく言います。」

加えて、裁判員裁判においては、体力的な疲れも大きいと述べた。

「[集中審理は]きついですね。朝10時から始まって夕方5時までとなるような日は、夕方3〜4時あたりになると本当に集中力が切れて。普通に通訳していたことも、明らかに自分の集中力が切れているな、というのがわかります。切れてしまったり、声や言葉が遠くなってしまったりするような。自分の声も枯れてきて。「休憩は必要であれば言ってください」と言うものの、通訳人から「はい、休憩お願いします」となかなか言えないじゃないですか？そこに裁判員が6人いて、裁判官が3人で、後ろに9人いて、その流れを切って「裁判官、休憩をお願いします」となかなか言えないので。」

通訳人Kの上記発言には法廷通訳人の立場の脆弱さも現れている。この点に関して、通訳人Kは次のように一人で二役以上を務めなければならない負担も語った。

「なにせ法廷で一番大変な作業をしているのは通訳人だと思うのですね。弁護士は2人で交互にやったりとか、検察官は交互にやったりとか、裁判官も3人いてそれぞれ質問したりしているのですが、通訳人だけは一人ですべての人の言葉を伝えなくてはいけないので。（中略）[裁判員裁判であれば]14人分の通訳を一人でやっている。本当にこんな通訳は他にないくらい大変ですね。責任も重いし。ただ、そう見られていないところが悲しいですね。」

そして、通訳人の弱い立場の改善を裁判所に期待する一方で、諦めの気持ちがあることも認めた。

第 4 章　裁判員裁判を経験した法廷通訳人

　「「あれこれ言う［通訳］人は別にいい」という感覚を、どうやら裁判所が持っているようなので。（中略）何でもかんでも求めていい、求められるというものではないな、という風には感じています。例えば書記官は「何でも相談してください」と言うものの、自分がこう感じたからといって何でも相談できるものではないし。」

　通訳人の立場が弱いことに起因する悩みや負担は、他にもある。通訳人Kは、報酬の算定基準が開示されていないことと、それゆえの負担を口にした。

　「「え！？こんな［に翻訳］作業してこれしかないの？」ということはよくありますね。法廷通訳人への評価というのはこんなに低いものなのかな？と思うことはよくあります。」

　また別のある事件では、通訳人Kが頼んでも弁護人から接見への同行を拒否され、事前準備が十分にできないだけではなく、公判後には同じ弁護人に「誤訳」を指摘されたこともあったと述べた。

　「［弁護人に］「通訳料も要らない、通訳もしないので、ただそこに座って話を聞かせてください」と言ったこともあったのですが、断られました。（中略）私がそこまで求めても［接見に］同行させてもらえなかったのです。さらに一番ひどいと思ったのは、公判で通訳をする途中に先生が手を上げて「すみません、今の誤訳です」と言ってきた時に一番嫌だったのです。（中略）例えば韓国でも日本でもない第三国で行われたやり取りの中で現地の地名など。3回くらい先生に「誤訳です」と手を上げて言われたことがあるのですが、その全部が通訳能力に関わるものではなく、聞いた時にその発音に対する誤訳だったのです。まさに接見に同行すればあり得ない問題、いくらでも避けられる問題が、接見ができず、全く被告人とは言葉を交わしたことがないがために起きた問題。」

通訳人Kは、十分な準備の機会を許可されず、苦労した経験は他の事件にもあった、と次のように語った。

　「被告人が日本語ペラペラで、証人が何人も韓国から来ていて、とにかくすごく大変な事件で。(中略) その時も弁護士3人が私選弁護団を組んで、もちろん接見もリハーサルも一切なく、証人から実際何が出てくるかわからない状況で (中略) 鑑定やカメラの細かい部品の名前やら、たくさん出てきて。その証人通訳が大変でした。(中略) 事前準備があってもできない部分もあるかもしれないですが、もう少し事前準備ができれば。」

　また、緊急時の対応にも通訳人の立場の脆弱さを実感した、と通訳人Kは語った。

　「自分が38度以上の熱を出しながら裁判所で法廷通訳をやりました。(中略) 何があっても、歩ける限り、そこまでたどり着けるのであれば行くべきだ、と思いながらやってはきていたのです。私はそれだけの責任がある仕事だと認識してやってはいるのですが、[裁判所から] されていることは少し冷たいな、と。アンバランスさを感じながら寂しく思うこともあるのですが。子どもが熱を出したり、自分自身の病気で大変な思いをしたりしたこともありましたが (中略) 家族のことを犠牲にしながらこの仕事に携わってきたつもりではあるのです。」

　裁判官、検察官、弁護人は複数人で裁判に臨んでおり、裁判員裁判の場合には補充の裁判員が配置されている。一方、法廷通訳人の多くがたった1人で各事件の通訳人に選任され、それゆえに緊急時の対応に悩まされている。これはリスクが高い状況であり、改善に向けて検討されるべき課題の一つである。

3.3.3 通訳人Lさんの場合

20年以上にわたり法廷通訳人を務め、100件以上の要通訳事件の経験を持つ通訳人Lも、裁判員裁判における<u>翻訳量の多さ</u>を指摘した。

>　「弁護人がどうしても被告人に有利な証拠材料を集めたいので、家族との手紙のやり取りとかの<u>翻訳の量</u>が、準備期間が長いので昔と比べて［裁判員裁判では］<u>増えました。</u>」

　また、通常の裁判も含め、<u>事前準備が十分にできない</u>ときには負担が大きいことも認めた。例えば、ある事件で医者が証人として出廷し、医学専門用語を繰り返し述べ続けたにもかかわらず、通訳人Lはこの証人に関する事前の要翻訳文書を一切受け取っていなかった、と語った。

>　「「お医者さんが証人で出廷します」と。<u>文書も何もなく</u>、質問は両方から受けるし、本人はペラペラ話すし。（中略）私がわからないだけではなく、裁判官もわからないし。わかる人はたぶん検察官くらいかな？要するに［検察官だけは］事前に［証人と］打ち合わせをしていたので「それは何ですか？」と聞いた訳ですから。」

　法廷通訳人に専門的な知識が求められる事件であるにもかかわらず、事前の資料は一切渡されないというような状況が頻発する背景には、一つに<u>通訳や通訳人への誤認識がある</u>、と通訳人Lは指摘した。

>　「皆さまが誤解しているとよく思うのは、<u>通訳人は、ましてやこれだけの年数、仕事をしていると何でも訳せる、と誤解している</u>と思うのです。これは違うのです。<u>何も準備しないで法廷へ入るというのは、まるでいつ爆発するかわからない爆弾を抱えているような状態だということ</u>を理解していただけると、ものすごく有難いのです。そうすると、きっと、もうちょっとたくさんの配慮をしてくれるのではないかな、と思う

のです。」

　しかし、通訳や通訳人への誤認識や無理解だけではなく、通訳人の立場の脆弱さも大いに関係しており、後者については改善が容易ではないことも通訳人Lは認識しているようであった。例えば、通訳人Lが接見に一度も同行できなかったある事件の公判終了後に、それまでは何も言わなかった担当弁護人が初めて、意図的に通訳人Lを接見に同行させなかったのだ、と明かした。そのときに自身の立場の脆弱さと、それゆえの「誤訳」への不安を実感したと、次のようなエピソードを語った。

　「［公判終了後に］「接見に同行させなかったのは僕の考えが違うので［接見に］法廷通訳は使わない」という話をその時初めて言ったのです。「先生、それは公判前整理手続の時に言っていただければもっと助かります」と、私もちょっと頭にきましたから。（中略）「私は一度も［接見へ］同行させてもらえなかった。私は何も準備ができなかった。先生と同じように一つの事件を引き受けたら良い仕事をしたいのです。（中略）先生は準備する時間がいくらでもあった。私は一度もチャンスを与えていただけなかった。そういう人間に良い仕事ができると思いますか先生、同じ立場で考えてみてください。」と、ちょっとケンカしました。（中略）人権も立場もないと思っていたので、声を小さく態度を小さくしていましたが、（中略）私の中で悔しさと汚点として残りました。（中略）準備する機会すら与えられずに仕事をしろ、と言われる不平等さというか、これはあまりにも通訳人の存在・立場を軽く見ている。（中略）その時の心の中では、私の録音テープが誤訳として聞かれるという不安、恐怖です。もし争っていたら、高裁へ行ったら「これ、誤訳ですよね？」と言われますよね？（中略）自分で充実した仕事をしたいので、そういうことをさせられた時の通訳人の無力さですかね、痛感させられました。」

通訳人Lは、このような通訳人の弱い立場は、弁護人との関係のみならず、裁判所側との関係においても同様である、とも述べた。

「誰も守ってくれない。裁判所が頼んでくるのだけれども、その裁判所も［通訳人を］守ってくれない。何があっても本当に1人で全部背負い込み、自分で責任を取らなければいけない。」

弁護人はもとより、「裁判所も守ってくれない」ことを改めて実感したのは、裁判員制度施行後から間もなくして担当したある裁判員裁判での出来事だったと通訳人Lは語った。

「［裁判員裁判が］終わった後に記者たちが「取材させてください」と言った時に、書記官が私たちを追い出したのです。（中略）それはどういう意味かというと、法廷通訳人の発言はうちの裁判所とは関係ない、という立場を咄嗟に裁判所はとったので。（中略）裁判所が選任した人なのに、この扱い方の違いはどれだけ通訳人の人権というか立場が弱いというか。どう表現して良いのか、ただ言えるのは情けない、悲しい立場というか。（中略）私は裁判所に選任されて法廷通訳人になってはいるのですが、裁判所の関係者ではない、他人なのです。」

上記の経験が、通訳人Lにとって、自身の法廷通訳人としての立場が極端に弱いものだと痛感する経験となったことは明らかだ。これ以降、以前ほどは法廷通訳へのやりがいを感じなくなったことは想像に難くない。通訳人Lは、裁判所と通訳人の間の守る、守られるという信頼関係の確立に期待している。

3.3.4 通訳人Mさんの場合
法廷通訳の経験が10年以上の通訳人Mも、やはり通訳人の立場の脆弱さを日々感じている旨語った。

「あまり人間として見てもらえていないと感じることはないですか？ありますよね？それが何か惨めさを感じる時があって。虚しくなっちゃう時があるんですよね。」

そして、通訳人の立場の脆弱さを改善するための具体案には、例えば次のようなものがあるのではないか、と提案した。

「変えてほしいことは、法廷通訳人に関して言うのならば、一つの機関でもいいので（中略）一つの何かスキームとかシステムとかいうのを作って。（中略）日本全国内の裁判所に、全国どこへでも行けるプロフェショナルの集団をどかんと作り、そこに登録する通訳人はすごく訓練されていて、一定のレベルをそのアソシエーションが保証します。レベルはA〜Cの三段階で、簡単な事件はCクラスの人を派遣する、みたいな。（中略）それは全国どこにいてもいい。こんな事件がある、それを今の時代ならインターネットみたいなものを構築して、我々法廷通訳人にはメールで来て。自分で参加するか、受けるか受けないかというので配置されていく。（中略）つまり法廷通訳人のプロ集団を全国規模で一個作って、それは全国のどこでも。」

裁判員裁判に特徴的な負担としては、体力的な疲れについて言及した。そして、法曹三者よりも、むしろ裁判員の方が通訳人Ｌの疲れに配慮してくれたのだ、と苦笑いしながら答えた。

「裁判官によって違いますね。すごく細かく休憩時間を取ってくださる裁判官もいれば、20分の休憩をなしにして。（中略）［私は］テキパキとやっちゃうので、「おお、早く終わったから、どうですかね？後で40分休憩しますので、続いてこの次に入りましょう」と［裁判官に］言われた時に、私が「はああ［ため息］」となった時に、裁判員の人が「いや、でも裁判長。通訳の人にお休みの時間を」、［裁判官は］「ああ、そうだ

そうだ。通訳の方、どうですか？」、［私は］「すみません、お時間下さい」と言って。」

このエピソードにも、法曹三者あるいは裁判員と比較した際の、通訳人の立場の脆弱さが見え隠れしていると言える。

3.4　フィリピン[5]語の法廷通訳人（1名、英語通訳人でもある）

少数言語の法廷通訳人は少ない。フィリピン語の通訳人は「後進の育成」と、そのための法廷通訳人の安定的な立場について問題提起をしている。

3.4.1　通訳人 N さんの場合

要通訳事件をこれまでに400件以上担当した経験を持つ通訳人 N は、ある裁判員裁判のフィリピン人の証人通訳を担当した際に事前準備が十分にできないゆえの負担を感じたと語った。

「被告人は日本人でしたので、［私は］その起訴状も見ていないのです。全然知らない状況です。ここで一番困るのは、［フィリピン人の］被告人の通訳であれば起訴状や冒頭陳述を見れば大体事件の概要が頭に入るのですが、それが全くないのです。（中略）情報が少ない中でその場に飛び込み、証人の通訳［をするの］は難しいな、と思いました。」

また、別の裁判員裁判において、［日本人］被告人の［フィリピン人］妻の通訳を務めた際には、裁判員の質問を訳す際に苦労したとも述べた。

「［情状証人として出廷したフィリピン人妻に対して］「あなたがご主人の夜の相手をしないので［夫が］こういうわいせつ事件を起こしたのだ」という風なことを裁判員の中高年女性が言う訳です。「あなた（妻）が悪い」という話になるのです。それは意外な質問じゃないですか？

(中略)裁判員裁判なので<u>想定外の質問が出る</u>のです。(中略)裁判員の方からの<u>市民感覚的な質問が難しい</u>。その場でかなり柔軟に対応しなければいけないのが難しかったです。」

それ以外には、他の通訳人同様、<u>通訳人の立場の脆弱さ</u>を指摘した。

「<u>法廷通訳人は零細自由業的な立場</u>でやっているにもかかわらず、一種、公に管理されているというところが、たまに座り心地の悪さを感じるのです。」

また、<u>後進が育っていない</u>ことを踏まえ、今後に向けた環境改善の取り組みが必要であると通訳人Nは訴えた。

「通訳人は今まで人材の育成などという側面は置き去りにされてきた部分がすごく多いと私は思うのです。ニーズは高まっているにもかかわらず、働いている人がすべて個人自営業的に働き続けるという矛盾をはらんでいることがいつか明らかになるのではないかと思っています。(中略)語学を使って働くというのは、今の学部生のようなまだ若い人にとっては憧れの職であると思うのです。自分も学部生の頃、「通訳ってかっこいいな」と思うじゃないですか？それが実態として、その人たちが社会的にも経済的にも十分に報われて、<u>次の人にも「やってごらん」と言えるような職になってこそ当然</u>だと思っているので。」

通訳人Nの上記の発言のとおり、とりわけ「少数言語」と呼ばれる言語を使う仕事を志す学生にとっては、法廷通訳人は一つの選択肢ともなる。不足している後進を育成するためにも、法廷通訳人の立場の脆弱さをいかに改善してゆくのかを検討する必要があるだろう。

第 4 章　裁判員裁判を経験した法廷通訳人

3.5　ペルシア語の法廷通訳人（1 名）

　同じく少数言語のペルシア語の通訳人も、長い通訳経験に基づき、立場の脆弱さと「誤訳追及」の対象となることへの怖さを語る。

3.5.1　通訳人 O さんの場合
　10 年以上の法廷通訳経験を持ち、100 件以上の事件を担当してきた通訳人 O は、裁判員裁判に特有の負担として、【25】時間に追われるプレッシャーを挙げた。

> 「［裁判員裁判の公判は］時間的には焦っているなあ、急かされるなあというのはありますね。公判前の時点で日程がかっちり決まっていますし。（中略）法廷でも［裁判官が］検察官やあるいは弁護人に対して「予定に対して少し押していますので、もう少し質問を短めに」とか「もう少し少なめに」とか言われていますから、そういうのを見ていると、やっぱり通訳する側としても（中略）気持ちとしては急かされますね。」

　また、同じペルシア語であっても、【26】方言の異なるペルシア語話者の被告人の通訳を行う際には苦労をするため、「できれば避けたい」と語った。

> 「アフガニスタンの人［被告人］は、裁判や取調でやる時は、なるべくイランのペルシア語っぽく話してくれるという風にはしているんですけど、やっぱりたまに「え？この単語、俺は聞いたことないな」とかいうのはありますけど。（中略）できれば避けたいですね。他の人がやってくれるんだったら他の人がやってくれたらなあ、とは思いますね。」

　より大きな悩みとしては、他の通訳人同様、通訳人の立場の脆弱さを挙げ、このような立場の脆弱さも影響し、「誤訳」が過度に問題化されることに懸念を示した。

「[「誤訳」問題に関する] 議論の方向性として、例えば被疑者の権利を守るということを重点に議論していくのか、あるいは通訳をしている人間の権利じゃないですけども、いかに我々は守られるべきかという方向で持っていくのか、あるいは最終的に争いがあった時点で我々はどういう立場に置かれるのか。(中略) それぞれ、持っていく方向によって話が違ってくるとは思いますし。(中略) 僕ら通訳人はそういう [弁護人や研究者らが「誤訳」追及を行う際の被害者の] 立場に置かれるかもしれない。」

通訳人Oは、「いかに自分を守っていくか」を考えなければならない、との発言もしており、この発言からも法廷通訳人が誰からも擁護されることのない、弱い立場に追いやられていることを裏付けることができる。

3.6 ドイツ語の法廷通訳人

ドイツ語の通訳人は、法曹三者が「訳しにくい日本語」を使うこと、誤訳が過度に問題視されることを指摘する。

3.6.1 通訳人Pさんの場合

法廷以外の通訳翻訳としては10年以上、法廷通訳人としては5年以上の経験を持つ通訳人Pは、法廷通訳に特徴的な悩みの一つは、裁判特有の用語や【27】法曹三者の口調である、と述べた。

「そもそも公判前整理手続というような概念がドイツ語にあまりないのですよ。(中略) 法曹の方々の日本語というのも、私は割合苦労させられた点の一つでして。(中略) それほど要領良く、訳しやすい日本語を言ってくれるわけではないので。」

また、生活環境や教育環境の異なる被告人の通訳はもちろんであるが、【28】薬物中毒の被告人の通訳を行う際の苦労も語った。

「薬物中毒の人の発言というのは、それだけでも難しいところがあります。拘禁反応も出て来ますし、薬物離脱現象というのもあるでしょうし。（中略）異様に高揚していて高飛車になったり、ずっと泣いていたり。そういう意味では見たことのないドイツ語をしゃべる人だったですよね。そういう人で［通訳の］訓練をすることは、通訳人としてありませんもんね。（中略）通訳しなければいけない相手が、まずシンパシー（共感）を持ち難いというのもあるし、しゃべりのプロじゃないというのもあるし、精神的にも不安定なところもあるし。」

裁判員裁判に限っての負担としては、集中審理の上、休廷中や公判終了後の接見通訳も依頼されたことによる体力的な疲れがあったと述べた。

「［休憩の］20分間を弁護人が接見に使っちゃうんで私たちは休む時間が全然ない。それは考えてほしいなと思ったことはありますね。（中略）［審理が］終わってから、その日の夜、また［拘置所へ接見通訳に］行かされたことはありました。（中略）酷使された感がありました。」

通訳人Pが経験上感じるに至ったより大きな問題意識は、通訳や通訳人への誤認識ゆえに、「誤訳」が過度に問題化されることであった。

「［何らかの］制度を作ったから誤訳がなくなるとは、私は思っていません。絶対に［誤訳は］起きると思います。それこそ全部文脈の中にありますから、質問の仕方がおかしいと思ったり、自分の人生履歴と照らし合わせてこういう風に理解するという人がいて、こういう訳になった、というのもあるでしょうし。（中略）「言ったことを訳してくれればいいんだよ」と言われることがあるんですけど、（中略）あらゆる発言

は文脈の中にあるのに、いきさつなど文脈を教えてくれないで通訳させられるというのは、結構つらいものがあります。」

　なお、通訳人Ｐは、「誤訳」にも、数字や日にちなどの取り違えという明らかに弁解の余地のない誤訳と、発言者が不正確、誤解されやすい表現などを使ったため、また通訳人が事情を知らないために間違った解釈をしたためなど、もっと複雑な背景から生じる「誤訳」があることを指摘している。後者の場合「誤訳」と呼ぶのが適切かどうか考えてみれば、むしろ「誤解」ではないかと言えるからである。さらには、同音異義、音感で似たような表現、かすれた音で発声された語尾、傍聴席からの「雑音」などがあった場合には、通訳人は聞取りが困難となり、単に「誤聴」してしまうこともある。
　これらの点に関連して、接見等に同行できない場合には事前準備が十分にできないことも通訳人Ｐは指摘した。事前準備の不足によって、「誤訳」が過度に問題化され得ることへの不安感も含め、心理的な疲れが増すことにも言及した。

　　「事前の段階で接見通訳に呼んでいただけなかったことが、唯一、不満というか不安でした。そこは再考していただきたいなと。」

このような問題意識から、法曹三者に浸透している通訳や通訳人への誤認識を改善する必要性を次のように訴えた。

　　「通訳人も機械ではありませんから。（中略）通訳人もそれなりの文化を持っている人間なのでね。（中略）もし不幸にして誤訳ということが起きた場合、どうしてそれが生まれちゃったかというのはひとりの通訳人のせいだけじゃない。その前の発言や態度、色んなもの、通訳人が背負っている言語文化みたいなもの、そういうものが絶対関与してくるはずですよ。（中略）発言側にも絶対に何らかの関与がある。それを全部すっとばして結果だけ見て「このことばをこう訳したからこの通訳人は

ダメ」というのは、そんな簡単なものではない気がしますね。」

　通訳人Pの上記発言は、これまでにも指摘された、「誤訳」が過度に問題化されること、法曹三者の誤認識、法廷通訳人の立場の脆弱さ等の本質を的確かつ端的に指摘しているように思われる。なによりもまず法曹三者には、「誤解されにくい」言い回しや発声に心がけてほしいのである。

3.7　ポーランド語の法廷通訳人

　ポーランド語も希少言語と言って良いだろう。心理的な疲れに加え、通訳という作業に対する法曹三者の誤認識を指摘している。

3.7.1　通訳人Qさんの場合
　要通訳事件を担当した経験が10件未満の通訳人Qは、裁判員裁判の法廷通訳人を務めた際のことを振り返り、翻訳が必要な文書の直前の依頼・送付が大きな負担であったと次のとおり語った。

　　「基本的に（中略）すべてギリギリなんですよ。だから（中略）変更があったというのは、（中略）僕はいつもパソコンでネットを見ることができるので（中略）対応はできているのですけれども、［文書は］来ないですね。（中略）書類がなかなか出てこないというのは、いつも悩みなんですね。検察も、弁護士も色々な事件をやっていますので、いつもギリギリという世界だと思うのですけれども（中略）できるだけ早く提出してもらいたいなと。法廷通訳をやっている人でも（中略）［法廷以外の］他の仕事をしながら翻訳をしないといけないので。」

　また、法廷以外での通訳と、法廷通訳との違いを比較し、後者の負担がいかに大きなものであるのかを次のように述べた。

「法廷の場合は、自分が特に緊張するというか、精神的な負担がかかるのは、（中略）まずその場で勝負ということになりますので、力の消耗というか、他とやっぱりちょっと違ってきますね。（中略）言葉を直すというのは一対一というのはなかなかないじゃないですか。元の言語の表現を違う言語に直すと、二通り、それよりもっとある場合がございますね。どういう表現を選ぶかということによって、相手の受け取り方が変わってきますね。」

　つまり、通訳人Qにとっては、法廷通訳はより心理的な疲れを伴う仕事であるということがわかる。しかし、この負担にもかかわらず、通訳人Qが法廷通訳の仕事を引き受けている理由は、そのやりがいであるとも語った。

　「同国人が困っていると、そういう時に、自分がこの日本にいる限りは少しでも日本の制度をこのポーランド人の裁判でちゃんと本人も納得できるような客観的な裁きを受けられるように、自分も貢献できたらいいなと（中略）引き受けるということになってしまうかなと思いますね。」

　それゆえに、少しでも負担を軽減させるための方策として、書記官とのコミュニケーションが円滑に運ぶこと、「誤訳」が過度に問題化されることを防ぐための通訳や通訳人への誤認識を払拭することが必要であると指摘した。また、法曹三者のみならず研究者による「誤訳の指摘」にも苦言を呈している。

　「裁判長と担当の書記官にどれぐらいやる気があるかによってだいぶ変わりますけれども。（中略）やっぱり責任が重い。ストレスもかかるわけだし。一番寂しいところは、色々なところで（中略）裁判の通訳の質が悪いと。そういう［悪い通訳の］例を出して、分析しているところ

も色々あるんですけれども。しかし、やっぱり現場を知らない人は、どんなところでも好き放題で批判はできるわけなんでね。しかも、通訳というか、翻訳の仕事はどういう仕事なのかとか、どういう限界があるかとか、言葉というものは1イコール1というわけにはいかないんでね、その辺は理解していただかないと。」

3.8 イタリア語の法廷通訳人

　イタリア語の通訳人は、裁判員裁判に必要とされる翻訳量の多さ、裁判特有の用語、母国の文脈で使われる表現の通訳の難しさを語る。

3.8.1 通訳人Rさんの場合
　初めて法廷通訳人として選任された要通訳事件が偶然にも裁判員裁判だったという経験を持つ通訳人Rは、その際の苦労として翻訳量の多さを挙げた。

　　「判決文の長かったことです。日本語で14～15ページありました。(中略) その日の朝早く、たぶん9時前に裁判所に行って、部屋を借りて、そこで判決文を渡されまして訳しました。(中略) 15時ぎりぎりまで訳してやっと間に合いました。(中略) 慣れていない作業で、それに緊張していたから。正確に訳したかったから時間をかけました。一語一語、辞書を見ながら、確認しながら。」

　しかし、通訳人Rが必死の思いで作成した翻訳文は、公判終了後、書記官にすぐに処分されたという。

　　「判決を言い渡された時に私はタイミングを測りながら読み上げて、最後は私の手書きの文章を横に座っている書記官に渡して。後で破られたみたい。意味ないです。記録としては残らないみたいですよね。あれ

第4章　裁判員裁判を経験した法廷通訳人

はメモの価値しかないと言われまして。「捨てます」と言われて。［翻訳には］何時間もかけたけど。」

　休廷中に弁護人から接見同行を求められたために体力的な疲れも大きかったと述べ、次のように当時の審理について回想した。

　　「裁判に弁護士さんの通訳人が来ていないから、私に頼るしかないんですよ。被告人に聞きたいこと、打ち合わせたいこと、全部私を通します。だから休憩をいただいた記憶がないんですよ、［接見で休憩時間が］なくなるから。（中略）そのやり取りが終わると、大体 5～10 分かかります。すると休憩はもうなくなっています。（中略）だからお昼以外は休憩はいただいた記憶がないんですよ。」

　法廷内での通訳に関しては、裁判特有の用語に悩まされたと通訳人 R は話した。

　　「すごく難しい専門用語が出てくるから、私も少し訳せる自信をなくしていたのです。（中略）すごく難しい日本語をふんだんに使っていました。何か所かちょっと苦労しました。日本語にあってイタリア語にない言い方で。（中略）イタリア人だったらこういう風に言うでしょう、と思ってそこは自由に意訳で行きました。ものすごく難しい熟語の漢字を使いました。普段、私たちが使わない熟語で。辞書に載っていなかったですよ、慌てましたよ。」

　加えて、法曹三者の口調も独特なもので、イタリア人の被告人が理解する形でいかに通訳すべきかに工夫が必要だったとも述べた。

　　「日本語によく出てくる「全く同情できない」とか。イタリア語に訳し難いけど、そうするとその場合は長くなるけど「この事件に対しては

第 4 章 裁判員裁判を経験した法廷通訳人

理解できないから厳しくなる」という風に訳さないと。時々、裁判の中で「お世話になった人に対して迷惑をかけた」とか。迷惑という概念がイタリア語にはないから「あなたは覚せい剤を持ち込んで日本国民に迷惑をかけましたよね？」イタリア人は日本国民に迷惑をかけたという言い方はすごく訳しにくい。直訳すると笑われてしまうかもしれないから、別の言い方をします。」

　上記とは反対に、イタリア人の被告人の発言が、日本の法曹三者にとって異様に聞こえ得る内容である場合にも頭を悩ませたと語った。

　「［被告人が］宗教的な言葉をいっぱい使って。できるだけ全部訳しましたが、日本の法廷ではあまり印象が良くないんですよ。関係ない見えない第三者を引っ張り出して、日本人には全然印象良くないです。返って悪い印象を与えます。（中略）イタリア人から見ると当たり前だから。強く訴えたい時に神様を味方に引っ張りますよね。日本では通用しません。そこは通訳人の悩みです。全部訳すか、あるいは適当に省略するか。本人のためにもなりますけどね。しかし、忠実に訳さないとだめですから。イエス・キリストの名前を私は 5 ～ 6 回訳しました。「聖母マリアの名において」と。［印象が］良くないんですよ。」

　通訳人 R の上記発言には、被告人の発言を通訳する際、その被告人の出身国の状況や慣習を熟知しているがゆえに生じる悩みが映し出されている。このことからも、法廷通訳や法廷通訳人に求められる「正しい通訳」あるいは「適切な通訳」の「正解」を見出すのは極めて困難であることが示唆される。

3.9　ポルトガル語の法廷通訳人

　ポルトガル語の通訳人は、傍聴席にチェック通訳がおり、自分の通訳が弁

護材料にされた不安を語った。

3.9.1　通訳人Sさんの場合

　法廷通訳を5年以上続けている通訳人Sは、ある裁判員裁判の公判中、自分自身およびチーム通訳の相通訳人の通訳内容を逐一チェックするために目を光らせている傍聴人がいた、と述べた。それゆえ、この事件で唯一苦労したのは、<u>通訳人が弁護材料にされるかもしれない</u>という<u>心理的疲れ</u>を感じたことだったと語った。

　　<u>「傍聴人で通訳のチェックを入れていた人がいたので。</u>(中略)「うーん」「ふーん」と［通訳中に唸り声を響か］されると目立つから。(中略)自分は間違った通訳をしていないという確信で通訳をしていますけど、やっぱり「私、どこかで聞き間違えたのかしら」と<u>不安を煽るような。</u>」

この傍聴人は、弁護人の指示で通訳のチェックをしていた人物なのか、あるいは「誤訳」問題に関心を持つ研究者なのかは明らかではないが、通訳人Sにとっては「不安を煽る」存在には違いなかったようである。また、公判中の法廷通訳人用の控室についても通訳人Sは次のように言及した。

　　「Z地裁W支部には控室があるのですけれど、Z地裁にはないですよ。傍聴席で［休廷中の］10分を過ごしたりとか、トイレへ行ったりとかするしかありません。(中略)<u>控室は今回は私にはなかったです。</u>(中略)食事はいつも外出して食事をして。例えば13時30分からですと私たちは13時にはもう裁判所にいて、少しリラックスしてという。(中略)「どこか（控室を）設けましょうか」という話も女性の(中略)書記官が言ってくださったけど、またここであれするのもあれだから、<u>まあいいや、</u>と。」

控室が用意されていなかったという事実と、通訳人Sの諦めとも聞こえ

る「まあいいや」という発言にも、通訳人の立場の脆弱さをうかがうことができる。

4 まとめ

　ここまでに示した法廷通訳人の語りから、本書第Ⅱ部第3章の質問紙調査で指摘された3つの課題と、それ以外とに分けて類型化したのが表2である。①通訳対象者の言語能力や心理状態に起因する問題、②裁判員裁判の翻訳量の多さ、③法廷通訳に関わる人々との連絡調整の問題、の3点を新たに指摘できる。

　以上に挙げた悩みや負担は、通訳人の性別、年齢、通訳言語や法廷通訳経験年数等によってその程度には若干の差異が見られるものの、多くの法廷通訳人がほぼ共通して抱えるものである。

　また、質問紙調査によってすでに指摘されてきた点（例えば【1】報酬の算定基準が開示されていないこと、【13】心理的な疲れ、【20】否定表現の連続など）に加えて、質的調査の結果からは、とりわけ裁判員裁判に特徴的な悩みや負担（例えば【17】翻訳が必要な文書の直前の依頼・送付、【25】時間に追われるプレッシャーなど）が生じている実態がより詳細な形で明らかとなった。

　さらに、今回の調査結果から明らかとなったより重要な点は、【1】～【28】の番号で列挙した法廷通訳人の悩みや負担は、必ずしもそれぞれ個々に独立して生じているものではなく、むしろすべてが相互連関することによって生まれる悩みや負担である、という点である。

　例えば、【1】報酬の算定基準が開示されていないということによって、【5】後進が育っていない、【13】心理的な疲れ、【18】法廷通訳人の立場の脆弱さなどの悩みや負担が増長され、さらに【18】法廷通訳人の立場の脆弱さゆえに、【4】通訳人（の誤訳）が弁護材料にされるという危機感や、【22】緊急時の対応（代わりがいない）への悩みなどが誘発されているのである。

　ここに、法曹三者や裁判所書記官の法廷通訳人への理解と配慮（すなわち、

表2　法廷通訳人の悩みや負担に関する類型

本書第3章の高畑幸ほか、2013a及び2013b、の調査で指摘されている	心身の疲れ	【3】「誤訳」が過度に問題化されること 【4】通訳人の能力が弁護材料にされること 【13】心理的な疲れ 【24】事前準備が十分にできないこと
	報酬・立場性	【1】報酬の算定基準が開示されていないこと 【5】後進が育っていないこと 【9】（一部の通訳人に対する）仕事量の多さ・偏り 【14】自身の個人情報を自身で守らなければならないこと 【16】通訳や通訳人への誤認識（言葉は1対1の対応で訳せる、通訳人は間違わないという思い込み） 【18】法廷通訳人の立場の脆弱さ 【22】緊急時の対応
	訳し難い日本語	【8】法廷内での音声の聞取り辛さ 【10】裁判特有の用語 【11】広域の専門知識を獲得しなければならないこと 【19】一人で二役以上の通訳 【20】否定表現の連続 【27】法曹三者の口調
上記の別稿では指摘されていない	通訳対象者の言語能力や心理状態に起因する問題	【2】通訳言語を第一言語としない被告人（ないしは証人）の通訳 【7】ダブルリミテッドの状態にある被告人（証人）の通訳 【21】生活環境や教育水準の異なる被告人の通訳 【26】方言の異なる通訳言語話者の被告人の通訳 【28】薬物中毒（拘禁反応）の被告人の通訳
	法廷通訳に関わる人びととの連絡調整	【12】接見通訳人と、法廷通訳人との間での引き継ぎや通訳内容の整合性 【15】（チームを組む場合は）チームを組む通訳人との相性・関係性 【23】書記官とのコミュニケーション
	裁判員裁判による負担増	【6】翻訳量の多さ 【17】要翻訳文書の直前の依頼・送付 【25】時間に追われるプレッシャー

通訳人の負担やストレス軽減につながる点）についてインタビュイーたちが言及した内容のまとめとポイントを書き入れる。彼らは、困ったり悩んだりだけしているわけではないことが、本文中からも明らかである。そのような理解と配慮をしてもらえると、法廷通訳人にとっての環境が良好になる、あるい

はかなりの改善も期待できるのである。

　法廷通訳人の抱えるこれらの悩みや負担は、その多くが、法曹三者や裁判所書記官との関係性に依存するものであることも明らかになった。したがって、法曹三者らとの関係性次第で、これらの悩みや負担は加重の可能性もあれば、反対に軽減の可能性もあることを以下に特筆しておきたい。

　まず、各人が裁判所からの連絡を受け、法廷通訳人として従事可能か否かを打診される選任段階を経て、公判審理が開始される。この公判審理開始にいたるまでの段階において、裁判官・書記官が検察庁と弁護人の間に入り、法廷通訳人の事前の書面受け取りが可能となるよう随時確認したこと、あるいは法廷通訳人が過度な不安に駆られることがないよう裁判官・書記官が積極的に法廷通訳人との密なコミュニケーションに努めてくれたこと、また、公判手続きを想定した法廷通訳人向けのリハーサルの機会を提供する法曹三者がいたことに感謝する法廷通訳人の声が聞かれた。

　そして、公判審理段階においては、通訳言語を解する法曹三者の存在が、通訳内容のダブルチェックを一定程度は可能にするという意味において、法廷通訳人の助けになっていることや、発言者の発言が長文化するような場合、その発言内容を一度裁判官がまとめた上で法廷通訳人へ伝える、あるいは発言者の発言に主語が抜けている場合、裁判官が発言者に主語を確認するなど、法廷通訳人に配慮した訴訟指揮に努める裁判官の存在があったことを挙げ、法曹三者への感謝の気持ちを口にした法廷通訳人が複数名いた。

　さらに、鑑定人が証人として出廷する際、法廷通訳人からの要望を受けてのことではあるものの、当日の公判で使用される可能性の高い専門用語をリストアップし、事前に法廷通訳人へ知らせてくれた検察官がいたことや裁判所によっては設けられていないこともある法廷通訳人の控室・休憩室を、一時的に設置するよう手配してくれた裁判官がいること等をありがたく感じた、との発言も聞かれた。

　このように少なからぬ法廷通訳人が、裁判官、検察官をはじめとする法曹三者から何らかのサポートを受けた経験を語り、その経験を「働きやすさ」や「ありがたさ」ということばを用いて表現していたことから、法曹三者と

の関係性の中に、法廷通訳人にとっての環境をより良好なものへと改善する余地と可能性があることをここに指摘しておきたい。

　本章では、質的な方法を用いることで、法廷通訳人19名を対象に、これらの法廷通訳人が抱える負担や悩みの現状を描写した。そして、この悩みや負担を各法廷通訳人の個別的経験という文脈の中で把握することを試みた。その結果、各人の経験と意識は「その通訳人に特有のもの」というよりは法廷通訳人に共通するものが多く、それぞれが相互連関していることが明らかになった。

　ここで重要だと思われるのは、通訳人らは、一面、これら悩みの解決や労働環境の改善について悲観的であり「諦め」の境地に至っているということだ。上記で指摘された悩みのなかには、控室の設置等、早々に改善しやすいものもある。それを皮切りに、報酬明細の開示や、通訳人の個人情報保護、悩み相談対応等、法廷通訳人の負担軽減策がとられることが期待される。

　一方、裁判員裁判を経験している法廷通訳人は、もちろん即決裁判や従前の裁判でも通訳実務に携わっている。すなわち、通常、一件ごとに裁判所書記官から依頼の電話がかかってくるところから、判決言渡しが済むまでの業務である。その間、書記官、裁判官、検察官、弁護人、警察署留置係ないしは拘置所職員、証人、そして被告人など多種多様な人々との関わりの中で仕事が進められていく。正に、その手続の一翼を法廷通訳人が担っているのである。

　本調査の法廷通訳人は、決して負担、悩み、ストレス、不便さなどの「ネガティブ」な側面だけに目を向けていたわけではない。彼または彼女らが法廷通訳人として任務を果たすことができたのは、とりわけ法曹三者及び裁判所書記官の理解と配慮があったことも何度も語られた。

　そういった実体験に根ざした、法廷通訳人たちの真摯な姿勢とコミットメントが、これからの法廷通訳と法廷通訳人のあり方にヒントを与えたとすれば、執筆者一同の最大の喜びである。

◆注
1) その一つが、本章脱稿後に寄贈を受けた修士論文である。鶴田彬「法廷通訳人が求める制度改革のあり方」(東京外国語大学大学院総合国際学研究科言語応用専攻国際コミュニケーション・通訳専修コース、2015(平成27)年1月、75pp.)である。この優れた論文は、本章と同様、法廷通訳人への聞取り調査を2014年中に行っている。
2) 「あらかじめいくつかの質問項目を考えておいて、それらの項目に対して自由に回答してもらうインタビュー」(小田、2013：161)という意味で用いる。
3) ただし、専門とする言語が複数言語ある法廷通訳人の場合の第二、第三通訳言語も含む。
4) 以下、該当部分は下線で記す。便宜上、初出の悩み・負担の内容には【番号】を付し、下線かつ太字で記す。
5) フィリピン語(フィリピンの国語)はタガログ語と呼ばれることもある。なぜなら、それが国語の基盤となっており、マニラ及びその周辺地域方言としてのタガログ語が、現在も存在しているからである。

◆参考文献
小田博志(2013)『エスノグラフィー入門 ＜現場＞を質的研究する』春秋社.
最高裁判所事務総局刑事局編(2015)『平成27年版 ごぞんじですか法廷通訳』
高畑幸・水野かほる・津田守・坂巻静佳・森直香(2013a)『2012 法廷通訳の仕事に関する調査報告書』、静岡県立大学法廷通訳研究会.
高畑幸・水野かほる・津田守・坂巻静佳・森直香(2013b)「法廷通訳の仕事に関する実態調査」『国際関係・比較文化研究』12(1)：177-189.
津田守(2009)「裁判員裁判導入と法廷通訳翻訳の在り方――法廷通訳人の視座からの考察と提言」『法律時報』81(1)：39-46.
津田守編(2013)『15言語の裁判員裁判用語と解説』(全3巻)現代人文社.

第 III 部

通訳翻訳実務上の諸問題

第 **5** 章
司法通訳翻訳における中国語の多様性

本松　恵

1　はじめに

　人口13億を擁する巨大な多民族国家である中国においては、漢民族の言語である漢語以外にも多くの言語が使用されている。広西省自治区にはタイ語系のチュアン語、新疆ウィグル自治区にはチュルク系のウィグル語、雲南省にはチベット・ビルマ系のロロ語、貴州省にはシナ・チベット語族のミャオ語、タイ語系のトゥン語、ヤオ語、チベット語、モンゴル語、朝鮮語、カザフ語などがあり、それぞれが特有の文字や発音、形態、統辞法等を持つ。人口の91.52％[1]を占める漢民族の分布地域は広く、また漢語の中には多くの方言が存在しており、同じ漢民族でもお互いの言葉を聞いても通じないということもある。

　一方、在日中国人の数は法務省の在留外国人統計（2014（平成26）年12月）によると654,000人である。また、警視庁刑事局組織犯罪対策部が作成した『平成25年来日外国人の犯罪検挙状況』によると、来日外国人犯罪の検挙数、検挙人数ともに中国がトップに位置している。司法通訳翻訳の分野において「中国語」は頻繁に使用される言語の一つとなっている。

　日本で起きた外国人犯罪の中でも中国人犯罪が最も多いという事実があるなか、中国語通訳人は大きな役割を果たしている。しかし、多くの言語が存

在する中国では、出身地が南北で異なるだけで、話す言葉が全く異なり、意思の疎通が図れないことも稀ではない。日本で犯罪に加担したり巻き込まれたりする中国人の出身地もさまざまであり、同じ中国人であるからと言って必ずしも普通話[2]が通じるというわけではない。しかし、このことは日本においてあまり知られていない。そのため、警察署や裁判所などにおいて、単に被疑者・被告人が「中国人」というだけで「北京語」の通訳人が付されるケースが多いが、これはコミュニケーション上大きな間違いを起こすことに繋がる可能性がある。

　本章では、漢民族の話す漢語[3]の中でも北方語をもととし、現在中国で標準語として使用されている、いわゆる「普通話（putonghua）」を「中国語」とし、日本における中国語の司法通訳翻訳に焦点を当てて、中国語に存在する方言の多様性、とりわけ中国語（普通話）と普通話に非常に近い台湾国語の違いを取り上げて比較する。それによってはっきりと中国語にある方言の多様性の存在を示し、これを一つの切り口として、中国語が持つ言語の問題を表面化させ、その打開策と中国出身の被告人や被疑者により正確な通訳をするため、通訳人を選任するユーザーに中国語の多様性を特に知ってもらい、ケースバイケースの人選の大切さを理解してもらうことを目的とする。

2　中国語の多様性

　中国語の多様性は、歴史、地域、慣習など、一言では言い表せない多要素によって構成されている。中国にはさまざまな少数民族言語が存在し、それぞれ独自の言葉を話し、文字を持つ民族も少なくない。さらに最も人口の多い漢民族が話す漢語も標準語である普通話と七つの方言に分けられ、方言によってはさらにに細分化できるものもある。また、地域性や民族思想に関して言えば、香港、マカオ、台湾、シンガポール、マレーシアなどの地域で生活する華僑や華人は、中国大陸とは少し異なった民族感情を持っており、地域の違いがもたらす帰属性に関する問題もまた多様性の一つである。本節で

第5章　司法通訳翻訳における中国語の多様性

は、特に中国語という言語の多様性と、それが通訳の際にもたらす問題点を明らかにする。

　前述したように、中国にはさまざまな少数民族言語や漢語の方言がある。さらに、中華圏に属する中国周辺の国々で使われる「中国語」と、中華人民共和国で使われる「中国語」とは、発音、語順など言語上における差異がある。「中国語」は、中国で一般的に「中文」もしくは「汉语（漢語）」や「普通话（普通話）」と称される。

　『现代汉语（上、下）』においては、「普通话（普通話）」の定義を、狭義では「現代漢民族の共同言語である（北京語の発音を標準音に、北方方言を基礎方言に、代表的な現代白話文の著名作を文法規範にすることで普通語とする）」[4]と定め、広義では、「現代漢民族が使用する言語。現代漢民族の共同語を含むだけでなく、現代漢語における各部分をも含めたものである」と位置付けている。漢民族は中国における全人口の91.52％を占めており、その母語である漢語標準語は「普通話」と定められ、それ以外に七つの方言があるとされる。

　七つの漢語方言の中で、北京語を含む方言の一つである北方方言が約70％以上を占めており、それ以外の主なものとして上海などで話される呉方言、中国湖南省で使われる湘方言、台湾やマレーシアなどに分布する客家方言、最も複雑かつ細分化できる閩方言、主に中国南昌で使用される贛方言、俗に広東語と称される粵方言がある。多くの方言が存在するなかで「普通話教育」が小学校から実施されているものの、同じ漢字を使用しても、同じ「発音」をするとは限らないというのが実状だ。それはこれまでの歴史が築いた発音の癖であったり、教える側の問題であったりとさまざまな理由によるが、少なくとも筆者が接してきた中国人の中には、何度聞き返しても意思疎通が図れない人も多数いた。漢語の方言にせよ、少数民族言語にせよ、それらの言葉はその地域の歴史や文化に大きく関わるものであり、その土地で生活する人々にとって標準語である普通話よりもはるかに大事な交流ツールである。日本語のように全国に浸透し、どこに行っても問題なく言葉による意思疎通ができるほど、中国の普通話はまだ十分には普及していないことから、普及があまり進んでない地域においては、各々の地域でコミュニケー

ションの主流となっているのは当地の言葉しかない。

　さらに司法通訳翻訳の場面において、被疑者や被告人の多くは、高等教育を受けていない。高等教育を受けたことのない彼らにとって、異国で逮捕された場合、不安や恐怖に駆られるであろうことは想定できる。そしてこの状況で正しい中国語を使おうとする通訳に対する「気遣い」はおそらくできないと推測する。そうした状況で、仮に全く違う出身地の通訳人が付いた場合、被疑者あるいは被告人が正しくコミュニケーションを図れるかというのは大いに疑問である。地域によってその土地でしか使われない言い方や発音があるからだ。

　次の表では、中国東北地域の言葉を例に、東北特有の言い方をいくつか紹介する。

　表1で挙げた例はほんの一部でしかない。普通話では全く使われないような独自の言い方もあるが、東北地域においてはごく一般的に使われ、日常会話に頻繁に出てくるものだ。つまり、東北出身者でない者が上記例に挙げた言い方を完全に理解できるとは言い難い。東北方言は極めて普通話に似た発音をするが、それでも長い歴史と文化の違いによって類似であっても違いは大きい。特に声調[6]と特有の言い回しが独特である。

　中国は毎年の旧正月に「春節聯歓晩会」という日本の「紅白歌合戦」にあたる国民的番組が放送される。近年、東北方言で上演されるお笑いのコントが増え、東北方言が全国区に浸透しつつある。とはいえ、東北人が話す東北話はまだまだ地域限定的な色合いが強い。そして、更なる少数民族言語に属

表1　独特な東北方言

東北方言	ピンイン[5]	意味	普通話
老么卡哧眼	lao me ka chi yan	老人が皺くちゃである	×
七吃咯嚓	qi chi ka cha	動作が素早いこと指す	×
那旮得儿	na ga de er	そこ、あそこ	那个地方
扒瞎	ba xia	ウソをつく	骗人
急眼	ji yan	怒る	生气
上赶子	shang gan zi	自発的に、一方的に	主动

す人々の場合、彼らが自身の言語を主張できる場はもっと限定されていると言えよう。

このように、言語そのものにおける問題が司法通訳翻訳の中国語分野における最も重要なポイントである、と筆者は考える。後にも触れるが、現在、日本における法曹三者ないし警察関係者は、中国のこの「言葉」の多様性の問題をあまりにも理解していないように思われる。日本の場合、東京や大阪で育った者は、東北弁や九州弁が聞取りにくいことはあるものの、多くは標準語でコミュニケーションを図ることができる。一方、中国では、民族や地域が違えば全く意思疎通ができないケースが多い。国が違えば情勢も違うように、中国人は小学校から標準語を勉強していても、やはりさまざまな外的要因、例えば経済的事情により学校に行けず、正しい普通話教育を受けられないなどの理由により標準語を上手く話せない人は多い。したがって、日本で司法通訳翻訳をする際にも、また通訳人を選任する際にも中国語にある言語の多様性を理解する必要がある。

3 中国における法廷通訳
── 外国語、少数民族言語について

前節では、中国に存在する言語の多様性について述べた。それを踏まえた上で、本節では中国国内における方言間の法廷通訳制度を紹介したい。

おそらく、中国語にある多様性を一番熟知し、かつその問題をきちんと認識した上で、対応策をを練っているのは、正に中国政府自身であろう。中国はこの多民族国家を守るため、色々な「工夫」をしてきた。司法通訳翻訳制度にも「工夫」が現れている。そこで、中国自身がこの多言語社会をどのように法律の面で統治しているのかを、中国国内における方言間の法廷通訳制度を通して垣間見ることとする。

中国では、1954（昭和29）年に中華人民共和国憲法が公布され、1982（昭和57）年に現行憲法が制定されてから2004（平成16）年まで4回の憲法改正により、少数民族がその言語を使用する権利や法律における当事者が法廷通

訳を利用できる権利の享受を立法化し、保障してきた。[7]（2004年憲法修正後第121条）

現行の2004（平成16）年憲法第77条は、次のように定めている。

> 各民族の公民はすべて、その民族が使用する言語、文字による訴訟をする権利を有する。人民法廷は現地の言語、文字に精通しない当事者に通訳を提供すべきである。少数民族が集中的にまたは多民族が共居する地域において、人民法廷は当該地域で使用する言語で審理を進めるべきである。当該地域で使用する文字で判決書、告知やその他公文書を公布すべきである。[8]

また、憲法のみならず、中華人民共和国刑事訴訟法（略して《刑訴法》）にも同条例を取り入れ、用いている。そして、民事訴訟法（以下、民訴法）の第11、45、240条にも民事事件においても法廷通訳を付与すべきと規定がなされている。特に第240条では、人民法廷が外事に及ぶ審理を進める時に使用する言語、および通訳の費用について次のように言及している。

> 人民法廷が国外に及ぶ民事事件を審理する場合、中華人民共和国が使用する共通の言語、文字を使用すべきである。当事者が通訳の提供を要求する場合は提供してもよいが、費用は当事者の負担とする。[9]

このように、憲法、刑訴法、民訴法で少数民族に対し法廷通訳の権利を明記している。ただし、杜碧玉[10]は上記条例について以下のように述べている。

> 法廷通訳に関する立法の責任は重く、道のりは遠い。現在は貧弱な規定しかない。よって、実際のところ、裁判所は通訳の専門教育を受けたか否か、法律および法律用語の知識の有無を問わずに、きわめて随意的に、高等教育機関もしくは通訳会社を通して訴訟する当事者とコミュニ

第5章　司法通訳翻訳における中国語の多様性

ケーションが取れる人材を通訳人にする。その結果、通訳時のレベルにはばらつきが生じ、また、通訳人の質も保証されない。ひいては、訴訟当事者の訴訟結果にも影響を与える。[11]（邦訳は筆者による）

　確かに、中国の司法通訳制度はまだまだ発展途上であると言えよう。しかし、民事事件を除き、憲法や刑訴法できちんと少数民族における法廷通訳の権利を明言したことには意義を感じる。とはいえ、実際に中国の法廷において、地域方言の通訳や外国語通訳が年間どのくらいの割合で行われているかについては、さらなる調査が必要である。
　2010（平成22）年に福建省人民政府外事事務室が発表した「中国国内における法廷通訳の構造」[12]という意見報告書では、アメリカをはじめ、オーストラリアのNAATI[13]、日本の司法通訳の制度について詳しく紹介すると共に、自国の法廷通訳の未熟さを指摘し、今後に向けた意見が提起された。主に、①法廷通訳の立法制度　②専門的通訳試験の実施　③法廷通訳の研修制度の設立　④法廷通訳人の登載制度（通訳人名簿制度）などである。
　ここで注目したいのは、中国が自国の環境整備不足を認識し、他国の先例を参考に改善の努力と動きが見られるということだけではない。もちろん、世界第2位のGDPを誇り、世界の工場と言われるほど多くの国々と経済的な連携があり、外国人も多く訪れる中国にとって、外国人が関係する犯罪も少なくない。その対策の一環として、法廷通訳制度の確立に向けて努力することは必要不可欠である。しかし、それにも増して特筆すべきなのは、一多民族国家として、少数民族に配慮した法廷通訳の姿である。
　中国人でなければ、民族や地域による言葉の違いの実情についての理解と予測は難しいであろう。しかし、前述したように、中国の方言は長い歴史やその地域の文化を背景として、その方言に帰属する人々に大きな影響を与え、生活の根源そのものとも言える大きな主幹である。普通話という一つの標準語に囚われず、それ以外の方言や少数民族言語を話す人々がさまざまな地域にわたってそれを用いて生活しているからこそ、中国語に存在する方言の多様性は複雑でかつ難しいと言えよう。そういう実情を熟知したうえでき

ちんと対応策として設けられているのが中国の法廷で行われる方言間の通訳制度であり、言葉の多様性が中国政府も無視できないほど大きな問題である証拠とも言える。

　司法に関して、中国国内では出身地域に応じて最も多く使用される言語により裁判をすべきである、と、憲法をはじめ刑事訴訟法や民事訴訟法で明言されている。それに対し日本においては、被疑者・被告人、通訳人の出身地を考慮に入れず、「中国語通訳事件」としてひとくくりで通訳が要請されている。そのため、意思の疎通がうまく図れない、誤訳が発生するといった問題が生じかねない。もちろん、日本における中国語司法通訳翻訳人の数と出身地の多様性、駆使できる言語には限度がある。どこまで徹底して被疑者・被告人の第一言語による通訳することが可能かは予測しにくい。とはいえ、違いが大きく、最も区別のしやすい台湾語、北京語、広東語、福建語については、その相違を踏まえた人選が求められる。現在、中国の法廷で使用される際には、台湾語や北京語、広東語、福建語の区別がなされている。これは裁判所がその違いを認識している証拠である。また、中国人犯罪者の出身地域は大きく中国東北、上海、北京、福建、台湾に分けられる（坂東 2012）。このような地域的特徴をやはり無視してはならず、最も被疑者・被告人の出身地域の多いこれらの地域から通訳言語の使い分けに着手することは、日本の法曹三者に中国語の多様性を認識してもらう第一歩になると思料する。

4 ｜ 普通話と台湾国語の相違

　本節では、普通話と台湾国語の相違について紹介する。両者は同じ中華圏に属していながら、歴史的、政治的な影響によって、その言語にも大きな差異が生じているにもかかわらず、日本人にはその差異が十分に理解されていない。本節では、両者の比較を通じて、中国語司法通訳翻訳に携わる両地域の出身者が「中国語通訳人」として同じフィールドに立つ以上、いかにお互いの文化を理解した上で注意を払って仕事をすべきかということ、また、両

第5章　司法通訳翻訳における中国語の多様性

言語は決して完全に同じものではないという認識を刑事司法に従事する各関係者で共有することを目的とする。

筆者が台湾出身の通訳人と一緒に仕事をするとき、挨拶を交わしただけで相手が台湾出身であるとわかる場合が多い。ほんの少しイントネーションが異なるからである。司法通訳翻訳における中国語通訳には、日本人を除き、中国大陸出身で北京語を第一言語として登録している人と、台湾出身で北京語と台湾語の両方を登録している通訳人がいる。なぜ台湾出身の通訳人は北京語も使用言語として登録するのかというと、台湾で使用される標準語、つまり台湾国語は北京語と話し言葉の限りでは、全く意思の疎通が図れないという問題が生じることはなく、それゆえ、「北京語＝台湾国語」という認識があるからである。しかし、実は、語順や文字、そしてなにより日常生活でよく使われる慣用語句において大きな違いがある両言語を混同してはならず、細心の注意を払わなければ誤訳が生じやすいという点を見落としてはならない。

4.1　台湾語の形成

台湾と中国の最も近い歴史として挙げられるのは明鄭統治[14]や清朝による統治時代であろう。明鄭時期に中国の福建南部の漳州府と泉州府河洛人を中心に多くの大陸人が移民として中国から台湾へと渡り、それに伴って言葉も台湾へと流れ込んだ。これが後の台湾語（河洛話＝閩南語）の母体である。さらにその後の日本統治時代での「日本語教育」によって台湾語の使用は限定され、日本語による影響も数多く残っている。台湾は清朝の支配を経て、日本統制の時代を経験し、国民党による中華民国の樹立と共に今日の姿へと変遷した。

言語学的には、台湾語は、閩南語（みんなんご）から派生し独自の発展を遂げた変種である。また音韻的にも非常に発達した連続変調[15]の規則を持ち、白話音[16]と文読音[17]の二音韻の体系がある。白話音は主に日常生活におけるものであり、文読音は漢語の古文を朗読する時に用いられる。さらに、声調においても1

声〜から8声までと、普通話の4声と比べてもさらに多いことがわかる。また、小学校一年生から習う中国語の基本であるピンインも、台湾では大きな違いがある。現行の台湾国民小学基礎台語教科書では主に「TLPA（Taiwan Language Phonetic Alphabet）」と称される台湾国語音標を使い、子どもたちに教えている。

4.2 普通話と台湾国語の比較

ここで普通話と比較したいのは「台湾語」ではなく「台湾国語」である。台湾国語はいわば台湾で使われる標準語の呼称である。かし、発音上における違いは多く、語彙の相違も見られる。また中国で使われる『新華辞典』と台湾で使われる『国語辞典』とを比較したところ、常用漢字3500字の中で異なる発音をするものが789字あり、全体の約25％を占めることがわかった（李青梅 1992）。[18]

台湾語は、比較する必要がないほど、明らかに普通話と異なる。一方、台湾国語は、発音上は普通話に近いため、中国の普通話と混同する人も多い。確かにコミュニケーションをとることはできるが、字体や語順、発音、意味といった点では無視できないほどの相違がある。表2は日常会話で使用されるいくつかの語彙における台湾国語と普通話の違いの例である。

表2のように台湾国語は発音や文字の面で中国大陸の普通話と微妙な違いがある。台湾国語は台湾本土の言葉や日本からの外来語、中国で古くから使

表2　普通話と台湾国語の違いの一般例

日本語	普通話	台湾国語
説得する	（说服）shuo fu	（説服）Shui fu
滑稽	（滑稽）hua ji	（滑稽）gu ji
暴露する	（曝光）bao guang	（曝光）pu guang
ある物事に対する考え	（着想）zhuo xiang	（着想）zhao xiang
ゴミ	（垃圾）la ji	（垃圾）le se

第5章　司法通訳翻訳における中国語の多様性

われた言葉をも残して取り入れており、一見普通話となんら変わりないが、実はその違いは大きいと言える。さらに最も大きな相違は、日常生活でよく使われる常用慣用句である。例えば、台湾ではバスのことは「公車」という。しかし、中国大陸では「公共汽車」と称するのが一般である。もし中国大陸で「公車」をいうとおそらく、会社の社バスか学校のスクールバスを連想するだろう。このように同じものに対し、違う言い方があることは二つの言語を使用する上できちんと理解しなければならない重要なことである。

4.3　司法通訳翻訳における普通話と台湾国語の比較

以下においては、法律用語を通訳する上で注意すべき点を、具体的な例を挙げながら説明することとする。前述したように、台湾は日本の統制下におかれていたという歴史があるため、実は多くの日本語がそのまま残っている。例えば、海苔はそのまま「ノリ」と発音し、生魚片は「サシミ」、心情を「キモチ」、打火机は「ライタ」と読む。このような言葉はまだまだ多く、発音のみならず、語順や語彙も極めて日本語に近い、あるいは全く同じというものもある。法律用語に関しても同様である。筆者が司法通訳翻訳について勉強を始めた際に台湾にルーツを持つ恩師から教わったのは、「日本語の罪名や法律用語を台湾出身者に訳す時はそのままでも大丈夫な時はあるが、中国大陸出身の人に通訳する時は注意しなければならない」ということである。

例えば「裁判員裁判」という日本独自の法律用語に関して、中国大陸出身者にそのまま「裁判員裁判」と訳すとおそらく何かのスポーツの審判というふうに誤解されるであろう。なぜなら、中国における「裁判員」というのはスポーツにおける審判若しくはレフェリーなどの意味で使われ、法律とは全く関係ないからだ。裁判員裁判という用語として訳す場合は一般的に「陪審員審判」というふうに訳す。しかし、台湾出身の被告人に訳す場合はそのまま「裁判員裁判」でも通じる。（これはおそらく日本による統制時代の言語使用の影響によると推測する。）そして発音や字体、語順、表現方法についても、台

135

湾国語と普通話にある違いがあることは否定できない。下記の例を見るとその違いが明確であろう。

表3は、司法通訳翻訳で使われる日本語の用語を台湾国語と普通話に通訳する際における顕著な違いをいくつかまとめたものである[19]。日本語の員面調書という言葉がある。中国語（普通話）はきちんと主語を明確にしないと伝わりにくい言語であるため、「員面」が指すのが「誰」なのか、それを明らかにするために訳語として「司法警察」の一語が足された。一方、台湾国語訳である「員警面前筆録」には、確かに「員警」という主語はある。しかし、主語である「員警」という司法警察を指す言葉自体が中国で使われないため、中国大陸出身の被疑者・被告人に通訳しても、恐らく理解に苦しむか、あやふやなままで聞き流すかのどちらかであると推測する。

さらに、「訴因変更」に至っては、普通話と台湾国語の字体と語順は明らかに異なる。繁体字[20]に疎い中国人にとって、台湾の「變」という字をいきなり書けと言われても難しいだろう。それどころか「訴之變更」という言葉自体、中国大陸では使われず理解しにくい訳語である。

このように普通話の文化背景を持つ人間は、決して台湾国語の意味を聞くだけで十分に理解できるとは言えない。また文字や表記が異なり、難しいものの場合は読めないこともある。しかし、これらの違いは「部外者」である日本の法曹三者の目に留まることはない。なぜならば、一見、台湾人と中国人は問題なくコミュニケーションができているように見えるからである。

稀に、台湾出身の被疑者が台湾出身の通訳人を要求することがあると聞

表3　司法通訳翻訳用語における普通話と台湾国語の違いの例

日本語	普通話	台湾国語
員面調書	司法警察（人）員笔录	員警筆録
訴因変更	变更诉因	訴之變更
情状酌量	酌情	酌量情節
裁判員裁判	陪审员审判	裁判員裁判
起訴猶予	酌定不起诉	緩起訴

く。たいてい、「台湾国語」を話すことはできるが、やはりスムーズに自分の言いたいことを伝えてもらうために、台湾国語のみでなく、台湾語のできる台湾出身の通訳人に通訳をしてほしいということである。これは非常に良いケースである。自分にとってベストな言語を選択することは、限りなく正確かつ公平な裁判や取調に繋がると考える。これは当の本人が言語の違いによって生じる問題の実情を知った上での判断だと推測する。

このように、多くの台湾人と中国人は言葉に違いがあるということを知っているが、日本ではまだそれほど認識されていないというのが現実である。「司法」という厳正な領域においては、「多少のズレ」も許容することはできないと考える。「中国語」の中での言語の相違を踏まえた人選が求められる。

5 日本における中国語通訳と通訳人の現状

本節では、日本における中国語[21]通訳の現状について紹介したい。裁判員裁判が導入される前から、法廷で使用される外国語のうち、中国語の割合は常にトップにあり、2009（平成21）年5月に始まった裁判員裁判での要通訳事件でも、中国語の要通訳事件数は毎年上位にある。『平成24年版裁判員裁判実施状況の検証報告書』によると、2012（平成24）年では英語に次いで27言語中第2位（台湾語、広東語、福建語を含む）であった。また、警察での取調においても中国出身の被疑者が多く、主な出身地は、①吉林省や黒龍省・遼寧省などの東北地域　②首都北京　③上海　④福建　⑤台湾の五つに分けられる[22]。必然的に中国語通訳の需要も高まり、それに応じて通訳者の数も増えてきている。多くの通訳者が中国出身（中国国籍から帰化した者を含む）であるのも特徴の一つである。ただ、裁判所や警察署、検察庁で登録している通訳人の数があまりにも多くなったため、通訳人の乱立や登録しても仕事が来ないといった問題も起きている。また通訳人の特徴として、中国大陸出身若しくは台湾出身の通訳者が多く、日本出身者は少ないことが挙げられる。法廷で通訳できるほど中国語レベルの高い日本人が少なく、また、その

ような人材は大手企業や会議通訳に就いているからである。更に、中国からの留学生や諸事情で日本に来た中国人に非常に優秀な人材が多く、中国語の運用については日本人よりも優位である場合が多いことも予想される。一方、日本語若しくは中国語の能力が不十分なまま通訳人になった人もおり、問題が発生する可能性、誤訳の懸念は払拭できない。

5.1　多様性の一つ──民族問題

　中国語通訳も多民族国家を反映したさまざまなバックグラウンドがあり、朝鮮族やモンゴル族の出身であれば韓国語やモンゴル語を操ることも珍しくない。またシンガポールやマレーシアのような華人住民の多い国では中国語がごく一般的に使われ、彼らが中国語の通訳になる可能性も否定できない。さらに、日本人が中国語を学び、通訳人として働くケースもある。
　色々な人が中国語を話すなかで「話せる＝通じる」という構図は決して成り立たない。なぜならば、それぞれの通訳人にはそれまで生きてきたなかで培ってきた言葉に対する感性、学歴、文化や価値観があり、それぞれ異なるからだ。
　中国大陸出身の通訳人と台湾出身の通訳人が相通訳になった場合、あるいは同じ中国大陸出身であっても、南北それぞれの地域が異なる通訳人が同じ仕事をすることになった場合、どのような協力体制をとったらよいのか、互いの民族感情はどうなのかといったさまざまな課題が生じる。
　例えば、筆者が担当した事件の一つで、風俗営業等の規制及び業務の適正化等に関する法律違反の被疑者がいた。何日間もの通訳を担当するうちに、被疑者は次第に筆者に世間話をするようになった（もちろん、捜査官の了承を得ており、話した内容も報告した）。すると被疑者は筆者に「出身は中国のどこか」と聞き、正直に「東北だ」と答えると、「よかった、私は南出身の人間が嫌いだから。彼らはずる賢いから嫌い。あなたは話しやすいわ」と言った。筆者はこの時初めて地域の違いによる民族感情を実感した。同じ中国人であっても、出身地の違いによって、「好き、嫌い」という感情があるのは

第5章　司法通訳翻訳における中国語の多様性

まさに中国における多様性の一面であると考える。

そしてこの問題は現に存在する。筆者が経験した事件ではないが、とある台湾出身の被疑者が通訳人要請の際に、台湾出身の通訳人を要請してほしいと主張したため、台湾の通訳人がついたケースがある。こういうケースは珍しいため、要請された通訳人が要請の理由を聞くと、やはり、台湾国語より台湾語の方が得意であるのと、中国大陸には嫌な感情を持っていることが理由とのことだった。

通訳人と被告人・被疑者の間、通訳人同士の間でこのような感情を持つことは避けられない。しかし、これは仕事をする上で当事者のみの問題ではない。中国語通訳に携わる全ての通訳人は、この問題を認識した上で、多様性を理解し、尊重して言葉の選択に配慮したり、文化的な交流を心がけたりすることが大切である。もちろん、通訳人のさまざまなバックグラウンドはプライベートな生活においては個性である。しかし、責任重き立場にいる者として警察や裁判所などで働く際には「個性」よりも「正確性」や「客観性」がより重要であると考える。これは通訳制度にもつながる問題であるが、現時点では、司法通訳翻訳に携わる通訳人に関する資格試験というものはない。いわば誰でもなれるのである。通訳人にさまざまな問題があるのはこの制度的な問題にいくらか関係すると言えるだろう。しかし、制度がまだ整わないこの状況にあるからこそ、個々人の努力の必要性が大事になってくる。

5.2　中華圏特有の国民性がもたらす問題

他言語の通訳と異なる点として、中華圏特有の民族性が存在することを指摘したい（日本生まれの中国語通訳者は含まれない）。

「中華圏」という言葉を使ったのは、中国大陸のみではなく、中国をルーツに持つ世界各地域に生きる中国人社会をも含むという意味合いでもある。

長い歴史を考慮すると、「中華圏特有の民族性」を一言で具体的に説明することは難しい。なぜならば、そこには約4000年の歴史と国々の変遷、支配と被支配による文化の栄枯盛衰があるからだ。一般的に挙げられる中国人の

民族性としては、儒教の影響もあり、親孝行をよくする、情に厚い、自己主張が強い、自己中心的、最近では民度が問われることを指摘されることもある。田中仁はこのモラルの低さについて以下のように述べている。「あまりにも急速な革命の進展や列強や日本の侵略に対する全民族の抵抗というナショナリズムを発揚させる為に、社会と人々との内面的な成熟、民度の向上、各民族への自決要求への配慮といった面が遅れざるをえなかった」（田中2012）。

実際、2010（平成22）年11月から2012（平成24）年7月まで、科学研究費プロジェクトの一環[23]として5名の裁判員裁判を担当したことのある中国語通訳人に聞取り調査がなされた中で、中国語通訳者同士がお互いのイメージとして以下のように挙げていた。

・通訳人の横のつながりは脆く、個人の能力を重視し相通訳するより個人ですることで全額の報酬を得たがる。
・お茶会と称し、通訳人同士の仕事の進行を探りあい、自身のことを隠したがる。
・報酬の良い仕事を優先し、仕事に対する倫理観が薄い。
・自分の能力を証明したがる、相通訳でするべき事件をあえて一人でするように持ちこむ。
・面接でわざと能力のある新人の通訳人を落とす。

そのため、中国語の通訳人のなかには、チーム通訳に対し懸念を抱く者も多い。彼らは、①レベルの違いや性格の問題が存在するからやりにくい、②中国人通訳人に単独行動を好む人が多いのでチーム通訳に向かない、といったことを理由に、チーム通訳には反対している。

このように同じフィールドにいる通訳人同士が互いのイメージとして挙げたものは、決して良いものではなく、このような現実があることを悲嘆するほかない。一つの言語における仕事の善し悪しは、個人の能力で全てが決まるわけではない。本当の意味で「良い仕事をする」というのは、その言語に

携わる全通訳人のレベルアップが必要不可欠である。そこに必要なのは、通訳人同士の理解、繋がり、そして仕事への誇りであろう。そうした個々の繋がりが強固になったとき、「中国語通訳」という大きな枠組みが良い方向へ進むのではないだろうか。

6 おわりに

　本章で言及した中国語通訳に存在する問題、中国国内の状況や普通話と台湾国語の違いなどは、全て中国語の多様性の一つである。
　再度強調するが、どちらの言語が良い悪いという問題ではない。また、通訳人の出身に問題があるわけでもない。台湾出身の通訳人で素晴らしい普通話を話す人もいるし、大陸出身で台湾語を操る人もいる。中国語通訳のユーザーにおいては、中国語にはさまざまな文化背景や言語のバリエーションがあるという事実に基づいて、現状へのさらなる理解と、より円滑で正確な通訳環境を整える努力が求められる。
　具体的には、中国方言の通訳人を随時探すことは困難でも、せめて最も違いが明瞭な広東語、台湾語、福建語の通訳人については区別して、適材適所の人選を始めるべきである。筆者の経験では、法廷通訳を担当した際に、被告人が「警察署で取調を担当した通訳人が言っていることがわからなかったが、あやふやにした」と言ったと法廷で陳述したことがある。また、違うケースの被告人が筆者に、「前の通訳は裁判所、裁判所って言ってたので、私には意味がわからなかった。法院なのね」と語ったこともあった。
　本当に恐ろしいことである。司法通訳翻訳は非常に大きな責任をもつ業務であり、人一人の人生をも左右しかねない大事な役割をもつ。ゆえに、何よりも正確かつわかりやすく相手に伝えなければならない。言語表現の曖昧さは決してあってはならず、甘い考えで臨んではならないものだ。通訳人自身の言語への弛まぬ努力が求められる。司法通訳翻訳制度が確立しておらず、法律によって守られていない現段階では、誤訳を防ぐためにも、被疑者・

被告人により正しい公判を受けさせる意味でも、通訳を選任する段階でその選別は重要になってくるのではないだろうか。

　警察関係者や法曹三者といった司法通訳人のユーザーは、中国語に存在する言語の多様性、民族の多様性など複雑な関係を少しでも理解し、司法通訳翻訳人と力を合わせ、個々の事件に取組む必要があると考える。言語問題を解決できるのは正に言語のプロである通訳人であるが、ユーザー側も、言語背景にあるその国の特性や言語の基礎的知識を念頭において適格な通訳人を選任することが、諸問題の発生を防ぐ良い防御線になると主張したい。

◆注
1)　中国国家統計局が2011年4月28日に公布した2010年第6次全国人口調査主要データによる
2)　現代標準漢語（中国語）
3)　漢民族の母語であり、中国の公用語である。漢語は標準語である普通話と方言がある。
4)　本章における中日及び日中翻訳は、すべて筆者によるものである。
5)　漢語ピンイン（Chinese phonetic alphabets, Chinese Pinyin）1955（昭和30）年から1957（昭和32）年までに行われた文字改革時期に中国文字改革委員会によって定められたアルファベットによる漢字の発音表記である。
6)　音声の高低、抑揚に分けられ、普通話には陰平、陽平、上声、去声の四つの声調がある。現在でいう1～4声のことである。
7)　1954年中華人民共和国憲法第71条規定
8)　「各民族公民都有用本民族语言文字进行诉讼的权利。人民法院对不通晓当地通用的语言文字的当事人，应当为他们翻译。在少数民族聚居或者多民族杂居的地区，人民法院应用当地通用的语言进行审讯，用当地通用的文字发布判决书，布告和其他文件。」
9)　人民法院审理涉外民事案件应当使用中华人民共和国通用的语言，文字。当事人要求提供翻译的　可以提供，费用由当事人负担。」
10)　杜碧玉『法庭翻译课程设置初探』2003　山东外语教学
11)「法庭翻译的立法任重道远，目前只有零星的规定。因此，在实际操作之中，法院一般比较随意，往往是在高校或翻译公司随便找一个能和诉讼参与人沟通的人来当翻译，而不论其是否经过专门的口译训练，是否具备必备的法律知识和法律语言知识，结果翻译水平参差不齐，翻译质量得不到保证，从而影响了诉讼参与人的诉讼结果。」
12)　福建省人民政府外事办公室《刍议我国法庭口译的构建》2010（平成22）年6月8日、高建勋，刘云（福州大学法学院、福建师范大学外语学院）

第 5 章　司法通訳翻訳における中国語の多様性

13) NAATI　オーストラリアの（翻訳・通訳人資格認定全国協会）という組織である。通訳・翻訳の資格認定試験を実施し、資格は 4 階級に分かれている。
14) 1661〜1683年、鄭成功が始めた鄭氏政権による台湾統治時期。
15) 二つ若しくは二つ以上の音節が存在する時、単独で読む時と異なる声調に変化することを指す。
16) 日常生活における言葉の発音。
17) 中国の古文を読む時の発音。
18) 李青梅（1992）『海峡両岸字音比較』、北京大学中国言語学研究センター
19) 上五例はすべて『15言語の裁判員裁判の用語と解説　第一巻』より抜粋。
20) 中国が1950年代に漢字の簡易化を図る政策がなされ、従来の漢字を簡易化させたのが現在中国で使われる簡体字であり、簡易化される前の漢字は繁体字と呼ばれるようになった。繁体字は篆書、隷書、行書、草書から変遷し、約2000年以上の歴史を持つ。
21) 『法廷通訳ハンドブック　中国語　改訂版』では簡体字で書かれ、中国大陸で使われる「普通話」がベースであるが、本節における「中国語」というのは日本の司法に関するものであるため、台湾語、広東語、上海語といった方言をも含むものとする。
22) 坂東忠信（2012）『新・通訳捜査官』、経済界新書、P.76
23) 科学研究費（挑戦的萌芽研究）「裁判員制度における法廷通訳環境整備のための基礎的研究（A Preliminary Study for the Improvement of Working Conditions and Environment of Court Interpreters under the saiban-in trial system in Japan）」研究課題番号：23652137

◆参考文献
（日本語）
呼美蘭（2006）『中国語の司法通訳』白帝社
最高裁判所事務総局刑事局『平成24年版ごぞんじですか法廷通訳』
最高裁判所事務局『平成24年版判員裁判実施状況の検証報告書』
静岡県立大学法廷通訳研究会『2012法廷通訳の仕事に関する調査報告書』
坂東忠信（2008）『通訳捜査官──中国犯罪者との戦い2920日』経済界新書
坂東忠信（2012）『新・通訳捜査官』経済界新書
田中仁（2012）『共進化する現代中国研究』大阪大学出版会
津田守（2013）『15言語の裁判員裁判用語と解説　第 1 巻』㈱現代人文社
日本弁護士連合会（2013）『法廷通訳についての立法提案に関する意見書』
科研費プロジェクトで行われたインタビューの中で、中国語・台湾語通訳 5 名の内容に基づく（2010/11-2012/7 挑戦的萌芽研究　プロジェクト名称：裁判員制度における法廷通訳環境整備のための基礎的研究（A Preliminary Study for the Improvement of Working Conditions and Environment of Court Interpreters under the

saiban-in trial system in Japan）研究課題番号：23652137（研究代表者：津田　守）

(中国語)
杜碧玉（2003）『法庭翻译课程设置初探』山东外语教学
福建省人民政府外事办公室（2010/6/8）《刍议我国法庭口译的构建》高建勋，刘云（福州大学法学院、福建師範大学外語学院）
李青梅（1992）『海峡両岸字音比較』北京大学中国言語学研究センター
朱珠《法庭口译研究应该真正为中国法庭所用》四川外国语大学
赵军峰　陈珊（2008/8）《中西法庭口译研究回顾与展望》中国科技翻译第21卷３期

◆ウェブ資料
法務省　（2012（平成24）年12月）「在留外国人統計」（2015年５月15日アクセス）
　　　http://www.e-stat.go.jp/SG1/estat/List.do?lid=000001133760

警視庁　（2013（平成25）年）「来日外国人の検挙状況」（2015年５月15日アクセス）
　　　https://www.npa.go.jp/sosikihanzai/kokusaisousa/kokusai/H25_rainichi.pdf#search='%E5%9C%A8%E6%97%A5%E5%A4%96%E5%9B%BD%E4%BA%BA%E7%8A%AF%E7%BD%AA'

中華人民共和国　（2011（平成23）年４月28日）「2010年第六次全国人口普查主要数据公报」（2015年６月21日アクセス）
　　　http://www.stats.gov.cn/tjsj/tjgb/rkpcgb/qgrkpcgb/201104/t20110428_30327.html

第6章
要通訳の刑事手続における〈リンガフランカ〉としての英語

ヤコブ・E・マルシャレンコ
Jakub E. Marszalenko

1 はじめに

「リンガフランカ」とは、「異なる母語（native languages）を持つ話し手らが共通言語として採用する言語のこと」[1]と定義されている（Oxford University Press 2014）。英語に限らず、数多くの言語がリンガフランカの役割を過去において果たしており、また今日も果たしている。例えば、中世ヨーロッパにおいては、古代ギリシア語やラテン語が、また古代東アジアの多くの国においては漢語がその役割を果たしていた。今日、「リンガフランカ」の諸言語は、世界各地の刑事手続において通訳言語として使用されている（Conley and O'Barr 1998/2005、Goutfer 2014、Haviland 2003）。

ところが、ザイドルホファー（Seidlhofer 2011）が主張するように、英語は「世界初のグローバルな言語」（2011：ch1/s1.2[2]）となっており、そのリンガフランカとしての役割や重要性は前代未聞である（ibid.：ch1/s1.1）：

> 英語のグローバルな拡大は、前例もなく、無比である。したがって、現在の世界における英語の役割を、前時代においてラテン語、フランス語、アラビア語などの言語が果たしていた役割と比較するのは、端的に述べれば、無意味である。今現在における英語のグローバルな拡大及び

あらゆる社会層や領域への浸透［の規模］は、かつて「世界言語」と呼ばれたどの言語にも見られない。

ザイドルホファーは「リンガフランカとしての英語」（English as a Lingua Franca, ELF）は、「それらの話し手にとって、コミュニケーションの媒体でありながら、多くの場合、唯一の選択肢でもある」と主張する（ibid.：ch1/s1.3）。日本の司法通訳翻訳という領域においても、「リンガフランカとしての英語」は「唯一の選択肢」である場合があり、他の言語よりも特殊な役割を果たしている。

最高裁判所の統計によれば、2009（平成21）年から2013（平成25）年までの期間に終結した第一審刑事裁判において、英語が通訳言語として使用されたのは、4.5％〜7.9％程度であった（最高裁判所事務総局刑事局 2011-2015）。さらに、2009（平成21）年9月から2014（平成26）年12月までの間に行われた全ての要通訳裁判員裁判（722件）のうち、171件には英語通訳人が付き、英語の使用率は23.7％にも及ぶ（最高裁判所事務総局 2010-2015）。この統計からわかるように、日本の刑事裁判、とりわけ要通訳裁判員裁判において、英語は非常に重要な通訳言語となっている。

そこで、本章では、日本の刑事手続において英語が通訳言語として使用される際の問題とその背景について考察することとする。通訳を必要とする刑事手続におけるコミュニケーションにおいては、「英語」という言語自体の多様性が非常に重要な要素と考えられるため、考察の過程で、いわゆる「英語圏」における英語の使用についても触れる。英語の多様性の問題は、通訳サービスを受ける刑事手続の対象者（被疑者や被告人）が、その言語の第一言語話者（母語話者）ではないケースにおいて顕在化する。

以下では、日本の要通訳事件において英語がリンガフランカとなる要因を明らかにした上で（第2節）、カチュル（Kachru 1985, 1990）の「サークル」という概念の視座から、英語の多様性及びそれによる司法通訳翻訳における問題をまとめる（第3節）。

第 6 章　要通訳の刑事手続における〈リンガフランカ〉としての英語

2 | 英語が「リンガフランカ」となる要因

　日本の要通訳刑事事件において、「リンガフランカとしての英語」が高い使用率を占める理由として考えられるのは、次の3点である。①司法の場において少数言語を担当できる通訳人の不在あるいは不足、②英語と要通訳裁判員裁判の関係、そして③通訳人を選任する司法機関による「言語イデオロギー」。以下において、それらの要因について詳述する。

2.1　少数言語の問題

　どの国においても、（使用する、ないしは学ぶ者の少ない、という意味での）少数言語による通訳サービスを速やかに確保することは困難になりうる。もちろん、国や地域によってどの言語が「少数」または「稀」であるかが大きく異なるが、少数言語の通訳人を選任しなければならない司法機関は類似した困難に直面すると考えられる。
　日本では、被疑者が逮捕された際、警察は48時間以内にその事件を送検するか否かを決めなければならない。一方、検察は勾留請求を経て最大20日間で被疑者を起訴するか否かを決定する必要がある。したがって、限られた期間内に行われる警察及び検察による捜査においては、少数言語を第一言語とする被疑者に通訳人を付けることが困難となる可能性は高い。
　例えば、日本では「稀」な通訳言語の一つとして、筆者の第一言語であるポーランド語が挙げられる。筆者はある事件で、警察からポーランド語の通訳人を探しているとの連絡を受け、そしてその数日後、検察庁からも同様の旨の連絡が入った。しかし、筆者の都合がつかず、いずれの通訳依頼にも対応できなかった。その結果、ポーランド語を担当できる他の通訳人が見つからず、ポーランド語を第一言語として話すその被疑者は、英語の通訳人を介して、警察及び検察庁の取調を受けることになったようである。
　このようなケースはもちろんポーランド語話者に限らず、いかなる言語や

文化の背景を持った被疑者及び被告人の取調や裁判の際にも見られる。被疑者または被告人の第一言語の通訳人が見つからない場合、彼（女）が理解できる他の言語を話す通訳人に頼らざるを得ない（もちろん、被疑者や被告人によって、その言語の理解力が大きく異なる場合は少なくない）。出身国の「主要」言語ではなく、少人数しか話さない部族語の被疑者や被告人の場合、通訳言語の選定はより困難になる。したがって、被疑者あるいは被告人が、英語を公用語として使う英国や米国の旧植民地などの出身者である場合、彼（女）らの第一言語ではないにもかかわらず、英語の通訳人が付くことがしばしばある。

2013（平成25）年現在、3,944名の通訳人候補者が全国の地方裁判所で登載されている（最高裁判所事務総局刑事局 2015）。言語別の人数のデータは公表されていないが、英語などのような「メジャー」な通訳言語の通訳人の数は、比較的に多いと推定できる。なぜならば、地域によっては、英語通訳人は十分な人数が確保されているとして、通訳人の新規登載申請を受け付けない裁判所もあるようだからである[3]。その帰結として、英語運用能力をある程度有する被疑者や被告人の場合、その人が話す少数言語を担当できる通訳人の不足あるいは不在によるギャップは、人数は比較的に確保されている英語の通訳人によって埋められることになる。

実際に、日本の刑事手続において、例えばアフリカ出身の被疑者または被告人に英語を話す通訳人が付けられるケースは少なくない。『ごぞんじですか　法廷通訳』によると、2009（平成21）年から2013（平成25）年までの期間内に毎年、第一審の刑事裁判で使われたおよそ40言語の中に、多くのナイジェリア人が話すイボ語、ハウサ語、ヨルバ語、あるいは多くのウガンダ人の第一言語であるガンダ語は入っていない（最高裁判所事務総局刑事局 2011-2015）。ナイジェリアやウガンダなどのようなアフリカ諸国では、英語は公用語として使われており、それらの国の出身者に対しては、一般に英語を話す通訳人が付されている。筆者自身も、ナイジェリア人やウガンダ人の英語通訳をしたことがある。もちろん、「リンガフランカとしての英語」のような使用は、アフリカ出身の対象者に限らない。筆者は、パラオ、イン

ド、シンガポールなどの出身者に対しても、英語の通訳人として付されてきた。

2.2 覚せい剤取締法違反の要通訳裁判員裁判における英語通訳の多さの問題

本項では、要通訳裁判員裁判における通訳言語で英語が第 1 位を占めることになった要因、つまり英語の通訳人が付く事件と、覚せい剤取締法違反（営利の目的）との関係について考察する。

裁判員制度が導入された2009（平成21）年 5 月以降、この制度下で行われた要通訳事件において、覚せい剤取締法違反は第 1 位を占め続けている（最高裁判所事務総局 2010-2015）。その件数[4]は、2009（平成21）年が13件、2010（平成22）年が52件、2011（平成23）年が124件、2012（平成24）年が95件、2013（平成25）年は83件、そして2014（平成26）年には98件である。つまり、722件の要通訳裁判員裁判のうち、465件（全体のおよそ64％[5]）は覚せい剤取締法違反ということになる。さらには、通訳人が付いた上記の465件は、（非日本語話者と日本語話者を含む）全ての覚せい剤取締法違反に対する裁判員裁判（642件）のおよそ72％[6]にも上る（最高裁判所事務総局 2010-2015）。

ただし、上記の統計では被告人の国籍は不明である。また、それらの覚せい剤取締法違反の裁判員裁判においてどの通訳言語が使われたのかもわからない。しかし、筆者の（裁判員裁判を含む）刑事裁判の通訳人ないしは傍聴人としての経験からすれば、英語の使用率は比較的高いと推定できる。

覚せい剤取締法違反の裁判員裁判における英語の使用率が高い第一の要因には、日本における薬物犯罪及び裁判員裁判の特徴が影響を与えている。薬物犯罪が裁判員裁判の対象となるには、「営利の目的」であることが必要である。つまり、被告人が金銭等の利益を得ようとし、日本に違法薬物を密輸、密売、あるいは密造を意図的にしたとされなければならない（それらの行為が「意図的」でなければならないため、薬物犯罪において「認識の有無」とは非常に重要な概念である）。ちなみに、警察庁によって出版された『DRUG 2012：薬

物乱用のない社会を』によれば、日本で所持・使用される覚せい剤のほとんどは海外で製造され、日本に密輸されたものである（警察庁 2012：8）。さらに、『平成25年中の薬物・銃器の情勢　確定値』によれば、アフリカ、中東、そして中南米の諸国は覚せい剤の仕出し国として重要性を増している（警察庁 2014：13）。

> 従来の仕出し国をみると、中国等の東アジアやマレーシア、タイ等の東南アジア、北米等の諸国が主であったが、平成21年以降は、ナイジェリア等のアフリカやトルコ、アラブ首長国連邦等の中近東諸国、メキシコ等からの密輸入事犯が増加している。

前者の警察庁資料によれば、覚せい剤を輸入する役割を果たすのはいわゆる「運び屋」であり、そして「捜査の結果、密輸組織の黒幕的存在としてナイジェリア人が関与している状況がうかがわれ［る］」（2012：8）。

すると、覚せい剤の日本への密輸は組織的、かつ国際的な犯罪であるということになり、そういった意味では、「国際語」である英語がその取引のツールとして使われるのも、皮肉でありながら、不思議ではない。また、多くの覚せい剤取締法違反事件では、上記の「運び屋」の役割を担い日本へ違法薬物を輸入しようと企てたが、国際空港などで実施された税関検査の結果、覚せい剤が発見され、運び屋が逮捕、後に起訴されるパターンが少なくない。その運び屋がナイジェリアなどのアフリカ諸国の出身である場合、捜査段階及び公判で英語の通訳人が付く可能性は非常に高い。もちろん、犯罪の国際化や組織化は覚せい剤の事案に限らないが、要通訳裁判員裁判において最多であるそれらの事件に英語の法廷通訳人が付されるとすれば、英語が1位を占めるのも当然であろう。

2.3　言語イデオロギーの問題

日本の要通訳刑事手続で英語が通訳言語として選択されることの多い背景

には、法言語学（forensic linguistics）などの研究領域でいわれるところの「言語イデオロギー」の問題もあると考えられる。

コンリー及びオーバー（Conley and O'Barr 1998/2005：141）によれば、「言語イデオロギー（language ideology または linguistic ideology）」とは、「言語に関する思想の体系」である。また、ハビランドは、「言語及びその社会的位置づけ、または社会的あるいは政治的な目標に達するための言語の使用及び有用性に関する［あらゆる］思想」と定義する（Haviland 2003：764）。言い換えれば、「言語イデオロギー」は、我々人間がある「言語」、そしてそれを使う人々やその国などに対して意識的あるいは無意識的に持つ思想、先入観あるいは偏見を意味すると言えよう。例えば、「中南米の人はみんなスペイン語ができる」や「ナイジェリアはかつて英国の植民地だったため、そこの出身者は英語が話せる」などのような一般化した先入観が言語イデオロギーの例である。

以下では、ハビランド（Haviland 2003）が行った、「言語イデオロギー」の影響を受けたとされる刑事裁判の分析事例を紹介し、それをもとに言語イデオロギーの概念によってより詳しく考察する。ハビランドは、米国で、メキシコ・オアハカ州出身の証人が出頭したある殺人事件で（言語専門家として）鑑定人を務めた（Haviland 2003）。その証人の話す第一言語はミシュテカ（Mixteca）語であった。ところが、証人のメキシコの公用語であるスペイン語の能力は非常に低かったにもかかわらず、選任されたのはスペイン語を話す通訳人だった。

その状況下で、証人↔通訳人↔（尋問をする）地方検事間のコミュニケーションが円滑に進まなかった（Haviland 2003：768）のは当然だろうが、ハビランドによれば下記の言語イデオロギーがこの尋問や裁判全体に悪影響を与えた：

(1)「逐語論（verbatim theory）」：ある言語の表現を「そのまま」（逐語的に）異なる言語に簡単に訳すことができる。つまり、多くの法律家が求める通訳人の役割とは、「逐語的に、一語一語訳す」（Haviland 2003：768）

ことである。言い換えれば、通訳人は、発言された内容をそのままに訳す透明な存在あるいは「導管（conduit）」になることを求められている（吉田 2007、2008）。しかし、ハビランドは「どの言語にしても、"逐語的" に異なる言語に写像することは不可能である」と指摘する（Haviland 2003：768）。

(2)「標準語イデオロギー（standard language ideology）」：どんな言語の表現も、（とりわけ他言語よりも）「標準」である英語には簡単に訳すことができる。言い換えれば、起点言語（source language）はどの言語だとしても、通訳の対象となる目標言語（target language）が英語である場合、訳せない表現はないとの言語イデオロギーである。

(3)「不自由イデオロギー（handicap ideology）」によれば、（英語などのような）「標準語」を話せない者は不自由そして「非標準的（non-standard）」である（Haviland 2003：769）。

コンリー及びオーバー（Conley and O'Barr 1998/2005：153）は、この分析結果に対して、さらに、④「国語イデオロギー（national language ideology[7]）」を追加できると主張する。この言語イデオロギーは「全ての国民はその国の公用語を話せること」を前提とする。つまり、公用語はその国の「自然語」であるため、公用語ができないということは、かえって「不自然」とされてしまう（Conley and O'Barr 1998/2005：153）というものだ。

本章のテーマである「リンガフランカとしての英語」の視座からすれば、コンリー及びオーバー（Conley and O'Barr 1998/2005）が指摘する「国語イデオロギー」が最も重要であると言えよう。なぜならば、前項でも述べたように、ナイジェリアやウガンダなどの英国の旧植民地では、英語は公用語（あるいは公用語の一つ）として位置付けられているからである。これは、国語イデオロギーに照らしてみれば、「ナイジェリア人やウガンダ人はみな英語ができる」という（誤解に基づいた）結論に至りうる。そして、結果的にそれらの国籍を有する被疑者や被告人に英語の通訳人が付くことになるだろう。つまり、このイデオロギーの視座からすれば、通訳言語を選定する際、基準と

第 6 章　要通訳の刑事手続における〈リンガフランカ〉としての英語

なるのが、通訳対象者自身の言語運用能力ではなく、その「国籍」(あるいは「出身国」)となってしまう場合である。

　当然、「国語イデオロギー」の問題は英語やスペイン語に限らない。例えば、多民族・多言語の国家である中国では、数多くの言語が使われており、日本にもそれらの言語を話す中国国籍の人々が滞在していると考えられる。刑事裁判を傍聴してみればわかる通り、「北京語」や「広東語」以外にも「福建語」などのような中国の言語も通訳言語として使われている。それにもかかわらず、『ごぞんじですか　法廷通訳』(最高裁判所事務総局刑事局 2011-2015)の統計では、「中国語」[8] という総称の記載しかない(一方、裁判員裁判のみを取り扱う『裁判員裁判の実施状況等に関する資料』(最高裁判所事務総局 2010-2015)では「中国語」は「北京語」、「広東語」、「台湾語」、そして「上海語」に分類されている)。

　また、フィリピン国籍の被疑者や被告人も同じような通訳言語に関する問題に直面する可能性がある。フィリピンには、(タガログ語に基づいた)フィリピン語(Fillipino)という「国語」があるが、地方出身の多くのフィリピン人はビサヤ語などの地域語を第一言語とする(ちなみに、『ごぞんじですか　法廷通訳』(最高裁判所事務総局刑事局 2011-2015)によれば、「セブ(ビサヤ)語」はタガログ語を除けば、唯一のフィリピンの言語として日本の刑事裁判に使われているが、その使用率は低く、「その他」のカテゴリーに入っている)。それにもかかわらず、ほとんどのフィリピン出身者には、とりわけ捜査段階では、フィリピン(タガログ)語の通訳人が付くとのことである[9]。

　ところが、ザイドルホファー(Seidlhofer 2011)が述べるように、英語は他の言語よりも拡大している。そして、日本の要通訳刑事手続においてあらゆる言語的及び文化的な背景を持った被疑者や被告人に対して、英語を話す通訳人が付される。したがって、英語の通訳言語としての選定が実際に「国語(あるいは公用語)イデオロギー」によるものであるとしたら、そして刑事手続の対象者である被疑者や被告人がその公用語である英語を十分に操ることができないとしたら、そのときそれは誤審を招く可能性がある。

2.4 小括

本節では、なぜ日本の刑事裁判手続において通訳言語としての英語が要通訳刑事事件総数の上位10位に入っているのか、そして要通訳裁判員裁判の第1位を占めるのかについて考察してきた。考えられる要因は複数である。少数言語を担当できる通訳人の不足あるいは不在によるギャップが英語通訳人に埋められる問題や、司法機関による通訳言語の選定に影響を与えうる言語イデオロギーが、考えられる主な要因である。さらに、要通訳裁判員裁判における覚せい剤取締法違反の多発は英語の高い使用率につながるが、それ以外にも他の要素が絡む可能性は十分にある。また、少数言語や言語イデオロギーの問題は、日本に限らず、欧米諸国における司法通訳にも見られる（Goutfer 2014）ことがわかった。

通訳言語としての英語は日本における刑事手続（とりわけ要通訳裁判員裁判）において、非常に重要な役割を果たしている。しかし、その通訳対象者（被疑者や被告人）は必ずしも英語を第一言語としない。したがって、刑事手続の言語である日本語も解しないし、それらの手続を受けるための十分な英語運用能力も有しない可能性がある。

しかも、「英語」という言語自体、統一された言語ではなく、国や地域によって文法、語彙、発音、語法などのような面において大いに異なることもある。さらに、英語を公用語としている国々においても教育や生まれ育った環境などによって、あるいは英語運用能力において、明らかな個人差も生じうる。次節では、そういった多様性について論じた上で、英語の通訳人がその言語の非母語話者に対して付される際、どのような課題があるのかについて、いくつかの具体例を挙げながら考察する。

3 英語の多様性及び司法通訳への影響

日本では第二言語として英語での通訳が行われることが多いが、世界中に

拡大した英語はどのような特徴を持つのだろうか。それを考察するにあたって「世界諸英語（World Englishes）」という用語を普及させたカチュル（Kachru 1985, 1990）による英語使用圏に属するとされる国や地域の分類を紹介する。次に、多様な「リンガフランカとしての英語」は日本における司法通訳にどのような影響を及ぼすのかについて論じる。

3.1 「英語圏」とは何か

「英語圏」という表現は、日常的には、イギリス、米国、オーストラリアなどの国を指すが、広義ではシンガポールやフィリピン、インドやナイジェリアなどのようなアジアやアフリカの諸国、そして太平洋諸島なども含む。つまり、「英語圏」という表現は、数多くの国（または地域）やそれらの各国（各地域）における言語使用の現状を指す。

英語学及び英語教育学における非常に有力な研究として、カチュル（Kachru 1985）の業績が挙げられる。カチュルは、英語を「世界諸英語（World Englishes）」、という観点から考察し、この言語を使用する国や地域を次の3つのカテゴリー（「サークル」）に分類した。①英語が第一言語（あるいは「母語」）である「内部圏[10]（inner circle）」（米国や英国など）、②英語が移植された付加的な言語（transplanted additional language）である「外部圏（outer circle）」（インド、ナイジェリア、シンガポールなど）：英語はその国民にとって母語ではないが、行政や教育などの様々な場面で重要な役割を果たしている、そして③英語が外国語である「拡張圏（expanding circle）」（中国やロシアなど。日本も当然この「拡張圏」に属する）。「拡張圏」の国や地域において、「国際補助語（International Auxiliary Language）」（小池編 2003）の役割を果たすこともある。

内部圏と外部圏の両サークルに属する国や地域は、同様に大英帝国によって植民地化されたにもかかわらず、英語の位置付けが異なり、つまり英語が第一言語となっている国や地域とそうでないところがある。これは、サラチェーニ（Saraceni 2015）によれば、15世紀及び16世紀において、英国を含むヨーロッパの国々による植民地化の方法は2通りあったことによる。現在

内部圏に属する地域では、「定着型植民地化（settler colonization）」が行われたのに対して、外部圏となった地域は「搾取型植民地化（exploitation colonization）」の対象となった。つまり、前者の方では英国が自己の国民のため新しく移住できる土地を求め、一方、後者の方においてはそれらの地域にあった豊富な資源を狙ったのである。

　その結果、内部圏では（多くの場合、先住民の虐殺などを伴って）、英語を第一言語とする移民の子孫がその人口の大半を占めるようになった一方、外部圏ではイギリス人によって制御される先住民が人口の大数のままであり続けた。したがって、双方のサークルにおいて英語使用の事情も異なるようになったのである。

　その帰結として、カチュルが「外部圏」と称する各地域では、（多くの場合）公用語である英語は司法の場においても使われるが、その市民の第一言語ではないという状態になっている（Gibbons 2003：72）。例えば香港では、ほとんどの市民にとっての第一言語は広東語であるにもかかわらず、法廷においては英語が使われており、そして英語を解しない広東語話者の証人や被告人には英語と広東語間を話す通訳人が付く（Ng 2013：14）。

　一方、「内部圏」に属する国々では、英語が多くの市民の第一言語ではあるが、それらの国においても、英語の使用状況は非常に複雑である。例えばオーストラリアでは、英語を解しない、あるいは第二言語として使う先住民（アボリジニ）もいれば、第一言語話者のアボリジニもいる（Eades 2013）。さらに、後者の場合においても、ヨーロッパ系オーストラリア人（植民地時代に移民した英国人の子孫等）とアボリジニでは英語の用法が異なることが、状況をより複雑化させる。イーズ（Eades 2013）は、その複雑さが司法の場においてもミスコミュニケーションの要因になることもあると主張する。

　また、同じ背景を持った人々が異なる英語の変種を話す場合もある。ここでいう「変種（variety）」とは、「標準語、ピジン（pidgin）[11]、クレオール（creole）[12]を含み、相互理解が完全でない場合もあるが、どこかでつながっている連続体であり」（小池編 2003：11）、「方言」より広い概念だと言える。例えば、「英語を母語とする地域でも、イギリス種に加え、アメリカ種、オー

第 6 章　要通訳の刑事手続における〈リンガフランカ〉としての英語

ストラリア種、ニュージーランド種、カナダ種、南アフリカ種、カリブ海種などがあり、イギリス国内でも、スコットランド種、ウエールズ種などが共存している」(同上)。また、外部圏の国や地域の英語にも「インド英語」や「ナイジェリア英語」などのようなさまざまな変種があり、それらの変種をさらにいくつかの「亜変種(subvariety)」に分類することもできる。これを考慮してまとめると、「世界諸英語」の中には、「米国諸英語」や「インド諸英語」などもあると言えるのではないだろうか。また、話者の英語運用能力によって、相互理解が「完全でない」(小池編 2003：11)ばかりか、困難な場合もありうる。もちろん、多くの言語には、相互理解が困難な変種(あるいは方言)があるのだが、英語の拡大の視座から考えてみれば、英語の場合、その現象はより大規模かつ深いといっても良いだろう。

　さらに、不十分な英語運用能力の問題もある。ピジンやクレオールに近い言葉を使用する被疑者や被告人との間では、英語でのコミュニケーションは(場合によって非常に)困難なことがある。彼(女)らは、イーズの言葉を借りれば「ある種の英語」(Eades 2013：1)を話すとは言え、あまりに異なるが故に、通訳人は必ずしもその英語の変種に慣れておらず、完全に理解できるとは限らない。

　もちろん、英語の変種やその能力は通訳対象者だけに限るものではない。日本では英語の通訳人を務める者の中には、英語を第一言語とする人もいる。しかし、筆者の経験からすれば、それらの数は、日本語母語話者と比べて非常に少ないと推定できる。つまり、通訳人によって「日本英語」は使われることもありうる。また、筆者自身も日本語の母語話者ではないが、英語を第二言語として学習してきており、つまり第二言語と第三言語の間で通訳を行っているのである。そういった意味で、被疑者や被告人と通訳人の非母語話者同士で使われる英語が、定義通りの「リンガフランカ」となる。すなわち、日本や筆者の母国であるポーランドなどのような外部圏出身の通訳人にとっても英語が「外国語」であり、通訳人によって、さまざまな特徴や癖を持つことも考えられる。

　もちろん、それらの特徴や癖がどのくらいコミュニケーションに影響を与

えるかは、通訳人や通訳の対象者によって大きく異なる。英語が堪能な、かつ通訳能力の高い通訳人の場合、（通訳人が話す英語変種が原因である）コミュニケーションへの支障は限られるだろう。通訳人をプロとして考えるのなら、被疑者や被告人の英語運用能力の方がコミュニケーションにとって決定的だと言える。通訳人の英語運用能力と通訳能力がいくら優れたものだとしても、通訳対象者にも十分な英語運用能力がなければ、通訳人、そしてひいては捜査機関や法曹三者とのコミュニケーションは円滑にならない恐れがあることを強調したい。

3.2 不十分な英語での意思疎通による弊害

　日本の刑事手続において、リンガフランカとしての英語は多くの場合、コミュニケーションにおいて「唯一の選択肢」であると指摘できるのは既述の通りだ。ところが、あらゆるコミュニケーション上の問題や困難が予想されるにもかかわらず、リンガフランカとしての英語の使用を伴う諸問題に関する議論があまりなされていない。

　被疑者や被告人が話す英語（とその能力や変種など）によって、通訳人とのコミュニケーション上、さまざまな問題や困難が生じうる。それらの問題や困難は、発音（「訛り」）、語彙の選択、文法の用法、または英語の理解度などのレベルにおいて見られるものがある。つまり、それらの被疑者や被告人が話す英語は、ネイティブ英語とは異なる特徴を持ち、通訳人がそれらの相違を意識しなければ、解釈の誤解、そして結果的に誤訳につながりかねない。一方、このような英語の多様性及び能力をめぐる問題について、捜査機関や法曹三者の理解が不十分な場合もある。

　カチュルは、混乱の原因となりうる現象の例として、「イエス」と「ノー」の使い方を挙げている（1990：51）。すなわち、例えば「You didn't know? Didn't you know?（あなたは知りませんでしたか？）」という否定形の問いに対して、ネイティブ英語では「知らなかった」の意図を表す回答として「ノー」が普通である。一方、インドなどを含む南アジア（Kachru 1990）やアフリカ

第6章　要通訳の刑事手続における〈リンガフランカ〉としての英語

（Bokamba 1992）の多くの英語変種では、「イエス」となるのが自然である。つまり、それらの変種では、ネイティブ英語と異なり、どちらかと言えば日本語と類似した「はい」と「いいえ」の使い方をしていることになる。

　このような混乱は、日本における司法通訳の現場でも直面することがある。例えば、筆者が英語通訳人を務めたある裁判員裁判では、ウガンダ出身の被告人らが話す英語にも、「イエス」と「ノー」の使い方に関して、同様のパターンが見られた。もちろん、被告人はフルセンテンスで答えるのならば（つまり「はい、私は知りませんでした」あるいは「いいえ、私は知っていました」）、通訳人による解釈には問題がないだろう。ところが、被告人の回答は単なる「イエス」か「ノー」の場合、通訳人の解釈によって誤訳につながる恐れを否定できないだろう。一方、通訳人は法の場で英語を使う全ての対象者（被疑者や被告人）の文化的、言語的背景、そしてそれらの英語の用法への影響を把握することには、無理がある。したがって、対象者の発言を解釈する際、通訳人にできることは、自分と対象者の間で英語の使い方が異なる可能性を常時に心がけながら注意を払うことだろう。

　被疑者や被告人の英語運用能力が不十分であるケースもしばしばある。例えば、筆者が法廷通訳を務めたある刑事裁判で、英語を第一言語としないナイジェリア出身の被告人は「出入国管理及び難民認定法違反」の罪名で裁判にかけられると同時に、難民申請をしていた。この被告人が審理を受けていた法令名の英訳として、「Immigration Control and Refugee Recognition Act」が定着している（最高裁判所事務総局刑事局　2011：169）。そこで、罪名を通訳人である筆者が上記の通りに英語に訳した際、「refugee（難民）」という単語を聞いた瞬間、被告人が難民として認定されることになると勘違いした様子がうかがえた。それに気づいた裁判官は、刑事手続である刑事裁判と行政手続である難民認定の違いを説明しようとしたが、被告人は最後まで行われている手続の目的や含蓄を理解しないまま、裁判が続けられた。この被告人は、前項で既述した「ピジンに近い英語」という使い方のケースであった。つまり、この被告人の英語運用能力が、英語通訳を介する刑事手続を受けるには不十分だったことは明らかだ。

この裁判では、裁判官が被告人の英語運用能力が低いことを意識しており、通訳人を務める筆者に対して、できる限り砕けた英語でゆっくりと通訳するよう、指示をした。ただし、法曹三者はいつもこのように、通訳言語による問題に配慮しているわけではない。例えば、筆者が別の事件で検察官による取調で通訳人を務めたことがある。取調が開始する前、検察官がインド出身の被疑者に対して「通訳人の英語は分かりますか」と質問した際、被疑者が日本語で「だいたい」と答えた。それにもかかわらず、供述調書では、「通訳人の英語はよくわかります」となってしまった。筆者の経験によれば、このようなケースは極端で、数少ないが、英語をリンガフランカとして使用することは、本当に正当な刑事手続につながるのかについて疑念を持たせるだろう。

3.3　小括

　本節では、英語の多様性及びその日本における司法通訳への影響について考察してきた。これまで述べてきたように、英語の使用は非常に多様、そして複雑であるが、この現状は（日本の司法という領域においては）あまり意識されていないようである。また、リンガフランカとしての英語には、さまざまな問題や課題が潜んでいる一方で、多くの場合、それが被疑者や被告人と司法機関の間の唯一のコミュニケーション手段となっている。したがって、日本の刑事手続において英語を通訳言語として使用するにあたって、その通訳対象者が英語の非母語話者の場合、その英語運用能力を十分に配慮する必要があるのではないだろうか。

4　おわりに

　これまで論じてきたことから明らかなように、取調や公判のような刑事手続の際に、英語の第一言語話者でない通訳対象者（被疑者や被告人）に英語を

第 6 章　要通訳の刑事手続における〈リンガフランカ〉としての英語

話す通訳人が付いた場合、英語の理解が不十分であれば、その対象者は弱者になりかねない。手続で使用される日本語は、日本語母語話者にとってすら理解が難しい。しかし、（主に外国人である）非日本語話者は、日本で刑事手続の対象者になった際、「二重ハンディキャップ」を負うと言えよう。第一に、ギボンズ（Gibbons 2003）が述べるように、法の手続の言語（ここでは日本語）を解しない者は、法の場で弱い立場にある。そして第二に、それらの対象者らが第一言語でない（英語）通訳サービスを受ける場合、その手続や意味の理解に困難をきたすことは十分、予想可能だ。

　こうしたことを考慮すると、それらの被疑者や被告人に対して通訳言語として使用される英語は、「諸刃の剣」になりうる。すなわち英語は、日本語を解しない「ハンディキャップ」によるギャップを埋めようとする一方、通訳言語の理解も不十分な場合、「対策」ではなく、「問題の一部」になる可能性も否定できないのである。

　一方、第 2 節で述べたように、それらの被疑者や被告人が少数言語話者の場合、その第一言語を話す通訳人が不足している（あるいは見つからない）ケースでは、司法機関に対して少数言語の司法通訳人を用意するのは、不条理な要求であり、英語などのような「リンガフランカ」に頼らざるを得なくなるのも現状だと言えよう。言い換えれば、こういった状況においては「次善の選択」となる英語を話す通訳人を付けなければ、刑事手続が行われなくなり、罪を犯したとされる人間は適切な処罰を科されない。とは言え、通訳言語としての英語やその他のリンガフランカによる諸問題が解決されない現状が続けば続くほど、被疑者や被告人の人権などに対する懸念も引き起こされかねない。

　本章で取り上げた日本の要通訳事件における英語のようなリンガフランカの使用を巡る問題は複雑で、簡単には解決されないだろう。また、その考えられる原因も複数あり、絡み合っていることも指摘できる。第 2 節で仮説として述べた少数言語の問題及び言語イデオロギーによって、英語というリンガフランカは通訳言語として重要な役割を果たしており、また、覚せい剤取締法違反が多発することからも、要通訳裁判員裁判において英語は第 1 位の

立場にある。

　そういった「リンガフランカ」、そして「国際語」である英語だが、第3節で紹介したイーズ（Eades 2013）の研究などから明らかになったように、いわゆる「英語圏」で生まれ育ったからといって、英語運用能力、そして刑事手続におけるディスコースの理解力などは保障されない。また、英語自体が非常に多様な、統一されていない言語であるとも言える。さらに、「英語圏」の「外部圏」に属している（ナイジェリアやウガンダなどの）アフリカや（マレーシアやインドなどの）アジアの諸国における英語運用能力や使用はより複雑で、一般化できない状況にあると言えるだろう。それらの各地域の出身者である被疑者や被告人に英語を話す通訳人が付く場合、彼（女）らの英語（及び行われている手続に対する）理解度を把握した上で、その理解をどのように確保するかが、非常に重要な今後の課題である。

　このような英語の使用は、現在、一般的にあまり問題視されておらず、その議論すらなされていない。刑事手続において「二重ハンディキャップ」を負うこうした対象者たちがより適切、そしてより公平な取調や裁判を受けられるために、リンガフランカとしての英語の使用方法を改善する必要があるであろう。

　まずは、第一歩として、日本の刑事手続において英語はリンガフランカそして「次善の選択」として意識され、そして理解されなければならない。つまり、法の場において英語を使う人間同士（被疑者や被告人、そして通訳人）はさまざまな文化的、言語的なバックグラウンドを持っており、「ある種の」英語を操れるからと言って、必ずしも英語の「ネイティブスピーカー」ではないこと（もちろん、英語を第一言語とする刑事手続の対象者及び通訳人もいる）、そしてリンガフランカとしての英語の存在を、刑事手続の参加者（司法機関及び通訳人）が認識する必要がある。それによって初めて、コミュニケーション上で生じうるさまざまな問題を軽減する措置をとることができるのではないだろうか。

　さらに、本章では詳しく触れなかったが、通訳人の役割や位置付け、通訳人には訳出作業においてどのぐらいの「自由度」があるのか、などのような

第6章　要通訳の刑事手続における〈リンガフランカ〉としての英語

課題も軽視できない。つまり、被疑者や被告人の英語運用能力が低い場合、通訳人は被疑者や被告人の能力に通訳を合わせても良いか否かという問題である。

　上記のようなあらゆる問題や課題は、通訳人や研究者などが単独で解決できるものではなく、法曹界ほか司法関係者、通訳人などの間で、そして専門分野を超えた、学際的及び実務的な協力及び努力が必要不可欠であると言っても過言ではない。研究者や通訳人にできること、そして取り組むべき課題は、司法通訳翻訳におけるさまざまな問題を発掘し、それらを刑事司法に携わるすべての人々に意識してもらうことであろう。そういった意味では、研究は有意義、そして不可欠ばかりか、その役割はどれだけ強調しても過ぎることはない。上記で訴える多面的な協力が実現すれば、現状は改善すると期待できるのではないだろうか。

◆注
1)　本章における和訳は全て筆者によるものである。
2)　ザイドルホファー（Seidlohofer 2011）のこの書籍はキンドル（Kindle）版を使用したため、ページ番号は記載されていない。したがって、引用した場合は、「ch」はチャプター（章）の番号、そして「s」はセクション（節）の番号と意味する。
3)　英語を担当する複数の通訳人への聞き取り調査から。
4)　上記で引用する最高裁判所の統計では、「件数」ではなく「判決人員」となっているが、本章においては「件数」という単純化した言い方を了承されたい。
5)　パーセンテージは最高裁判所のデータをもとに、筆者が計算したものである。
6)　同上
7)　コンリー及びオーバー（Conley and O'Barr 1998/2005）では、「ideology」と「notion」の二表現は互換的に使われている。
8)　「中国語」の使用による司法通訳における問題の詳細に関しては、第Ⅲ部の第5章を参照されたい。
9)　フィリピン（タガログ）語を担当する複数の通訳人への聞取り調査から。
10)　サークルの日本語名称は『応用言語学事典』（小池生夫編 2003：362）より。
11)　「特に英語、オランダ語、あるいはポルトガル語の文法を簡略化した、現地語の要素を取り込んだ言語形態のこと。共通語を有しない話し手同士間のコミュニケーション上で使われる。」（Oxford University Press 2014）
（例）異なる言語を話す人たちが、コミュニケーションの手段として作り出した、ある程度の慣習的体系を持つ共通混成語のこと。

12)「ヨーロッパの言語（特に英語、フランス語、スペイン語、あるいはポルトガル語）と現地語（...）が接した結果として形成された母国語のこと。」（同上）（例）ピジンの母語化したもの。

◆**参考文献**
小池生夫編（2003）『応用言語学事典』研究社．
巽光子（2008）「守秘義務、中立性、公平さ──検察庁における業務」、津田守編『法務通訳翻訳という仕事』大阪大学出版会, 117-122．
津田守編（2013）『15言語の裁判員裁判用語と解説』現代人文社．
最高裁判所事務総局刑事局（2011）『法廷通訳ハンドブック　実践編　[英語版]（改訂版）』法曹会．
毛利雅子（2013）「クライアントとの関係から見る法廷通訳人──通訳人の法廷内位置に関する一考察──」、『関西外国語大学　研究論集』第97号, 225-236．
吉田理加（2007）「法廷相互行為を通訳する〜法廷通訳人の役割再考」、『通訳研究』第7号, 19-38．
吉田理加（2008）「法廷通訳人のフッティング〜模擬裁判データ談話分析」、『通訳翻訳研究』第8号, 113-131．
Berk-Seligson, S.（1990/2000）*The Bilingual Courtroom*, Chicago: The University of Chicago Press.
Bokamba, E.G.（1992）"The Africanization of English" in B.B. Kachru, *The Other Tongue. English Across Cultures (Second Edition)*, Urbana and Chicago: University of Illinois Press, 125-147.
Conley J. and O'Barr M.（1998/2005）*Just Words: Language, Law and Power*, Chicago: The University of Chicago Press.
Cooke, M.（1995）"Interpreting in a Cross-Cultural Cross-Examination," *International Journal of the Sociology of Language*, 113 (1), 99-112.
Cooke, M.（2009）"Anglo/Aboriginal Communication in the Criminal Justice System: A Collective Responsibility," *Journal of Justice Administration*, 19 (1), 26-35.
Eades, D.（2013）*Aboriginal Ways of Using English*, Canberra: Aboriginal Studies Press.
Gibbons, J.（1990）"Applied Linguistic in Court," *Applied Linguistics*, 11 (3), 229-37.
Gibbons, J.（2003）*Forensic Linguistics. An Introduction to Language in Justice System* (Oxford: Blackwell Publishing).
Goutfer, B.（2014）"Problems Associated with English as a Lingua Franca in Proceedings in Some EU Countries," *Obras Colectivas Humanidades* (39) – *(Re)Visiting Ethics and Idealogy in Situations of Conflict*, 288-292.
Hall, P.（2004）"Prone to Distortion? Undue Reliance on Unreliable Records in the NSW Police Service's Formal Interview Model" in J. Gibbons et al., *Language in the Law*, New Delhi: Orient Longman Private Ltd., 44-81.

Haviland, J. (2003) "Ideologies of Language: Some Reflections on Language and U.S. Law," *American Anthropologist*, 105 (4), 764-774.

Kachru, B. B. (1985) "Standards, codification, and sociolinguistic realism: The English language in the outer circle," in: R. Quirk and H. Widdowson, *English in the World: Teaching and Learning the language and the literature*, Cambridge: Cambridge University Press.

Kachru, B.B. (1990) *The Alchemy of English. The Spread, Functions and Models of Non-native Englishes*, Urbana and Chicago: University of Illinois Press.

Liberman, K. (1981) "Understanding Aborigines in Australian Courts of Law," *Human Organization*, 40 (3), 247-255.

Marszalenko, J.E. (2014a) "English as the Language of Interpreting in Criminal Proceedings in Japan," *Obras Colectivas Humanidades* (39) – *(Re)Visiting Ethics and Ideology in Situations of Conflict*, 313-323.

Marszalenko, J. E. (2014b) "Three Stages of Interpreting in Japan's Criminal Process," *Language and Law / Liguagem e Direito*, 1 (1), 174-187.

Ng, E. (2013) *The Atypical Bilingual Courtroom: an Exploratory Study of the Interactional Dynamics in Interpreter-Mediated Trials in Hong Kong*, PhD Dissertation, Aston University.

Pennycook, A. (2009) *Global Englishes and Transcultural Flows*, Taylor & Francis e-Library (Kindle edition for iPad).

Pöchhacker, F. (2004) *Introducing Interpreting Studies*, London: Routledge.

Saraceni, M. (2015) *World Englishes: A Critical Analysis*, Bloomsbury Academic (Kindle edition for iPad).

Seidlhofer, B. (2011) *Understanding English as a Lingua Franca*, Oxford: Oxford University Press (Kindle edition for iPad).

◆ウェブ資料

警察庁 (2012)「DRUG 2012 薬物乱用のない社会を」, http://www.npa.go.jp/sosikihanzai/yakubutujyuki/yakubutu/yakutai16/drug2012.pdf（2014年11月21日アクセス）.

警察庁 (2014)「平成25年の薬物・銃器情勢　確定値」http://www.npa.go.jp/sosikihanzai/yakubutujyuki/yakujyuu/yakujyuu1/h25_yakujyuu_jousei.pdf（2014年10月13日アクセス）.

国際連合総会 (1996)「人権・人道」, http://www.mofa.go.jp/mofaj/gaiko/kiyaku/2c_004.html（2014年12月15日アクセス）.

最高裁判所事務総局（2010-2015）『平成［21〜26］年における裁判員裁判の実施状況等に関する資料（各年版）』.

最高裁判所事務総局刑事局（2011-2015）『ごぞんじですか　法廷通訳（各年版）』最

高裁判所.

AILA (2014) "*AILA 2014 World Congress* [Congress Program]," http://www.aila2014.com/download/AILA_Program_Book_WEB.pdf (Accessed on August 29th, 2014).

Oxford University Press (2014) "Oxford Dictionaries," http://www.oxforddictionaries.com/ (Accessed on August 29th, 2014).

第 7 章
法廷通訳における訳出の難しさ
―否定表現の通訳例からの考察

水野かほる

1 はじめに

　2012（平成24）年末から2013（平成25）年にかけて法廷通訳人に対して行ったアンケート調査（本書第Ⅰ部第3章で紹介されている「法廷通訳の仕事に関する調査」）において、法廷通訳人に対して、法曹三者の発言を訳しにくいと感じたことがあるか、また、訳しにくいと感じたことがある人は、どのような発話がわかりにくく訳しにくいと感じ、反対にどのような発話がわかりやすく訳しやすいと感じるかについて尋ねた。その結果、87％の通訳人が法曹三者の発言に訳しにくいと感じたことがあると答えている。

　外国人を被疑者・被告人とする刑事手続が適正かつ公正に行われ、正確で円滑な通訳の進行を可能にするためには、考えられる阻害要因を排除し、誤訳や訳し漏れはもちろん、ちょっとしたミス等が生じうる危険性を削減させるような環境を整えることが重要である。これまで、通訳を必要とするあらゆる刑事・民事・家事手続で、言葉のやり取りに齟齬がなく裁判の進行がスムーズに行くか否か、また適正で公正な通訳が保証されるかどうかは、通訳人の言語能力、通訳技能、努力等に委ねられてきた。しかしながら、要通訳事件の裁判が滞りなく遂行されるためには、通訳人が通訳に必要な技能や知識を保持していることは当然であるが、通訳人個人とは関わらない言葉その

ものの要因によって訳出の困難さが変わる可能性の存在も考慮する必要があろう。もし、通訳を利用する側である法曹三者の通訳を介したコミュニケーションへの認識や使用する言葉が通訳の際に通訳人に大きな負担を感じさせたり不要な誤認を与えるようなものであるならば、そしてそれが誤訳や通訳の質の低下を招く要因になったりひいては裁判の方向を左右することになるならば、重大な過失であると言わざるを得ない。

　法廷通訳では、正確かつ法的等価を要求する完全な通訳を行わなければならないとされる。一般の通訳とは異なり、述べられたことについて、修正、割愛、付加をしてはならず、かつ説明を加えてはならない。そして、わかりにくい発言はわかりにくく、曖昧な表現は曖昧に、支離滅裂な言葉は支離滅裂に、言葉を付け足すことなく、解説をせずに淡々と通訳をするのが法廷通訳の大原則とされる（渡辺・長尾・水野真木子 2004）。この背景には、通訳人を「導管」、「透明な翻訳機械」と捉える通訳観が存在していると考えられる。この導管論は、発話がすべて通訳人という「導管」を通って透明に訳出されるとみなすものである。しかしながら、そもそも通訳人が透明な翻訳機械になりきれるものだろうか。

　本章では、法廷通訳に関わる人々、特に法廷通訳人を利用する側である法律家に法廷通訳についての理解を深めてもらい、それによってより適正・公正な裁判を実現するための知見を提供することを目的とする。そのため、『法廷通訳の仕事に関する調査』の回答の中で、法廷通訳人が訳しにくい日本語としてあげた項目から「否定疑問文」、「否定の繰り返し」を取り上げ、実際に通訳をしてもらう調査から得た情報をもとに、通訳を困難にする要因にはどのような言語上の特徴があるのか、またそれを踏まえた上で、適正通訳を可能にするために、法曹三者や通訳人はどのような点に留意するべきであるのかを考えていきたい。そして、通訳人は本当に「導管」、「透明な翻訳機械」であるのかについても同時に考察していく。

　次節以降では、ここで取り上げる言語表現について、関連する先行研究を紹介した後、通訳調査の概要、そして調査結果の分析から得られた適正な通訳実現に向けての知見について述べる。

第 7 章　法廷通訳における訳出の難しさ

2 先行研究と本研究の位置付け

2.1　否定疑問文

　法廷通訳の現場でしばしば用いられる日本語の否定疑問文は、通訳人を悩ませる言語表現の一つであると考えられる。「あなたの説明を警察官が調書にまとめたのではないですか？」、「以前あなた、3年前には一緒に暮らしてはいなかったと言ってはいませんでしたよね。」（『法廷通訳の仕事に関する調査』の自由回答から）等の否定疑問文は、反対尋問などで、弁護人や検察官から、戦略として自分の期待した答えを得て裁判を有利に進行する目的で繰り出されることが多いと考えられるが、訳出前の原表現の発話を聞いて直ちに正確に理解すること自体が決して容易ではないと言えるであろう。

　日本語にはさまざまな形式の否定疑問文が存在し、また英語と日本語の否定疑問文に対する応答詞の使い方が同じではないということから、これまで多くの研究がなされてきた。否定疑問文とは、主たる述語が否定辞「ない」を伴う疑問文である（田野村 1988）。否定疑問文には、「田中さんから連絡はありませんでしたか？」のような質問文以外に、「早く夏休みにならないかなあ。」といった独り言や、「コショウを取ってくれませんか？」や「映画に行かない？」のような依頼や誘い等の行為を要求するものなどが存在する。また、次の例のように、同じ言語形式でありながら使用される場面によって発話の意味が異なるものも見られる。

(1) 　A：この写真の人は違うような……。
　　　B：え、この人、田中さんじゃありませんか？
　　　A：はい。田中さんじゃないと思いますよ。
(2) 　A：失礼ですが、田中さんじゃありませんか？
　　　B：いいえ、違いますが。
(3) 　A：よお、田中じゃないか。

169

Ｂ：おお、鈴木、久しぶり。　　　　　　　　　　　（家村 1997：85）

　(1) は、「写真の人は田中さんではない」という否定命題の真偽を問う否定疑問文、(2) は、「(あなたは) 田中さんだ」という肯定命題を話し手の不確かな情報として聞き手に確認するものであり、(3) は談話のマーカー[1]として機能する否定疑問文である。このような違いの存在は否定疑問文の難しさを表していると思われるが、否定疑問文にはさらに以下のような特徴がある。

　(4) この山、昆虫がいっぱい、いそうだとは思いません？（いそうだと思
　　　うでしょう）　　　　　　　　　　　　　　　　　　（仁田 1987：189）

　この発話では、話し手は聞き手に対して、自分の予測に応じた答えが得られる期待を含んだ問いかけを行っている。こうした問いかけは、話し手が肯定、否定のどちらかの答えを予測している形をとる。このような見込みのことを「傾き」(bias)[2]と呼び、通常、否定疑問文には肯定命題への傾きが存在していると言われる（安達 1999）。先に述べたように、法廷においては、特に反対尋問によってさまざまな駆け引きを駆使した言葉の戦いが行われるが、そこで発言される否定疑問文には、発言者のねらいを含んだ傾きを持つ場合が多いのではないだろうか。
　ところで、これまでの先行研究では、否定疑問文には３類型あると指摘されている。田野村 (1988) では、否定疑問文の３類型について以下のように説明している（田野村 1988：122）。この分類では、第一・二類では肯定の意味に傾き、第三類では、「ではない」の形をしているが、終助詞「か」の接続対象が「〜ではない」の形の表現であるに過ぎない。

　第一類型：発見した事態を驚き等の感情を込めて表現したり、ある事柄を
　　　　　　認識するよう相手に求めたりするもの。「ない」を含むとは言
　　　　　　え、前に来る表現の内容が否定されているわけではない。

例：よう、山田じゃないか。
　　　　　自分から言い出したんじゃないか。
　第二類：推定を表現する。話者は前の内容を否定してはおらず、寧ろ、
　　　　　それを認める方に傾いている。
　　　例：（不審な様子から）どうもあの男犯人じゃないか。
　第三類：「ない」が否定辞本来の性格を発揮する。
　　　例：（１は素数でないことを教えられて）そうか、１は素数じゃないか。
　　　　　　　　　　　　　　　　　　　　　　　　　（田野村　1988：122）

次に、日本語の否定疑問文に対する応答の仕方について述べる。

(5)　A：昨日、学校に行きませんでしたか？
　　　B：はい、行きませんでした。
　　　　　いいえ、行きました。
(6)　A：昨日、学校に行ったんじゃありませんか？
　　　B：はい、行きました。
　　　　　いいえ、行きませんでした。

上記のように、日本語の否定疑問文には、「はい＋肯定文／いいえ＋否定文」と「はい＋否定文／いいえ＋肯定文」の二通りの応答が認められる。この内のどの応答の仕方を選択するかは、疑問文に対して同意するかどうかによるとされてきた。また、久野（1973）は、「重要なのは、質問が構文上否定形になっているか否かではなくて、質問者が肯定形の答えを予期しているか否かである」とした（久野　1973：180）。

	肯定の答え	否定の答え
中立の否定疑問文	いいえ	はい
否定の答えを予期した否定疑問文	いいえ	はい
肯定の答えを予期した否定疑問文	はい	いいえ

（久野　1973：184）

これに対して、中右（1984）は、発話としての文は命題とモダリティから成るという認識論的な仮定に立ち、否定形が命題内容とモダリティのどちらにあるかによって、応答の仕方が違ってくると述べた。

(7)　A：郵便屋さん、まだ来てませんか。
　　　B：ええ、まだ来てませんよ。
　　　　　いいえ、もう来ましたよ。
(8)　A：郵便屋さん、もう来たんじゃありませんか。
　　　B：ええ、もう来ましたよ。
　　　　　いいえ、まだ来てませんよ。　　　　　　　（中右 1984：13-14）

(7)'〔郵便屋がまだ来ていない：命題内容〕〔か：モダリティ〕
(8)'〔郵便屋がもう来た：命題内容〕〔のではないか：モダリティ〕

　(7)(8) の命題内容成分とモダリティ成分とを表しているのが (7)' (8)' である。(7) A の否定命題からなる成分「まだ来てません」に対して是認する場合は、(7) B のように「ええ、まだ来てません。」となる。これに対し、(8) A の場合には、「のではないか（んじゃありませんか）」の部分がモダリティ表現となっていて、残る部分が命題内容成分をなしている。つまり、(7) と (8) では、命題内容とモダリティの区分が違い、否定の「ない」の在り方が異なっており、(7) の場合には「ない」は命題内容成分なのに対し、(8) の場合はモダリティ成分になっている。そのため、応答の仕方は、質疑の命題内容全体（「全体命題」）を基準として、それを是認するときは「はい」で応じ、否認するときには「いいえ」で応ずるのである（中右 1984）。このようなことから、否定疑問文の命題内容がどのようなものであるかは、否定疑問文についての通訳を考えるときのみでなく、否定疑問文に対する応答の仕方の解釈及び訳出の難しさにも係ると考えられるため、本書で考察すべき課題の一つであると思われる。

2.2 日本語の「二重否定」について

「〜ないこともない」、「〜ないわけにはいかない」、「〜ずにはいられない」などの二重否定表現も法廷通訳において非常に煩わしいとみなされる表現の一つであろう。二重否定表現に関する先行研究や文法書の多くは、形式より意味に重点をおいた記述や幾つかの目立つ形式の紹介に留まっているものが多いようである。本章は、二重否定表現の形式や意味等についての論考ではなく、あくまでも通訳の際の課題を明らかにしようとする目的のため、専門的な論考には触れず、本章における二重否定の定義を明らかにしておきたい。

二重否定は、一般的には文の中に否定の表現形式を二つ用いて肯定の意味を表すことであるが、形式的に二重否定表現を用いていても、単なる肯定の意味になるのではなく、強調、曖昧、婉曲などの副次的な意味を伴うことが多い。そこで、本章で扱う二重否定を、陶（1991）に倣い、以下のように定義しておく。

> 一つの述語表現において否定を表すものが重なり、後ろの否定が前の否定を制限し、文の意味も肯定であること。　　　　　　（陶 1991：82）

3 調査の概要

3.1 調査の目的

日本語の否定疑問文と応答、二重否定を含む文を日本語から他言語に通訳する時、正しい訳出を難しくするのは起点言語である日本語文のどのような点であるのか、通訳言語が異なるとそれは変わるのか、起点言語である日本語発話を目標言語の母語話者にとって不自然ではない言語表現にそのまま訳出することは可能なのか。以上の点について、日本語の発話を中国語と韓

国・朝鮮語に通訳する調査をもとに考察する。

3.2 調査の方法

被調査者に日本語の単独の発話文及び短い会話文を聞かせ、それを中国語[3]か韓国・朝鮮語に通訳してもらい、録音した。通訳を行うにあたっては、辞書を使用したりメモをとっても構わないこと、意訳ではなく原文をそのまま訳してもらいたいが、当該言語母語話者が聞いて不自然に感じない表現を使用すること、という指示を与えた。通訳終了後、各発話を訳す際に感じた困難度を5段階で記述してもらった。さらに、フォローアップインタビューを行い、なぜ訳しにくいと感じたかについて内省してもらった。

録音した通訳発話は文字化し録音データと共に各言語の専門家に渡し、その言語の通訳文として適切であるかどうかを3段階で評価してもらった（A：適切な訳である。B：不十分な点はあるが、意味は通じる。C：意味が正しく伝わらない、または中国語、韓国・朝鮮語として間違っている。）。

3.3 調査文

調査文は、肯定疑問文か否定疑問文である疑問文とそれに対する応答の26セット、及び二重否定を含む4発話文と二重否定を含まない2文である。否定疑問文の形式は小山（2002）を参考に設定した。また各発話文は先行研究からのものと自作文から成っている。以下に、その種類と例を挙げる。

＜調査文例＞
　1）肯定疑問文
　　　例　A：太郎から連絡はありましたか？
　　　　　B：いいえ、ありませんでした。
　2）否定疑問文：P（命題）ないか[4]
　　　例1　A：昨日、梅田に飲みに行きませんでしたか？

B：いいえ、梅田には行っていません。
例2　A：太郎はまだ来ていませんか？
B：いいえ、もう来ていますよ。
3）否定疑問文：Pないのか
例　A：あまり食べていないね。食欲がないの？
B：いいえ、そんなことはないです。
4）否定疑問文：Pではないか
例　A：君の結婚相手、なかなか素敵な人らしいじゃないか。
B：うん、まあね。
5）否定疑問文：Pのではないか
例　A：この間の会合で田中さんに会ったんじゃありませんか？
B：ええ、会いました。
6）否定疑問文：Pないのではないか
例　A：あなたはあの日、本当は広島に行かなかったんじゃありませんか？
B：いいえ、行きました。
7）傾きのない否定疑問文
例　A：どう？わからないこと、ない？
B：あ……ありません。
8）二重否定を含む文と含まない文
例1：富士山が世界遺産に指定されたことを喜ばない者はなかった。
例2：富士山が世界遺産に指定されたことを皆喜んだ。

3.4　調査対象、調査日

　被調査者は、中国語または韓国・朝鮮語の上級レベル能力を持った日本語母語話者各3名（JC，JK）、上級レベル日本語能力を持った中国語母語話者3名（CC）、上級レベル日本語能力を持った韓国・朝鮮語母語話者3名（KK）である。年齢は21歳から66歳までで、平均38.4歳の男性4名、女性8名

である。いずれも法廷通訳の経験はなく、留学生、会社員、語学講師、大学教員等職業はさまざまである。調査は2014（平成26）年7〜8月に実施した。

4 調査の結果と考察

　以下においては、否定疑問文、否定疑問文に対する応答、二重否定表現の順に調査の結果について述べ、通訳の際の困難点について考える。

　調査結果を分析するにあたっては、通訳文の適切さの判定結果を、A適切な訳：2点、B不十分な点はあるが意味は通じる：1点、C意味が正しく伝わらない、または中国語、韓国・朝鮮語として間違っている：0点、として得点化し、その結果を参考に日本語文を中国語や韓国・朝鮮語に訳出する際の課題を探っていく。また、被調査者が通訳調査の時に訳しやすかったと感じたか訳しにくかったと感じたかについて行った5段階の判定を、「最も訳しやすい（2点）」〜「最も訳しにくい（-2点）」として得点化し、文形式ごとの通訳のしやすさの感覚の尺度とした。

4.1　否定疑問文の通訳調査結果

　否定疑問文の通訳文に対する適切さの判定と被調査者の感じた通訳しやすさの判定結果を得点化したものを表にまとめたのが表1、表2である[5]。

　通訳調査の結果は、日本語否定疑問文を中国語及び韓国・朝鮮語に通訳するに当たって、以下のような推測を提示していると思われる。

① 　CC，JC，KK，JKのどの被調査者群においても、否定疑問文より肯定疑問文の方がより適切な通訳文が得られる。
② 　否定疑問文の中では、「2）Pないか」が、通訳の適切さ・通訳しやすさの自己判定のどちらの面においても比較的高得点である。
③ 　否定疑問文の中で、「4）Pではないか」「5）Pのではないか」は、

第7章 法廷通訳における訳出の難しさ

表1 否定疑問文における通訳の適切さの判定結果

	1) 肯定疑問文	2) Pないか	3) Pないのか	4) Pではないか	5) Pのではないか	6) Pないのではないか	7) 傾きのない否定疑問文
CC	5.7	3.7	3.0	4.0	2.3	4.7	4.2
JC	4.3	4.0	4.0	3.3	3.7	3.7	3.0
KK	5.3	5.3	4.7	4.3	3.7	4.3	5.6
JK	5.3	5.3	3.3	3.7	5.0	3.7	4.0

(小数点第2位以下を四捨五入)

表2 被調査者による通訳しやすさの自己判定結果

	1) 肯定疑問文	2) Pないか	3) Pないのか	4) Pではないか	5) Pのではないか	6) Pないのではないか	7) 傾きのない否定疑問文
CC	5.3	4.0	3.3	0.3	−0.7	1.7	3.6
JC	3.3	0.1	2.0	−1.3	0.3	−0.3	2.0
KK	6.0	4.0	1.7	−0.3	−1.7	2.0	3.4
JK	4.3	3.9	2.7	0.3	1.7	2.0	3.8

(小数点第2位以下を四捨五入)

通訳の適切さ・通訳しやすさの自己判定のどちらの面においても比較的低得点である。
④ 通訳の適切さの結果は、韓国・朝鮮語の方が高得点である。

①については、当然予測できた結果であり、改めて説明を加える必要はないであろうが、否定が含まれることによって訳出の困難度がある程度上がることが証明されたと言えるのではないかと思われる。
②に関しては、調査文ごとの訳出の困難さは文の長さや文中で使用される語彙等にもよると思われるため、「2) Pないか」の形式である否定疑問文の全ての訳出が容易であるとは言えないが、この形式は命題内容の肯否定を形式面で判断しやすいことが結果に反映されているのではないかと思われ

る。

　次に、③に関してであるが、この形式の否定疑問文の結果を考察するのにあたっては、日本語否定疑問文の習得に関する先行研究が参考になると思われる。家村（1997）は、日本語学習者の否定疑問文習得のプロセスとその要因、習得における問題点を明らかにするため、日本語中上級学習者である中国語母語話者を対象に、7カテゴリーの否定疑問文に選択肢の中から正しい答えを選択して否定疑問文を完成させるテストを行った。また、邢（2004）は、中国で日本語を学習する中上級日本語学習者を対象に否定疑問文の形式と機能の関係に着目してその習得状況を明らかにした。家村（1997）、邢（2004）の調査結果から、談話のマーカーを表す「じゃないか」に関して中上級を問わず習得が進まず、「じゃないか」と「んじゃないか」の混同が見られるという報告がされている。邢（2004）では、不確かな推測を表明する否定疑問文「V／A＋んじゃないか↑」を選択すべきテスト項目に対して、中国人学習者は「じゃないか」を選択する傾向があるという観察も報告されている。「ではないか」（じゃないか）、「のではないか」（んじゃないか）については、本調査のフォローアップインタビューにおいて、両者の違いや使い方がよくわからないという中国人被調査者の発言があった。「～じゃない」については、中国語では否定にできないことから訳出が難しいと言えるのではないだろうか。今回の調査では、「4）Pではないか」「5）Pのではないか」の否定疑問文の訳出について、中国人被調査者（CC）だけでなく、他の被調査者（JC，KK，JK）においても、通訳の適切さの判定と通訳の困難さの自己判定のどちらに関しても低い得点であった。

　④は、日本語否定疑問文を中国語に通訳する場合と韓国・朝鮮語に通訳する場合に、どちらの言語の方が比較的困難を伴わずに通訳を行うことが可能であるかの問題であり、日本語と各言語の否定疑問文のタイプによって通訳のしやすさが異なることが予想される。本調査において韓国・朝鮮語の通訳文の通訳の適切さの判定を行った専門家によると、本調査で使用した否定疑問文は全て韓国・朝鮮語の否定疑問文に訳出することが可能であり、また韓国・朝鮮語の場合、単純な否定疑問文であれば、その使用範囲等で日本語と

それほど違いはないということである。そして、今回被調査者が訳出に困難を感じていたのは、否定疑問文に可能や義務、伝聞などの要素が入った場合であったようだと話している。

一方、中国語の否定疑問文については、日本語中国語共に肯定疑問文も否定疑問文も存在するにもかかわらず、必ずしも一対一で対応せず、中国語の否定疑問文はほとんど日本語否定疑問文でカバーされると言われる（大西1993）。日本語では否定疑問文であっても、ある事態の真偽を問いかけるが聞き手への配慮を必要とする期待をしている質問文、また聞き手に何らかの行動を起こすことを要求する要求表現に聞き手への配慮が加わった場合、そして話し手の推測についてその真偽を問いかける場合には、中国語では否定疑問文が用いられることはないと言う（大西 1993）。本調査で使用した日本語の否定疑問文は中国語でも否定疑問文になることが多いと思われるが、否定疑問文が用いられないものもあった[6]。また、(11) の例のように、2つの否定辞を重ねた否定疑問文「〜なかったんじゃありませんか？」「〜ないんじゃない？」等は、中国語では一つの否定辞を用いた表現になる。

(9) 土屋さんは、東京はあまり好きじゃないですか？（日本語）
　　 土屋先生是不是不太喜欢东京？（中国語訳文）

(10) この問題を解くのに、どこか難しいところはありませんでしたか？
　　 （日本語）
　　 在解答这个问题的时候，有没有难的地方？（中国語訳文）

(11) もうすぐ2時だね。山田さんはもう来ないんじゃない？（日本語）
　　 马上就两点了呢，山田先生应该不会来了吧。（中国語訳文）

4.2　否定疑問文に対する応答

2.1で述べたように、日本語否定疑問文に対する応答の仕方は2種類存在

する。また、日本語と英語では、以下の例のように応答の方法が異なることがあることは周知の通りである。

(12) Can't Jane drive?　　　ジェーンは運転ができないのですか？
　　 ― <u>Yes</u>, she can.　　　　いいえ、できます。
　　 ―<u>No</u>, she can't.　　　　ええ、できません。

　それでは、否定疑問文に対する応答が中国語及び韓国・朝鮮語に訳されるとどうなるのであろうか。通訳調査結果をもとに、日本語から中国語、日本語から韓国・朝鮮語に訳出された否定疑問文と応答の発話例を見てみよう。

(13) ＜日本語＞　A：太郎はまだ来ていませんか？
　　　　　　　　B：<u>いいえ</u>、もう来ていますよ。

　　　＜中国語＞　A：太郎还没来吗？
　　　　　　　　B：<u>不</u>，他已经来了。
　　　　　　　　　（いいえ）

　　　＜韓国語＞　A：타로는 아직 오지 않았나요？
　　　　　　　　B：<u>아니요</u> 벌써 와있어요．
　　　　　　　　　（いいえ）

　上記の例のように、中国語も韓国・朝鮮語も日本語の「いいえ」に当たる否定応答詞を使用しており、応答の肯否定による違いはない。家村（1993）は、応答の仕方が基本的に日本語と同様に「疑問文に対する同意・不同意」によって決定する言語を「日本語型」とし、基本的に英語のように「答えの文の述語が肯定か否定か」によって決定する言語を「非日本語型」として母語応答体系別の調査を実施しているが、そこでは、中国語と韓国・朝鮮語は日本語型に分類されている。本調査において、応答の肯定否定が原因で不適

切な通訳と判定された例がなかったのは、この要因によるところが大きいのではないだろうか。

上述の通り、応答詞の肯否定の誤りによる誤用は見られなかったが、中国語も韓国・朝鮮語も日本語と同様に応答の仕方が2通り存在するため、否定疑問文に対する応答詞の肯否定が原文である日本語とは異なっていても適切な訳出であると判断されたものがわずかであるが見られた。以下の（14）（15）は、その例である。

(14-1)　A：さっき太郎に会わなかった？　　剛才你没见到太郎吗？
　　　　B：はい、会いました。　　　　　　见到了。

(14-2)　A：さっき太郎に会わなかった？　　剛才没和太郎见面吗？
　　　　B：はい、会いました。　　　　　　不，见了。
　　　　　　　　　　　　　　　　　　　　（いいえ）

(15-1)　A：この問題をとくのに、どこか難しいところはありませんでしたか？
　　　　　　이 문제를 푸는 것에 대해서 어딘가 어려운 것은 없었습니까？
　　　　B：いえ、ありませんでした。　　아니요，없었습니다．
　　　　　　　　　　　　　　　　　　　（いいえ）

(15-2)　A：この問題をとくのに、どこか難しいところはありませんでしたか？
　　　　　　이 문제를 풀때, 어디 어려운데가 없었습니까？
　　　　B：いえ、ありませんでした。　　네，없었습니다．
　　　　　　　　　　　　　　　　　　　（はい）

これらの否定疑問文は、状況によって、質問者の発話意図の解釈が変わり、その答え方も変わってくるため、応答詞は肯定でも否定でも不自然ではないと判断でき、被調査者の通訳文の中に上の例のように異なった応答詞が現れたと思われる。このことは、英語のように「中立命題」（肯定命題と形式的に

は同一）を応答の基準とする言語とは違い、「はい」「いいえ」の応答詞だけでは回答者の態度が明確に伝わらない恐れがあることを示していると言えよう。もっとも、実際の発話においては、必ずしも「はい」「いいえ」を用いて応答するとは限らない。

　さらに問題となるのは、否定疑問文において、質問者の肯定的期待と否定的期待が同じようになされるわけではないということである。否定命題を否定の形で問うことは、表現意図と表現方法が構文上一致しているのでそれほど問題はないと思われるが、そうではなく、肯定的状況であるのに否定疑問文を用いて質問する場合、表現意図とは異なる構造が設定されている。この場合、発話者は相手に対して発話者が認知している肯定的状況に応じるように期待しているという傾きを有する。本調査において、否定疑問文が肯定命題を持つか否定命題を持つかによって、応答の通訳の難しさが変わるかどうかについて調べてみた。その結果、肯定命題を持つ文の方が否定命題を持つ文の応答よりも訳出が困難であるかもしれないことがわかった[7]。家村(1993)では、中級の日本語学習者では、全体的に肯定命題の応答は否定命題のものよりも習得が困難であるとし、また、上級レベルの日本語学習者では、意味的あるいは音調や文脈等で肯定に傾く肯定命題の応答は習得が困難である結果になったと述べている。このような結果から、肯定命題・否定命題の否定疑問文の応答の通訳については、今後さらに検証を進める必要があると考える。

　応答表現の用い方には、日本語と中国語で次のような相違があるとされる(于 1987)。日本語の「いいえ」は単なる前文に対する否定の見解を表すものであるが、中国語には日本語の「いいえ」に相当するような応答詞はなく、否定辞を直接用いる。肯定の回答の場合も、「はい」に当たる独立した応答詞ではなく動詞質問文に対しては動詞文で、形容詞質問文に対しては形容詞文で応答する。また、否定を表す否定辞には「不」と「没有」の2種類があり、使い分けられている。過去の時点において事柄の完成した状態や経験などすべてを含めて一括して「没有」が用いられ、発話の設定した基準の時点より後の意志動作や超時的な事柄、動作の反復、習慣などは「不」が用いら

第7章　法廷通訳における訳出の難しさ

れる。ところが、調査で得られた日本語話者の中国語の応答の中に、中国語では言わなくても良いのに、日本語の応答詞「いいえ（いえ）」をそのまま訳出しようとしたのであろうか、(16) ＪＣと (17) の例のように誤った否定辞「没有」を使用してしまっている例が少なからず見られた。

(16) ＜ＣＣ＞　A：太郎はまだ来ていませんか？　太郎还没来吗？
　　　　　　　B：いいえ、もう来ています。　　不，他已经来了。

　　　＜ＪＣ＞　A：太郎はまだ来ていませんか？　太郎还没来吗？
　　　　　　　B：いいえ、もう来ています。　　没有，他已经来了。

(17) ＜ＪＣ＞　A：你不认识他吗？　　　彼を知らないのですか？
　　　　　　　B：没有，我认识他。　　いいえ、知っています。

4.3　二重否定の文

　日本語の二重否定表現の形式は多様であるが、調査では、同様の意味と形式を持つ二重否定を含む文と含まない文2セット、及び二重否定の形式だけが異なる2文、比較のための肯定文2文を調査文とした。使用した形式は、「〜ないことはない」「〜ない○○はない」「〜なければならない」「〜ないわけにはいかない」であり、実際の調査文は以下の通りである。

(18) A：東名高速道路は地震のため交通規制がされていますが、通ることができます。
　　 B：山田町の交差点は事故のため交通規制がされていますが、通れないことはありません。

(19) A：富士山が世界遺産に指定されたことを皆喜んだ。
　　 B：富士山が世界遺産に指定されたことを喜ばない者はなかった。

(20) A：今日は大切な会議があるので、頭が痛くても行かなければなりません。

B：今日は大切な会議があるので、頭が痛くても行かないわけにはいきません。

結果は、(18) ＡＢの中国語通訳文の通訳の適切さが同点である以外は、上記 (18)〜(20) の通訳の適切さの判定と訳しやすさの自己判定において、Ａの点数がＢを上まわっていた。つまり、(18)(19) の結果から、二重否定を含まない文の方が二重否定表現の文よりも、より適切な通訳が可能であり、また通訳者に通訳がしやすいと感じられていることがわかった。また、「〜なければならない」は点数が高かった。そして、適切な通訳ができているかどうかの判定よりも、被調査者の通訳がしやすいかどうかの感じ方の得点の方がＡとＢの得点差が大きくなっており、ここから二重否定が使用されていることが通訳人に実際以上に大きな心理的負担を与えていると言えるのではないかと思われる。

二重否定表現の４文を各言語に訳出する場合に否定辞がいくつ使用されたかを見てみると、中国語、韓国・朝鮮語共に (19) Ｂ「〜ないものはない」２回、(20) Ａ「〜なければならない」０回か２回であった。「〜なければならない」で否定辞を使わなかった被調査者は、中国語では「必須」「要」などの助動詞を使用し、韓国語では、「가야 합니다」(ねばならない：義務表現) を使用している。「〜なければならない」は一つの慣用のパターンと見られ、「なければ」と「ならない」の間に何も入れることができないと述べられている通り (陶 1991：81)、一つの決まった表現パターンとみなされていることが訳出のしやすさをもたらしていると思われる。「〜なければならない」の韓国・朝鮮語への通訳の場合、日本語母語話者は否定辞０回、韓国・朝鮮語母語話者は２回使用ときれいに分かれたことは興味深い。外国語として韓国・朝鮮語を学んだ人は教科書や授業で学習した表現を使い、韓国・朝鮮語母語話者は日本語を文字通りに訳すことに気を使ったと思われる。(18) Ｂ

「〜ないことはない」では否定辞の使用は0回と2回の両方があり、「二重否定＝肯定」と理解されていることがわかる。また、(20) B「行かないわけにはいきません。」は、否定の2回使用が半数を占め、最も適切な訳文になると思われるが、0回と1回の者も見られた。

以上の結果から、二重否定表現の形式が異なると、通訳の際の困難度も異なることが伺える。

4.4　通訳の困難さに関わるその他の要因

否定疑問文とその応答、そして二重否定表現を通訳する際の訳出の困難に関わる要因について考察してきたが、本節では、こうした文形式による通訳の困難さとは別の要因について見ていく。

日本語の発話を訳す際に、発話の中に自分の知らない単語が出てきたり、意味がわかっても対応する目標言語の適切な語彙や表現が見つからない場合には、当然通訳は困難になってくる。たとえその言葉が一見簡単で日常的に用いられる表現であったとしても、一対一で対応する語彙があるとは限らず微妙なニュアンスを伴う表現の訳出は困難を伴う。本調査では、「ばったり（会った）」「たしか」「なかなか」「怒りっぽい」といった言葉について、非調査者からどのように訳したら良いか迷ったという感想が寄せられた。これらの表現は、発話の意味の中核となる要素ではないが、動きや性質、状態の様子などを表す副詞や接尾辞であり、オノマトペやぼかし表現として使用されているものであるため、原文をそのまま訳そうとすると、より難しさを感じるのではないかと思われる。

次に、(21)(22)(23)のような不定を表示する語「何か」「誰か」「どこか」も通訳者に通訳の難しさを感じさせる要因となっている。

(21) 佐藤さん、あなたは<u>何か</u>隠しているんじゃないですか？
(22) 隣の部屋に<u>誰か</u>いますか？
(23) この問題をとくのに、<u>どこか</u>難しいところはありませんでしたか？

家村 (1993) は、これらの表現を「肯定対極表現」とし、肯定の片寄りを持つとする[8]。太田 (1980) は、「否定疑問文のもつ肯定の片寄りと、その文で用いられている肯定対極表現の表す肯定の片寄りとが一致する場合もあるが、一致しない場合もあり、後者の場合は、通例対極表現による片寄りの方が優先する」(太田 1980：624-625) とする。中国語では、肯定の事態に対する話し手の期待は構文上には反映されない (大西 1989) ため、肯定命題を持つこれらの発話は否定疑問文になりにくいと考えられ、通訳の際に難しさを感じさせることになるのではないかと思われる。韓国・朝鮮語の場合は、「誰か」と「誰が」の混乱が見られ、6人の被調査者中の3人で、(22) の訳文が「誰がいますか？」になっていた。韓国語の学習書では、「誰」「どこ」の疑問の形式と「誰か」「どこか」のような不定の形式とが、日本語や英語では明確に異なるが、韓国語では一般に同じ形式をとるため間違いやすいと指摘されている (油谷・金 2007：72)。ただし、韓国・朝鮮語母語話者の場合、韓国・朝鮮語では清音と濁音が別音素ではないので、聞き取りの問題なのか意味の区別がつかないのか不明である。

　韓国・朝鮮語通訳においては、発話の丁寧さを的確に判断し、適切な訳出を行うことも重要である。「〜じゃない？」と「〜じゃありませんか？」の違いや、質問者と回答者の間の力関係が感じられる会話の場合に待遇表現をどこまで厳密に要求するかの判断が難しい。

5　まとめと今後の課題

5.1　調査からの知見

　今回の調査から得られた結果を「否定疑問文」「応答」「二重否定表現」に分けて整理してみる。

（1）否定疑問文
　　・否定疑問文より肯定疑問文の方が適切な通訳を可能にすると思われる。
　　・否定疑問文の形式では、「Ｐないか」は比較的訳しやすく、「Ｐではないか」「Ｐのではないか」は比較的困難である。
　　・韓国・朝鮮語は日本語の否定疑問文の訳出が比較的しやすい。
　　・中国語では、日本語の否定疑問文で問いかけられるものが別の形式で行われることがある。
（2）否定疑問文に対する応答
　　・中国語と韓国・朝鮮語は、否定疑問文に対する応答の仕方が日本語型であるため、応答の肯定否定による通訳の難しさは余りないと思われる。
　　・したがって、応答表現には、「はい、肯定」「いいえ、否定」と「はい、否定」「いいえ、肯定」の2種類が存在するため、「はい／いいえ」の応答詞のみでの返答では話者の態度を明確にできない。
（3）二重否定表現
　　・二重否定の文はそうでない文に比べて適切な通訳を行うことが難しい。
　　・二重否定の形式が異なると訳出の困難度も変わると思われる。

以上のように、同じ否定疑問文、その応答、二重否定表現と言っても、その形式、通訳言語、通訳者が母語話者であるか否か、発話文に含まれる語彙や発話の状況等によって通訳の困難さや困難点は異なると思われる。また、訳出される目標言語の言語表現は、状況によって異なったものになる可能性があることもわかった。したがって、法廷通訳の現場においては、以上のような現象の存在を理解した上で臨むことが、通訳人の負担感を増加させることなく、より適正な通訳の実現に近づけるのではないかと思われる。

5.2 まとめと今後の課題

2009（平成21）年6月に裁判員制度が始まって以来、一般市民の裁判参加に対応して、裁判や法律に関する用語の見直しや裁判をわかりやすくする取り組みが進められてきた。しかし、裁判員裁判の導入は、公判前整理手続の通訳翻訳業務、連続開廷で集中審理、直接主義・口頭主義をとるなど法廷通訳人にとって精神的肉体的に大きな負担をもたらすものであった。それは、すべからく通訳の質の低下や誤訳を生み出す原因にもなり得るのである。

これまで、要通訳事件における法的な手続の適正で公正な通訳の遂行は、主に通訳人個人の資質や言葉の運用能力を高めるための通訳人の不断の努力と研鑽によってきたと言えるであろう。通訳人を導管とみなす言語観について、吉田（2009）は、「『導管』イデオロギーは、言語使用者の意識を言語形式に焦点化させる傾向があり、『言われたこと』を字義通り訳出することが、『そのまま』訳出することであるかのような錯覚をもたらし、同じ言語形式の発話でもコンテクストが異なれば、『なされたこと』の解釈が異なるという点を意識化しにくくする。」（同書：31, 32）と述べている。

本章で記述したことは、否定疑問文とその応答、二重否定表現についての通訳に関するほんのわずかな部分に過ぎない。だが、発言者の言ったことを一対一でそのまま置き換えて訳すということがいかに無謀な要求であるかは想像に難くない。通訳人を「導管」や「透明な翻訳機械」と捉える見方は、通訳という作業がいかに複雑で難解であり高度な技能と能力を必要とするものであるかの認識に乏しい実態を物語っていると言えるのではないだろうか。鳥飼（2005）は、適切な通訳によってコミュニケーションが成功するためには、基本的には、発言者側が「異言語に訳される」ことについての自覚と認識を有することが必須であると述べている。法廷における通訳は正確で原発言にできるだけ忠実であるべきであり、実態はどうであれ、導管理論以外の建前はあり得ないのかもしれないが、あまり固執しすぎると適切な通訳が得られない可能性があるだろう。2013（平成25）年7月に日本弁護士連合会から最高裁判所、法務省、及び検事総長あてに提出された「法廷通訳につ

いての立法提案に関する意見書」では、訴訟関係者と裁判所に対して「正確な通訳が行われるように、可能な限り簡潔な文章を用い、通訳及び翻訳が可能な表現を使用するよう努力する旨の規定を新設すべきである。」とされている。すなわち、法廷通訳人を使用する側が通訳に対する正しい認識を持ち、適正な通訳実現のために共に努力することが必要であり、言葉の面においては、起点言語である日本語発話を通訳人や裁判員が正しく理解し、またそれを目標言語に正確に通訳することができるために、法曹関係者は誤解の恐れがなくわかりやすい日本語を使用することが望ましいと考えられる。

今回の調査は被調査者の人数も少なく、対象とした言語も言語表現も限られたものであり、まだまだ不十分なものである。今後は、他言語、他の言語表現にも目を向けた調査や分析を行い、法廷通訳における言葉の問題に取り組んでいきたい。

最後に、本調査にご協力いただいた方々に厚くお礼を申し上げたい。

◆注
1) それ自体が情報内容を表すものではないが、話し手と聞き手の知識・情報・認知のあり方を明示的にマークし、両者の認識調整をはかり、談話構成やその理解の促進に積極的に貢献する機能を持った形式（蓮沼 1993：39）。
2) 太田（1980）では「片寄り」と呼ばれている。この現象は否定疑問文だけに見られるものではないが、肯定疑問文より否定疑問文に多く見られるものである。
3) 本章で「中国語」というのは、中華人民共和国において公用語とされる普通話を指す。
4) 「ないか」に対する「ありませんか」、及び「ないのか」に対する「ないんですか」、「ではないか」に対する「じゃないか」、「のではないか」に対する「んじゃないか」等は、全て文体的変異体とみなす。
5) 各数値は結果の平均値である。表1の得点は0〜6、数値が高い方が適切な訳であるという判断がされたことになる。表2の数値は－6〜＋6、＋の方が被調査者の訳しやすかったという感想を表している。
6) （9）は否定疑問文の例、（10）は否定疑問文ではない例である。
7) 応答表現の通訳の適切さの判定（3点満点）の平均は次のようであった。中国語の肯定命題のとき：1.44，否定命題のとき：2.07。韓国・朝鮮語の肯定命題のとき：1.81，否定命題のとき：2.71。

8）久野（1973）は、「誰か」、「何か」などの肯定不特定詞を含んでいる場合は、肯定の答えを予期した質問となることが多いと述べている。

◆参考文献
安達太郎（1999）『日本語疑問文における判断の諸相』くろしお出版.
油谷幸利・金恩愛（2007）『韓国語実力養成講座〈1〉間違いやすい韓国語表現100 初級編（韓国語実力養成講座1）』白亭社.
家村信子（1993）「日本語否定疑問文の応答に関する中間言語研究」、『日本語教育』81号、81-92.
家村信子（1997）「中国語母語話者の否定疑問文習得に関する基礎的研究」、『広島大学日本語教育学科紀要』第7号、81-88.
井上優（1992）「否定疑問文に対する『有標の応答』」、『日本語学』1992年4月号、125-131.
于日平（1987）「中日両語の否定応答表現について」、『月刊言語』1987年3月号、78-85.
太田朗（1980）『否定の意味』大修館書店.
大西智之（1987）「否定疑問文——中国人学習者の誤用例から——」、大阪外国語大学大学院修士会『外国語・外国文学研究』11、13-26.
大西智之（1989）「中国語と日本語の否定疑問文」、『中国語学』236、105-115.
大西智之（1993）「否定疑問文の日中対照」、『帝塚山大学教養学部紀要』34、10-21.
楠本徹也（1994）「否定疑問文とその応答に関する覚え書」、『東京外国語大学留学生日本語教育センター論集』20、1-14.
久野暲（1973）『日本文法研究』大修館書店.
小山次郎（2002）「否定疑問文と「はい」「いいえ」」、『奈良産業大学紀要』第18集、59-66.
高畑幸・水野かほる・津田守・坂巻静佳・森直香（2013）「法廷通訳の仕事に関する実態調査」、『国際関係・比較文化研究』第12巻第1号、177-189.
田野村忠温（1988）「否定疑問文小考」、『国語学』152集、109-123.
陶振孝（1991）「日本語の二重否定について」、『日本語学』1991年6月号、75-83.
鳥飼玖美子（2005）「通訳における異文化コミュニケーション学」、『講座社会言語科学』第1巻、ひつじ書房、24-39.
中右実（1984）「質疑応答の発想と論理」、『日本語学』1984年4月号、13-20.
仁田義雄（1987）「日本語疑問表現の諸相」、小泉保教授還暦記念論文集／小泉保教授還暦記念論文集編集委員会編『言語学の視界』大学書林、179-202.
日本弁護士連合会「法廷通訳についての立法提案に関する意見書」、http://www.nichibenren.or.jp/activity/document/opinion/year/2013/130718_3.html（2014年10月30日アクセス）
蓮沼昭子（1993）「日本語の談話マーカー『だろう』と『じゃないか』の機能 ——共

通認識喚起の用法を中心に──」、『第1回小出記念日本語教育研究会論文集』、39-57.

邴勝（2004）「中国人日本語学習者における否定疑問文の習得に関する研究」、『学芸日本語教育』4、41-53.

水野かほる（2013）「法廷通訳人が法曹三者の発言に感じる訳しやすさ・訳しにくさ──法廷通訳人のための『やさしい日本語』開発に向けて──」、『Ars Linguistica』Vol.20、73-89.

楊海斌（2014）「形式上の二重否定の意味理解──中国語を母語とする日本語学習者の場合──」、『南山言語科学』9、157-172.

吉田理加（2009）「法廷通訳における異文化の壁」、『月刊言語』2009年9月号、30-35.

林楽常（2005）「二重否定表現の一考察──形式と意味の相関性を中心に──」、『人間文化研究』3、27-39.

渡辺修・長尾ひろみ・水野真木子（2004）『司法通訳　Q&Aで学ぶ通訳現場』松柏社.

第IV部

海外における法廷通訳翻訳

第8章
スペインにおけるリーガル通訳翻訳、司法通訳翻訳、公認通訳翻訳

マリア・イサベル・アルコネロ・グティエレス
María Isabel Alconero Gutiérrez
（イグナシオ・キロス、森 直香 訳）

1 はじめに

　通訳翻訳人という職業は、人類の歴史そのものと同じくらい古い。人間同士のコミュニケーションが始まって以来、同言語間であれ、異言語間であれ、我々は言語の解釈現象にさらされている。しかしながら、通訳翻訳業務の場合、翻訳人の仕事がどんなものかあまり理解されておらず、多くの場合、翻訳人は文芸翻訳のみを扱うと思われがちである。通訳業務に対する無知はより深刻で、通訳人は映画や演劇の分野と関わる仕事だと考えられていることが多い。さらに、そのような誤解が解けたとしても、あの「ああ、口述の翻訳者（traductor oral)[1]ということだね」という台詞を投げかけられるのは避けられない。そうして、我々は口述の翻訳というものは存在せず、口述ならそれは通訳なのだと説明する気力も失せるのである。
　そのようなおきまりの誤解に加えて、2007（平成19）年に起こった技術革新により、通訳翻訳の仕事に関してもうひとつ新たな誤解が生じた。それはグーグル翻訳が決して人間の翻訳人の代わりにはならないということである。統計に基づいた自動翻訳を行うグーグル翻訳は言語間のある種のやり取りには有用であるが、通訳人や翻訳人が業務として取り組む口頭や書面でのやり取りには本質的な細かいニュアンスが存在しており、それを訳に反映す

ることはできないであろう。

　このように、通訳翻訳業界は一般的には実社会とは遠い世界であり、この分野に存在するさまざまな側面や差異について述べようとすると、状況はさらに複雑になる。経済通訳翻訳と映像通訳翻訳が同じものでないように、リーガル通訳翻訳（traducción jurídica）、司法通訳翻訳（traducción judicial）そして公認通訳翻訳（traducción jurada）も別のものである。この三つの通訳翻訳分野は似通っていて相関関係があり、またどれも同様に重要な分野であるが、それぞれの違いは世間では認知されておらず、しばしば混同されがちである。そこで、本章ではそれらの違いとそれぞれの特異性を明らかにし、このような問題に一石を投じることを試みたい。

2 ｜ リーガル通訳翻訳

　周知のとおり、翻訳とはあるメッセージを起点言語から目標言語へ言語に移し替えることである。スペイン王立アカデミーの辞書では「翻訳する」（traducir）という語を「他の言語であらかじめ書かれたり、表現されたりした内容を、ある言語で表現すること」（expresar en una lengua lo que está escrito o se ha expresado antes en otra）と定義している。しかしながら、通訳翻訳の作業は言語と切り離すことができない文化の移し替えを伴っており、必ずしもそのように単純なものであるとは言えない。加えて、リーガル通訳翻訳の場合、国・地域によって異なる法律制度を扱うためにさらに困難で、非常に複雑さを極めた専門的な通訳翻訳である。

　リーガル通訳翻訳の定義としては、アナベル・ボルハ・アルビ（Anabel Borja Albi, 2000）のそれを借りて、「公権力と市民の関わり（告訴、提訴、裁判委託通知、召喚状、法律など）の中で用いられるテクスト、そして、もちろん個人間の法律問題（契約書、遺言書、権利委譲など）を調整するためのテクストを、ある言語から他の言語へ移し替えること」とすることができる。

　リーガル通訳翻訳が扱うのは、主に法学と関係する法律文書である。とは

第8章　スペインにおけるリーガル通訳翻訳、司法通訳翻訳、公認通訳翻訳

いえ、法律文書が法律のみを扱っていることはまれである。法律文書には法律以外の分野のテーマが含まれることも多々ある。多くの場合、法律文書では商業、商取引、行政の概念に関連した法律用語が用いられ、その上、扱われるテーマも多様なため、語彙も幅広いものとなる。例えば、技術仕様について詳細に記述された特許の売買契約書や、建築・建設用語が多用された建設計画書などがそれにあたる。このような書類には法学の分野を超えた複雑で多様な語彙が用いられているのである。

　このように、リーガル通訳翻訳が複雑な作業であることは明白であり、それゆえ、カルメン・ファルソイ（Carmen Falzoi（2005：761））が指摘している通り、リーガル通訳翻訳は科学・技術通訳翻訳同様、専門的なテクストの通訳翻訳と言える。加えて、リーガル通訳翻訳には特殊な要素が多くあり、通訳翻訳作業に直接影響を及ぼす。

　コウットシビティス（Koutsivitis, 1990：226）によると、リーガル通訳翻訳の特徴は、専門的性格と同時に文化的な性格を持つこと、そして、科学的性格と同時に社会的性格を持つことの2点である。特殊なツールを用いる点では専門的であり、国によって異なる制度を扱う点では文化的である。また、厳密な方法で文書が作成されている点では科学的といえる。さらに、法が絶えず社会に適応し、大きく進化している点には、社会的性格を見て取ることができる。つまりリーガル通訳翻訳は言語、法律、社会、文化の四つの側面を持ち、目標テクストが法的な結果につながるため、非常に高度な作業なのである。

　言語学的側面に関しては、表記の方法が法制度によって異なり、例えば、ローマ・ゲルマン法の法律テキストとアングロサクソン法のそれでは異なった形式をとることにも注意が必要である。通常、リーガル通訳翻訳では二つの異なる法制度を取り扱うことになるが、さらにそれぞれのケースによって異なった特色を持つこと、また、バイリンガルや多言語社会、二つの文化が共存する社会あるいは多文化社会、二つの法制度が共存する社会（ベルギー、インドなど）や複数の法制度を持つ社会（カナダ、スリランカなど）でもリーガル通訳翻訳の需要があることも指摘しておきたい。いずれにせよ、どのケ

スにおいても、リーガル通訳翻訳はある法制度から他の法制度への移し替えを行うのではないことに留意する必要がある。

　ファルゾイ（2005：767）は、リーガル通訳翻訳は、特定の法制度から他の法制度への移し替えではなく、相手が公的な組織であれそうでない組織であれ、あるいは同じ法制度に属している国の組織であれそうでない組織であれ、外国の団体によって発信された内容、合意された内容、決定された内容を、特定の法制度に伝えることであるとしている。この場合、目標のテクストが起点テクストの特色を保持しつつも理解可能なものであることが求められる。それゆえ、通訳翻訳人は他分野のテクストの場合とは異なった問題に直面する。特に、法制度間に等価が存在しない場合は困難を極め、翻訳借用をする、その部分について説明をする等の解決策をとることになる。

　以上のように、リーガル通訳翻訳は、その本質、背景、必要とされる専門レベル等から複雑な作業であると言える。そして、リーガル通訳翻訳には司法通訳翻訳と公認通訳翻訳も含まれる。

3 ｜ 司法通訳翻訳

　リーガル通訳翻訳は通常、書かれたテクストの翻訳の場合が多いが、そのテクストは幅広い分野に属し、業務は弁護士事務所、企業、公証役場、裁判所など多様な場所で行われる。そして、通訳翻訳が裁判所で行われる場合は、司法通訳翻訳と呼ばれる。

　司法翻訳人が扱う文書の例としては、出生証明書、身分証明書、婚姻証明書、財産証明書、売買契約書、判決文、起訴状、尋問調書、国際条約、法典、法令などが挙げられる。そして、口頭で業務を行うのが司法通訳人である。これらの通訳翻訳は「司法行政通訳翻訳」と呼ばれることも多い。

　ボルハ・アルビ（2000）が指摘するとおり、司法通訳翻訳の目標テクストには口頭でなされるもの（証人宣誓、法廷での弁護士の口頭弁論など）、書かれたもの（公正証書、司法手続の書類など）、朗読されるために書かれたもの（被

第8章　スペインにおけるリーガル通訳翻訳、司法通訳翻訳、公認通訳翻訳

告の権利など)、録音のために口述されるもの（被告の意見陳述など）等があり、これらのテクストのスタイルは非常に堅苦しい性格のものであったり、あるいは伝統に基づいた儀式的な要素（法廷に見られる形式主義、かつら、法服、裁判官に対する言葉づかい、法の制定に使われる表現など）を伴う様式的な性格のものであったりする。この分野ではサイトトランスレーションも頻繁になされ、裁判官の要請に応じて、通訳人が司法秘書の作成した書類を目標言語で朗読したり、証拠書類を訳出したりする。また、公証人役場で当事者の二人が書類に目を通してサインをする際に、公証人は通訳人に書類のサイトトランスレーションを求める。

　以上のように、司法通訳翻訳の様式と、その業務が行われる背景は非常に多様である。司法翻訳の場合、スペインでは法廷で行われる司法翻訳が最も多い。通常は、国際裁判の手続で用いられる書類の訳出の需要が主であるが、国内での裁判において、特定の自治州の公用語から他の自治州の公用語への翻訳[2]が必要になる場合もある。

　一般に司法通訳というと裁判所や警察での通訳を指す場合が多く、（通訳ブースを用いた）同時通訳、逐語通訳、ウィスパリング等の形式で行われる。また、業務は法廷、被疑者逮捕、留置場、鑑定医による診断、被疑者と弁護士との接見等の状況下でなされる。その際、通訳人は、起点テクストを忠実に訳出すること、中立の立場で業務を行うことを宣誓する。

　司法通訳人が必要とされる場面は多様である。被疑者や被告、証人がスペイン語を理解しない場合に要請されることが最も多いが、スペイン語を理解するものの母国語としない者が、質問されている内容を正確に理解するために通訳人の助けを求める場合もある[3]。被疑者や証人がスペイン語を話せる場合でも、地方ナショナリズムなど政治的イデオロギー上の理由でスペイン語を話すことを拒否し別の公用語で陳述を行う際も、通訳人が介入する。いずれにせよ、スペインにおいても通訳人を要請することは、すべての被疑者に与えられた権利である。

　法廷では、状況と裁判官の求めに応じて、同時通訳と逐語通訳のいずれかの方式が用いられる。ほとんどの場合、通訳人は被告か証人の近くに着席

し、逐語通訳[4]かウィスパリング通訳を行う。被疑者が手錠をかけられて治安警備隊に連行されている場合やテロ事件の裁判において、身の安全のために通訳人が自分の正体を隠す必要があることもある。通訳人はその業務の性質上、このような状況にも慣れる必要があるのである。

3.1　スペインにおける司法通訳翻訳人の養成

　前述したように、司法行政分野で業務を行う通訳翻訳人は、法律分野のみならずその他の多様な専門分野も含むテクストの通訳翻訳に取り組まなくてはならない。これは決して簡単なことではなく、専門的な訓練を受けた者のみが適切にその役割を果たすことができる。フリア・ロバト（Julia Lobato, 2009：195）が指摘する通り、司法通訳翻訳人は法的性格を持つ言説やテクストの通訳翻訳を行う際、法学の確かな基礎、業務に用いる言語の深い知識、関係する法制度の知識を持つことが求められる。

　司法通訳翻訳人として理想的な経歴は、大学の通訳翻訳学部を卒業し、さらに法学の学士号か修士号を取得するか、リーガル通訳翻訳か行政通訳翻訳の修士号を取得するなどして法学分野でも職業訓練を受けていることである。

　スペインの大学の通訳翻訳学部の学士課程、修士課程の教育には基本的な柱がある。母国語と業務で用いる言語（少なくとも外国語を二か国語）に通じていること、一般的な文化への知識と業務で用いる言語圏の文化に関する知識を持つこと、通訳翻訳に関する技術・能力、業務のためのツールを使いこなせることである。なお、業務のためのツールとは、一般的な辞書、国語辞典、外国語辞典、百科事典、専門的な辞典、論文、専門雑誌、専門家への相談、関連書類等の参照資料などの一般的なもの、そしてコンピューター支援翻訳ツール（CAT）に代表されるのコンピューター・ツールを指す。

　現在、スペインには通訳翻訳学を専攻できる大学が23校存在する。ボローニャ・プロセス[5]の実施以降、これらの課程では１年間でヨーロッパ単位互換制度（ETCS）60単位[6]を取得し、４年間で合計240単位を取得する。通訳

第 8 章　スペインにおけるリーガル通訳翻訳、司法通訳翻訳、公認通訳翻訳

翻訳学部の授業には法学入門、リーガル通訳翻訳、司法行政通訳翻訳等の科目もあるので、専攻の学生は専門的なトレーニングを受けて司法通訳翻訳人を目指すことも可能である。その場合は、裁判所での実習単位[7]を取得することが望ましいとされている。学士課程修了後は、前述したように、リーガル通訳翻訳、司法通訳翻訳の修士課程に進学し、専門的職業訓練を継続するのが理想的であるが、スペインにはこの分野の修士課程を持つ大学が数多くある。例えば、筆者の勤務する賢王アルフォンソ10世大学では、リーガル通訳翻訳と比較法学や通訳翻訳実習などの授業からなる司法通訳・翻訳人、公認通訳・翻訳人の修士課程を提供している。

3.2　スペインにおける司法通訳翻訳の問題点

　前項で述べたように、スペインの大学には高度な専門的人材を育成するのに十分すぎるとも言えるキャパシティが備わっているが、その一方で、解決しがたい問題を抱えている。それは司法行政にかかわる言語が非常に多様で、世界中のあらゆる言語に対応するのは不可能であるということである。被疑者が少数民族や少数部族の言語、あるいは多くの話者を持つもののスペインの大学では専攻されていない言語を話すケースも多い。例えば、ウルドゥー語、スワヒリ語、ペルシャ語、クルド語、ウォロフ語などの通訳・翻訳人が必要とされる事案は少なくないが、そのような人材の確保は困難を伴う。そのため、法廷における通訳業務のような難易度の高い業務をこなすのに必要な教育を受けていない者を雇用する[8]という非常にリスクの高い策が取られたこともある。その結果、当然のことながら期待していたようなレベルの通訳業務は提供されないわけだが、それだけにとどまらず非常に不可解で危険な状況に陥ってしまった事例もあった。通訳として雇用された人物がスペイン語と業務に必要な外国語の両方を話すことができたものの、前科者や不法滞在者であったため司法通訳人を務められる状況にないことが判明して公判が続けられなくなり、あらゆる方面から厳しい批判を受けることになったケースもあった。

司法通訳翻訳が抱えるその他の問題としては、入札制度による通訳・翻訳業務委託に関するものと通訳翻訳人の報酬に関するものが挙げられる。実際、司法通訳翻訳人は大きな責任を負い、その上、高度な技術を要求されるが、その報酬はあまりにも低く、例えば会議通訳とは雲泥の差があるのが実情である[9]。将来このような問題が解決され、司法通訳翻訳人の重要性が世間から認められることを願うばかりである。

4　公認通訳翻訳人

　同じリーガル通訳翻訳の分野に属しながらも、司法通訳翻訳と公認通訳翻訳のそれぞれの目的や本質は全く異なったものであるので、明確に区別されなくてはならない。

　ロバト（2009：195）は、公認通訳翻訳を、正式な認定を受けた公認通訳翻訳人によってなされた公的な通訳翻訳すべてを指すと定義している。スペインの場合、公認通訳翻訳人は外務省の認定を受けて、特定の言語からの通訳翻訳、あるいはその言語への通訳翻訳を、原文に忠実で完全な形で行う義務を負う。公認通訳翻訳人の印鑑とサインは外務省に登録され、その印鑑とサインがある翻訳は公的で合法的なものとして認められる。

　公認通訳翻訳は、行政のさまざまな手続で必要とされる。行政機関に提出される書類はすべてスペインの公用語で書かれている必要がある。そうでない場合には公用語としてその機関から認められている言語への公式翻訳を添付しなくてはならない。

　さらに、いかなる公式翻訳も以下の項目を含まなくてはならない。

1）公認翻訳人が翻訳の最後に添付する証書（一般に「私は宣誓する」（juro）と呼ばれる）。「1996年2月8日法令」の付記1によって規定されている。必須の内容は以下である。
　　・「（ＸＸ語）の公認通訳である（氏名）は、上記の内容が（起点言語）

で書かれた書類の（目標言語）の忠実かつ完全な翻訳であることを証明する」という一文
- ・場所と日付
- ・サイン
- ・印鑑

2）印鑑。「1996年2月8日法令」7条6項による。その規定によると、印鑑には以下の項目のみを入れる。
- ・公認通訳翻訳者の氏名
- ・住所、電話番号、ファックス番号
- ・公認通訳翻訳人が認定を受けている言語

　公認通訳翻訳人は、結婚証明書、在籍証明書、学位証明書、告訴状、判決書などの公的書類の翻訳を許可されており、さらに裁判所、警察署、行政機関（税関など）で通訳を務めることもできる。現在のところ、裁判所や警察で通訳業務を行うのが公認通訳翻訳人である必要はないが、その経歴と知識から、公認通訳翻訳人は司法通訳人を務めるのにふさわしい人材と言える。

5　公認通訳翻訳人の任命

　外務協力省による公認通訳翻訳人の任命は、2009（平成21）年12月23日公布の「王勅政令第2002号」[10]第13条と「外務協力省言語翻訳事務所規定」[11]によって規定されている。スペインにおいて公認通訳翻訳の認定を受けるには以下の二つの方法がある。

　一つ目は、外務協力省が実施する試験に合格することである。試験の受験資格は、成年に達していること、EU加盟国の国籍を有すること、3年のディプロマあるいは5年の学士課程（ボローニャ・プロセス以降の大学入学者は4年の学士課程）の学位を有することの三つである。受験申し込みの際、学位証明書の提出が必要になるが、外国の教育機関が発行した証書の場合は単位認

定を受けていなければならない。試験は4段階から成り、このすべてに合格する必要がある。第1次試験は、新聞記事あるいは文学作品のスペイン語への翻訳で、辞書の持ち込みは不可である。第2次試験は新聞記事あるいは文学作品の外国語への翻訳で、こちらも辞書の持ち込みは不可である。第3次試験は、法律あるいは経済文書のスペイン語への翻訳で、辞書の持ち込みが認められている。第4次試験では、審査委員会が受験者の外国語の表現力と理解力をチェックする。

　二つ目は、通訳翻訳学の学士号か、スペインで単位認定を受けた外国の教育機関の学士号を有し、さらにスペインかEU加盟国、あるいは欧州経済領域の構成国の国籍を持ち、現行の規定で求められている条件を満たしている場合である。この場合、前述の試験は免除される。

　公認通訳翻訳人は、行政機関に直接雇用されている通訳翻訳人とは異なり、外務協力省から認定を受けているのみで、行政機関とはいかなる契約関係も雇用関係も結んでいない点は見逃せない。つまり、公認通訳翻訳人の認定を受けていることが必ずしも雇用につながるわけではないのである。大部分の公認通訳翻訳人はフリーランスの自営業者として業務に従事している。いずれにせよ、彼らが日々の業務で扱う文書は、ほとんどが法律に関するものである。そのため、公認通訳翻訳人は、司法通訳翻訳人と同様、法学の深い知識を持ち、業務に用いる言語に通じ、また対象となる法制度を熟知していなくてはならない。

6 おわりに

　現在、人の移動や移民の増加により、商業、法律、学術分野、あるいは個人レベルにおいて等、すべてのレベルで、異なった国、文化、言語を持つ人々の間の交流が盛んになっている。そのため、通訳翻訳サービスが必要とされる状況も多様なものとなりつつある。たいていの場合、このような状況から生じる問題は、何らかの公的機関、行政機関、司法機関の介入によって解決

第8章　スペインにおけるリーガル通訳翻訳、司法通訳翻訳、公認通訳翻訳

されることになり、それぞれの専門分野に通じた通訳翻訳人の存在も非常に重要になっている。

　専門的な通訳翻訳人、リーガル通訳翻訳であれ、司法通訳翻訳であれ、公認通訳翻訳であれ、法律分野に関わる通訳翻訳人の育成はスペインの大学に対してなされている社会的要求であり、大学はこれに応えようと日々努めている。

　一方で、通訳翻訳人はグローバル社会を支配する制度の機能に貢献したり、文化間の隔たりを縮めたり、つながりを作ったり等、重要な役割を果たしてきたにもかかわらず、長い間、陰に隠れていた。通訳翻訳の専門職としての重要性が社会的に認知される必要があるのは明白である。映画の吹き替えのための翻訳、司法通訳、ビデオゲームのための翻訳の間には何の関係も存在しないが、どの場合においても通訳翻訳人は人々の生活と関係の深い業務をひっそりと行っている。それゆえ、将来、通訳翻訳が高度な職業として社会に認知されるためにも、質の高い通訳翻訳人養成のプログラムを提供する重要性を強調しておきたい。

◆注
1)　日本語の場合と異なり、スペイン語では traductor という語は、通訳人と翻訳人の両方を意味する。
2)　スペインの公用語はスペイン語に加えて、カタルーニャ語、ガリシア語、バスク語である。
3)　単に質問への返答について考える時間をより長くすることで安心感を得たいという理由で、被疑者が通訳人を要請する場合もある。
4)　法廷通訳の場合、通常の逐語通訳の場合と比べると訳出する内容が短い。また一人称ではなく三人称を用いることが許可されているが、これは被疑者が通訳人の介入には慣れておらず、一人称を使用しない方がより正確に訳出内容を理解できる場合があるからである。
5)　ボローニャ・プロセスの大学教育改革によりスペインでは5年間の学士課程が廃止され3〜4年の学士課程に移行した。
6)　1単位あたり25〜30時間の学習時間に相当。
7)　ボローニャ・プロセスにより、学士課程で企業でのインターン等の実習単位の取得が必修となった。
8)　このようなケースは、司法翻訳より司法通訳でよく起こりがちである。

9) 『組織通訳・翻訳白書』（*Libro blanco de la traducción y la interpretación institucional*）によれば、司法通訳・翻訳人の報酬は2006年のイビサの場合1時間あたり20ユーロ、マドリードでは50ユーロであった。さらに、仲介会社を介した場合は、1時間12ユーロ、あるいは最初の1時間は16ユーロ、その後30分毎に6ユーロなどのケースがみられた（66）。
10) 1977年8月27日公布の「王勅政令第2555号」によって「外務省言語翻訳事務所規定」が承認され、その後、その内容は2009年12月23日公布の「王勅政令第2002号」2014年11月6日公布「外務省政令第2125」により修正された。
11) 1987年6月26日公布「王勅政令第889号」1992年6月27日公布「王勅政令第752号」1996年1月26日公布「王勅政令第79号」により部分的に修正されている。

◆参考文献

Borja Albi, Anabel（2000）"La traducción jurídica: didáctica y aspectos textuales", en Aproximaciones a la traducción. Centro Virtual Cervantes. [http://cvc.cervantes.es/lengua/aproximaciones/borja.htm]

Falzoi Alcándara, Carmen（2005）"La traducción jurídica: Un intercambio comunicativo entre sistemas", en ROMANA GARCÍA, María Luisa [ed.] II AIETI. Actas del II Congreso Internacional de la Asociación Ibérica de Estudios de Traducción e Interpretación. Madrid, 9-11 de febrero de 2005. Madrid: AIETI, pp. 760-768. [http://www.aieti.eu/pubs/actas/II/AIETI_2_CFA_Traduccion.pdf]-

Lobato Patricio, Julia（2009）"La traducción jurídica, judicial y jurada: vías de comunicación con las administraciones", en Entreculturas, nº 1, 27 de marzo de 2009, pp. 191-206.

Koutsivitis, Vassilis. (1990): La traduction juridique: standarisation versus créativité. Montréal: Meta. Vol. 35, nº 1, 226-229.

Ministerio de Asuntos Exteriores: Libro Blanco de la traducción y la interpretación institucional: conocer para reconocer, Madrid, Ministerio de Asuntos Exteriores, 2011.

第9章
通訳者の資格試験をめぐって
―スペインにおける司法・警察通訳サービス[訳注1]の下請けの問題を中心に[訳注2]

フアン=ミゲル・オルテガ・エラエス
Juan Miguel Ortega Herráez

(森 直香 訳)

1 はじめに

　メディアは、司法・警察手続における通訳サービスに生じる問題について、一定の指摘を行っている。最近の例としてはスポーツ界で起こったドーピング事件であるプエルト作戦[訳注3]が挙げられるが、この事件は2006(平成18)年2月から大いにメディアの関心を集めた。その後マドリードの刑事21番法廷で2013(平成25)年初めに行われた口頭審理では、事件の重要証人の供述の通訳にも、明らかに不十分な点があったことが再度明らかになった。新聞報道によると(特に *El País*, 2013b; *El Periódico*, 2013)、裁判の証人として召喚された自転車競技の選手のひとりがビデオ中継で供述を行ったが、通訳人がそれを訳す際に、(法廷にいた)「通訳人は自分が訳したいと思う部分のみを訳し、何度も自身が質問に返答した」とのことである。これはプロの司法通訳人として職権乱用になりうる行為であり、また基本的な職業倫理の不履行にもなりうる。事件の筆頭判事は、「裁判前夜に雇用された英語の通訳人に[中略]意味のある文章を並べていく能力がない」という理由で事件の鍵となる専門家の供述を延期した。この出来事がなければこの問題は見過ごされてしまっていたことだろう。本章の目的は、ここで取り上げたメディアの報道内容が事実に沿っているのかを検証することではなく、また、この事件の

状況を分析することでもない[1]。とはいえ、このようなケースは法廷・警察通訳人の雇用にあたってどんな基準に従うべきか、その基準が通訳業務の最低限の質を保証するのにいかに有用であるかを考えさせてくれる。

　ポェヒハッカー（Pöchhacker 2001）の研究では、コミュニケーションの相互作用の過程全体を含んだ総括的な焦点から通訳の質を分析する必要性が考察されている。この過程に寄与する通訳サービスの雇用に責任を負う行政側（以下、クライアントとする）が業務に対して事前に抱く期待やイメージは、スペインの司法・警察通訳の質に対する理解と深い関係にあるものの、スペインではいまだに司法・警察通訳は専門職として完全には確立しておらず、その本質と目的に関してある種の組織的混乱がある。例えばアルメリア県での入札では、翻訳は「ある言語のテクストを訳すこと、およびあるテクストを他言語の等価テクストに訳したものとして理解できる。翻訳は書かれたものである」、通訳は「ある言語で発話されたものを他の言語に口頭で訳すことである。通訳は発話される」とされている。このように、司法・警察の通訳翻訳については何の定義も存在しないも同然なのである。

　このような状況において、行政が民間企業に法廷・警察分野における言語サービスを委託する際、それぞれのケースにおいて具体的にどのような期待やイメージを事前に抱きうるのかを分析する必要が生じる。本章では、質の点で行政がこれらの言語サービスに求めているものが、この種の業務の委託書類にはある程度反映されているという仮説を出発点とする。そして、まず学術分野と経営分野において広い意味での通訳の質とは何かを定義することを試みる。次に、スペインの具体例を取り上げて司法・警察通訳における質の概念について考察し、これによって、通訳・翻訳業務の外部業者への委託という状況の特殊性について分析する。さらに、合計で16の入札書類を取り上げ、さまざまな行政機関が質に対してどのような期待を抱き、どのような条件を求めているかを分析する。行政の抱く期待や求める条件、そして、委託業者がそれらにどの程度応えているかについては、次の因子を基準に判断する。1）通訳人の専門資格、2）通訳人の継続的な職業訓練、3）通訳業務の種類、4）職業倫理の遵守の四つである。

2 唯一無二の質の定義は存在するのか？
　学術分野 vs. 経営分野

　一般的に、事前に質という語について定義しないまま、何らかのプロセスや製品の質について言及してしまいがちである。質に唯一無二の定義を与えるのは容易な作業でなく、実にさまざまな要因に左右されるであろうことは明白である。

　通訳の場合、学術分野では通訳サービスの質に影響しうるさまざまな因子について考察、分析がなされてきた。例えば、コリャドスとジーレ（Collados y Gile 2002）は、実験をベースにした通訳の質に関する研究の中で、さまざまな研究者によって分析された多くの因子についてまとめている。情報の忠実さと通訳の完全さの程度、言語的文法的正確さの程度、発音やアクセント（流暢さ、イントネーション）の質、声の質、通訳人のなまり、通訳の一貫性、スタイルの正確さの程度、用語の正確さの程度、オリジナルの発話と通訳の時間的な一致、通訳ブース内での振る舞いの適正さ、固有名詞や数字の適切な扱い、自己修正を行っているか、リレー通訳、さらに、会議を進める方法、プレゼンテーションの視覚効果、通訳が話者のジェスチャーをどの程度再現しているか、あるいはテーマに関する事前の知識などである。彼らの研究では、会議通訳、基本的に同時通訳が扱われ、具体的には商品としての通訳の分析に取り組んでいる。彼らの研究から導きうる主な結論は、通訳の質の唯一無二で正確かつ明確な定義は不可能であるということであり、むしろ「さまざまな形態をもったものであり、状況や利用者によって変化するもの」（Collados y Gile, 2002）であるということである。

　一方、ポェヒハッカー（Pöchhacker, 2001）は、公共サービス分野における通訳の質についての研究を進めている。彼は、通訳がある特定の需要に応えることを目的としたサービスであり、この種の研究は製品に限定して分析を行うのでなく、「コミュニケーションの相互作用の総合的な過程」についても考慮すべきであり、そのため、通訳の質について考察することは「通訳業務の製品としての面とサービス面の両方を念頭に置いて、本質的にさまざま

な焦点や視点からなされることを意味する」のだと考えている（Pöchhacker 2001：422-423）。

　経営分野においても、質の定義は議論の的となってきた。例えば、品質管理導入のための国際ルールは言語の仲介サービスにも適用されるが（これについては本章でも後述する）、この国際ルールにすら、質という語の明解で簡潔な定義を見出すことができない。例えば、『UNE-EN ISO 9001 品質マネジメント・システム——要求事項』には質の概念の定義が含まれておらず、その前身である『UNE-EN ISO 9000 品質管理システム——基礎と用語』を引用している。この『UNE-EN ISO 9000』ではさまざまな箇所で質の概念を「固有の特色（他との区別を可能にするような性質）の総体が、一般的に暗黙あるいは義務的な必要条件（その製品に対して抱かれた必要性や期待）、つまりその組織や、クライアントやその他の利害関係にある者にとっての習慣的あるいは慣習的な必要条件をどの程度満たしているか」であるとしている。言い換えれば、質とは主観的な概念で、サービス提供側がそのサービスに対して必要とされていることを満たすと「判断した」内容によって定義される。だからこそ、質の程度はサービスに利害関係を持つ者、サービスの種類、そのサービスの目的に左右されるのである。

　現時点で存在する言語産業に関する具体的なルールとしては、『UNE-EN 1538 翻訳サービス』を挙げることができる。その目的は「質の高いサービスのために翻訳業務提供者の側の必要条件を確立すること」であるものの、この中でも質の概念は定義されていない。これは、質の概念が人材活用の方針や技術資源の使用権、プロジェクト管理や品質マネジメント・システムの導入などの要素に左右されるからである。このルールは翻訳プロジェクトの運営のみに適用されるものであり、したがって、発話行為である通訳サービスの運営には適用されない。しかしながら、ISO内部では、現在、クラウディア・アンジェレリ（Claudia Angelelli アメリカ合衆国、サン・ディエゴ州立大学）が指揮する、公共サービスにおける通訳に関する新しい国際ルール樹立のプロジェクト、『ISO/TC37/SC2/WG6コミュニティ通訳計画（プロジェクト）』が進行中である。なお、まだその最終的な内容は明らかになっていない。

いずれにせよ、これらのルールの最終目的は、事前の指示と一致し、なおかつ一定の質（この場合、質とは過程であり、最終結果や最終的な製品を指すのではない）を保証する業務の提供を容易にするために、行動の一般的な枠組みを作ることである（Arevalillo 2010）。

3 スペインにおける司法・警察通訳の質に関する分析

司法・警察通訳の場合、通訳を製品として実証的に分析した研究は存在しない。その理由の一つは、通訳を介した司法・警察でのテクストや議論のコーパスを手に入れるのがほぼ不可能だからである。また、この種の通訳業務は基本的に一般公開されないデリケートな情報を開示せず、その上、関係者のプライバシーの保護に特別の配慮がなされる手続の中で行われているのである。

そのため、当然ながら、スペインでは研究がまだ初期段階にあるにもかかわらず、司法・警察・刑務所で行われた通訳の実践に関する研究は、通訳がこの業務において果たす役割や、通訳という職業の特殊性（通訳へのアクセス、サービスの供給、正常化など）のテーマに集中してきた。そのような研究としては、ビヒエル（Vigier 2010）、マルティネス＝ゴメス（Martínez-Gómez 2009）、オルテガ（Ortega 2006）、フルキエ（Foulquié 2002）らを代表的なものとして挙げることができるだろう。これらの研究のほとんどは、アンケートによる科学的かつ記述的調査を行っているが、アンケートには質に関する研究も含まれ、その中ではポェヒハッカー（2001）が定義しているようにコミュニケーションの相互作用過程として質を理解している。実際、本章の出発点となる仮説は、通訳業務過程における質が保証されれば、製品の質も保証されるというものである（通訳サービスの質の保証）。

司法・警察通訳が職業として確立している他の国々では、製品としての通訳の評価を含むような包括的な研究も可能であり、状況はスペインとは異なる。ヘール（Hale 2004）、ワデンシュ（Wadensjö 1998）、バーク＝セリグソン

(Berk-Seligson 1990) らの古典的研究、あるいはマルティンセンとタブスラフ (Martinsen & Dubslaf 2010) の最新研究のタイトルからもこのことは明らかである。

いずれにしても、製品として扱うにせよ、過程として扱うにせよ、司法・警察通訳に関する研究は、それが何を目的としているかを出発点とするべきであるが、その目的こそがさまざまな関係者が通訳業務に抱く期待を形成しうる。例えば、アメリカ合衆国司法通訳人・翻訳人協会（NAJIT, 2010）の職業倫理則の序文の言を借りれば、司法通訳の分野の業務の基本的な目的は「できる限り言語による障壁を取り除くこと、そうすることで、そのような障壁を持たない［多数言語話者の］人々と同じように［少数言語話者が］司法へアクセスできるようにすること」であるという共通認識が存在するようである。もちろん、この目的は、警察、亡命や移民の手続に適用することも全く可能であるし、通訳人が果たす役割（cf. Hale 2008）、通訳業務が行われる多様な形式（cf. González et al. 1991：155による「法的等価」の概念）、さらに訴訟手続全体への少数言語話者の完全参加を保証するような通訳がなされる場面とその限界など、さまざまなケースに適用することができる。

スペインの場合、現行の法律では、警察、法律に関する通訳の目的や意義をはっきり規定しておらず、刑事訴訟法（LECrim）440条に以下のように定められているのみである。

> 証人がスペイン語を理解しない、あるいは話さない場合、通訳人が任命され、通訳人は出頭後、速やかにその任務を適正かつ忠実に行うことを誓う。通訳を通して、証人に対して質問がなされ、証人はそれに返答し、通訳人がそれを訳す。この場合、裁判中、供述は証人が用いた言語と、それに続いて通訳されたスペイン語で記録されなければならない。

以上から明らかなように、現行法の示す内容は曖昧で、日々の現実とはかけ離れてすらいる。この法律は1882年に公布されたもので、当時の社会情勢を反映しているからである。この規定によって、通訳自身が目指すべき目

的、通訳の方法などの範囲を決定しなければならなくなり、このことは通訳業務の質にも間違いなく影響するのである。

　このような特別な規定の存在しない状況で、通訳人の雇用はどのように調整されるべきか、そしてその職務の遂行においてどのような義務が生じるのかという疑問がわきあがってくる。通訳業の雇用形態の一つにさまざまな行政機関による民間企業への法廷・警察通訳業務の委託があるが、次節ではこれについて考察する。

4　スペインにおける法廷通訳、警察通訳業務の委託

　法廷通訳、警察通訳業務の提供について述べる場合、行政とその関連業務にはさまざまな形態が存在することを考慮すべきである。司法機関の統括責任を持つ警察機関、行政機関は複数存在するが、通訳サービスの提供はどの行政機関においても類似の形式で行われ、その行政機関によって直接雇用された人員[2]か、外部の人員によって業務がなされる。この外部の人員は、直接あるいは下請け会社を通じて通訳業務を提供するが、本節ではこの下請け会社の介入するモデルの分析を目的とする（cf. Ortega 2010：96-150；Ortigosa 2010）。現在は通訳業務を民間企業へ委託する形が主流で、他の形態は衰退しつつあるため、こうしたケースを扱う本研究が重要性を持つと考える。このような業務委託が増加しつつある理由の一つとしては、この種の業務を専門に扱う民間企業がサービスを提供する方が、より効果的で効率がよく[3]、その上、日常の業務との兼ね合いの点からも非常に快適で利便性が高いと行政側が考えているからであろう。

　これらの業務の特色は入札の技術規定書類中の記述に明確に表れている。書類には質を左右する要素にかかわる業務内容も記されており（通訳サービスの質の保証）、分析対象として興味深い。さらに、これらの書類は、ある程度は、通訳の仕事に対してクライアント、つまりこの場合は通訳を雇用する行政側が抱いている期待が反映されている。このような理由から、本章では

表1　分析対象の入札

マドリード州、マドリード司法局
カタルーニャ州、カタルーニャ州警察
カタルーニャ州、カタルーニャ司法局
アラゴン政府、アラゴン司法局
バスク政府、バスク州警察
バスク政府、バスク司法局
アンダルシア評議会、アルメリア司法局
アンダルシア評議会、ウエルバ司法局
アンダルシア評議会、マラガ司法局
司法省、全国管区高等裁判所
司法省、カスティーリャ・ラ・マンチャ、カスティーリャ・イ・レオン、エストレマドゥーラ司法局
司法省、ムルシア司法局
内務省、スペイン警察隊
内務省、難民局
ガリシア評議会、ガリシア司法局

コミュニケーションの相互作用の過程、具体的にはクライアント、つまり通訳業務委託の契約を結び、報酬を支払う機関の抱く期待を分析する（Pöchhancker 2001：416）。具体的には難民関連、司法機関、警察組織の16通の技術書類を比較しながら分析するが、分析対象は表1に示す。

5　行政が要求する質の確保のための必要条件

　通訳サービス自体を含んだ質の高いサービスの提供（通訳サービスの質の保証）に直接影響すると考えられる一連の因子は、クライアントが通訳人に期待する内容をある程度反映するものである。以下では、具体的に次の四つの因子を中心に分析を行う。すなわち、サービスの担い手（つまり通訳人）の資格、契約業務を請け負う通訳人の継続的な職業訓練、用いられる通訳方法

第9章　通訳者の資格試験をめぐって

の種類、職業倫理の遵守である[4]。

5.1　資格に関する条件

　資格に関する条件が、標準的な最低限の質の保証に必要不可欠であることは明白である。法廷通訳、警察通訳の業務が職業として確立されている国々では、通訳人になるための資格が明確に規定されており、さまざまな性質の機関（学術機関、職業機関、政府機関など）により授与された通訳業務に関する資格を有する必要がある（cf. Ortega 2010 : 46-62）[5]。その一方で、翻訳と通訳分野に関するコース（大学のものであれ、そうでない場合であれ）や特定の分野の通訳に特化したコースまでも提供する国は数多くある。スペインの場合もこれに当てはまる。通訳翻訳分野のプロ養成の公的なプログラムを持つ大学や大学院が存在し、さまざまな公用語の公認通訳の資格を取ることができるのである。

　現状の通訳資格や評価のシステムの具体的な観察や批判はさておき（Ortega 2011a ; RITAP 2010）、これが通訳人が提供するサービスの質を保証する最低限の能力を証明するのに基本的な要素であることは明らかである。そのため、本章の分析対象である入札書類に記されている通訳資格や評価の条件を知ることが重要なのである。

　表2からわかるように、一部の例外を除いて、入札書類の大部分には、契約案件を担当する通訳人が持つべき資格を定めた条項がある。しかし、これらの条項の内容は曖昧かつ広義で、通訳者は「十分な知識」を有している必要があるとする一方で、特定の言語の通訳に対しては「翻訳と通訳の特定の職業訓練」が必要とされるという非常に具体的な表現もある。例えばアンダルシア州の入札書類（法務省の管理下にある最高裁判所やその他の法機関の書類）では、非常に熟慮された形で現行の訴訟法に触れているにもかかわらず、実際には何の資格も要求していないのである。これはアラゴン州の書類にも見られる。その上、アンダルシア州の書類の記載内容は、特定の機関が現状では翻訳者や通訳者の資格取得のために現在どのような方法があるのかという

ことに無知であったり、誤解をしていたりすることを非常にはっきりと示している（Ortega 2010：116）。同様に、マドリード州の書類に記載されている条件の変遷も興味深く、最新の書類では公的な学位を持っている必要性に言及しながらも、一方で、その人物がある言語のネイティブスピーカーであるか、3年間その国に居住した場合にはその条件を満たさなくてもよいとしている。ここでも再び、バイリンガルであること（あるいはバイリンガルに見えること）と翻訳や通訳する能力がイコールであるとみなされているのを目にするのである。

　しかしながら、全国管区高等裁判所の書類やカスティーリャ・ラ・マンチャ州、エストレマドゥーラ州、カスティーリャ・イ・レオン州の書類では、その分野の専門的な職業訓練を受けている必要性についてはっきり触れている。これはある種の進歩であり、また、同様に法務省の管理下にある他地域とは対照的で、例えばムルシア州の場合、このような詳細な条件の記載はない。カタルーニャ州警察の場合も同様で、書類では言語能力に加えて（残念ながら通訳や翻訳の技術を職業上の業務とはみなしていない）、通訳はその分野と警察の手続に関する知識を有さなければならないと述べている。

　おそらく、この通訳人の学術／職業資格の有無への相対的な譲歩は、行政側の通訳業務への無知や誤解のみに基づいているのではない。現行の訴訟法では、いくつかの入札書類にも記載があるように、公的な学位を持たない場合も含め、警察・司法手続きにおいていかなる人物でも通訳業務を行うことを最終的には認めている（刑事訴訟法441条および762条）。このような理由で、いくつかの入札書類では（ガリシア、ムルシア、カタルーニャ司法局、カタルーニャ州警察）、特定の機会に入札業者がふさわしい資格を持つ翻訳／通訳人、つまり公認翻訳／通訳人に任命されている通訳人を出廷させるように、いくつか条件が加えられている点は興味を引く。このような条件を付けるにあたって、行政は、通訳人が行うサービスについて、職業資格を求めない契約のもとで提供される一般的なサービスと、特定の資格を必要とする特定のサービスとに間接的に区別しているが、こうした区別は危険かつ疑問の余地がある。

第9章　通訳者の資格試験をめぐって

表2　資格に関する条件 (1)[6]

行政機関	職業上の評価に関する条件
内務省、難民局	通訳については特に評価に関する記述なし。
アンダルシア評議会、マラガ司法局	契約書の定める業務の履行に際して、落札業者は**カスティーリャ語の十分な能力**を有し、**該当言語の知識が保証されている通訳／翻訳人**を置いていること。以下のうち1点あるいは複数［原文ママ］の証書によって、要求される知識を保証する。 a）[訳注4] 公的な機関、あるいはスペインで認可されている機関によって発行された、言語の知識を保証する公的な学位。**公立語学学校によって発行された学士号あるいはディプロマ、現代言語文献学部のディプロマ、翻訳／通訳の学士号／ディプロマ、公認通訳、そして該当言語の知識を公的な形で保証するその他の任意の学位や書類**など。 b）国際機関または他国の公的機関によって発行され、スペインの管轄の機関から認可と（あるいは）公認を受けている学位あるいは証書。 c）刑事訴訟法第441条および第762条に則って職歴等の知識を別の形で保証するケース。
アンダルシア評議会、アルメリア司法局	契約書の定める業務の履行に際して、落札業者は**カスティーリャ語の十分な能力**を有し、**該当言語の知識が保証されている通訳／翻訳人**を置いていること。契約期間中に職業能力の欠如という不履行があった場合は、契約解除の理由となりうる。要求される能力の保証は、以下の証書によって可能［マラガの書類を参照のこと］。
アンダルシア評議会、ウエルバ司法局	契約書の定める業務の履行に際して、落札業者は**カスティーリャ語の十分な能力**を有し、**該当言語の知識が保証されている通訳／翻訳人**を置いていること。契約期間中に職業能力の欠如という不履行があった場合は、契約解除の理由となりうる。要求される能力の保証は、以下の証書1点あるいは複数によって可能［マラガの書類を参照のこと］。
アラゴン政府、アラゴン司法局	落札者は、**常に該当する法律の定めるところに従って**、契約書に記された翻訳、通訳業務のすべてを遂行する**人材の能力**を保証する義務を負う。
カタルーニャ州、カタルーニャ司法局	落札者と業務にあたる人物は司法機関と検事が要請するすべての翻訳・通訳業務を適正に遂行するための十分な知識を有していなくてはならない。 落札者は業務、特に通訳業務を行う人物がカタルーニャの二つの公用語、カタルーニャ語かカスティーリャ語で直接あるいは双方向への通訳・翻訳を行えるように十分なレベルの知識を有していなくてはならない。
ガリシア評議会、ガリシア司法局	落札者と業務にあたる人物は、司法機関と検察が要請する翻訳・通訳業務をすべて適正に遂行するのに必要な知識を有していなければならない。
マドリード州、マドリード司法局	落札者と業務提供の任務を負う者はすべて、契約で定められた翻訳、通訳業務をすべて正しく遂行するために**十分な能力**を有さねばならない。
マドリード自治州、マドリード司法局2	［「マドリード自治州、マドリード司法局」の欄に記した内容に加えて］これらの業務の提供は、**公的な学位**［原文ママ］を有するか、**その言語に関係した国か地域のいずれかの出身のネイティブスピーカー、あるいはそれらの地域に最低でも3年間居住したことがある人物**によってなされなければならない。

表2　資格に関する条件（2）

行政機関	職業上の評価に関する条件
司法省、全国管区高等裁判所	契約を結んだ業者は、本人が業務を行う場合も下請けの者が業務を行う場合も、**フランス語、英語、ドイツ語の翻訳と通訳の公的かつ専門的な職業訓練、その他の言語については適切な職業訓練（文献学、同時通訳のコース等）**を受けていること。例外的に、それが困難な言語の場合は、落札者は必要に応じて専門家やその分野に精通した人物と契約を結ぶことができる。
司法省、ムルシア司法局	落札者が契約を割り当てる人物は、契約に付随する義務を正しく遂行できる十分な知識を有すること。
司法省、カスティーリャ・ラ・マンチャ、カスティーリャ・イ・レオン、エストレマドゥーラ司法局	**タイプAの言語**［英語、フランス語、ドイツ語、アラビア語］：通訳翻訳の学士号、**外務協力省の公認通訳に任命されていること**、通訳と（または）翻訳の修士号。最低3年の実務経験。 **タイプBの言語**〔中国語、ポルトガル語、イタリア語、ロシア語、ルーマニア語、ポーランド語、現代ギリシア語、オランダ語、セルビア語、ブルガリア語、アルバニア語、チェコ語、リトアニア語、ウクライナ語〕：前述の条件、あるいは、それを満たさない場合はそれらの言語と関連した大学教育、母語から外国語あるいはその逆の翻訳と通訳を行うのに必要な知識を保証する2年の職業経験。 **タイプCの言語**：タイプAの言語、タイプBの言語で挙げられた条件に加えて、それを満たさない場合は、**業務で用いられる2言語に最も適性があることを証明し**（アフリカ、アジアの方言、少数言語の場合）、母語から外国語あるいはその逆の翻訳と通訳を行うのに必要な知識を保証する2年の職業経験。 例外的に、それが困難な言語の場合は、落札者は必要に応じて専門家やその分野に精通した人物と契約を結ぶことができる。
バスク政府、バスク司法局	通訳に関しては、職業評価についての言及なし。
カタルーニャ州、カタルーニャ州警察	落札者と業務に当たる人物は、カタルーニャ警察が要請する翻訳・通訳業務を適正に遂行するために言語についても警察関係についても十分な知識を有していなくてはならない。 落札者は業務、とくに通訳業務を行う人物がカタルーニャの二つの公用語、カタルーニャ語かカスティーリャ語で直接あるいは双方向への通訳・翻訳を行えるように十分なレベルの知識を有していなくてはならない。
内務省、スペイン警察隊	通訳に関しては、職業資格について特に言及なし。しかし、通訳人の労働条件は最低でも、『事務所・事業所に関する労働協定』の1号職員の条件に準ずること。
バスク政府、バスク自治州警察	事前の指定はなし。

　その他の教育面以外の通訳人の有するべき能力の条件について、入札書類の条項でどのように定められているかにもここで触れておく。カタルーニャ州警察は、通訳人は法的に見て労働が可能な司法状況にあること、あるいは

無効とされたものも含めて犯罪歴を持たないこと、と記している。これらの表記は、下請け業者がイレギュラーな形で通訳人を雇用したことや、近年新聞に載ったニュース（cf. Público 2008a, 2008b）に対していくつかの通訳人の組織（特にカタルーニャの ATIP ATIJC[7]）による告発があったことに端を発しているかもしれない。

5.2　通訳人の継続的な職業訓練

　通訳業界で起こる変化の多さとスピードに対応・適応するために通訳人が受ける職業訓練も、教育面及び職業面での評価と同様に、提供業務の質を左右しうる要素の一つである。実際、継続的な職業訓練は、通訳人の数多くの資格制度の基礎であり、評価試験実施の前に通訳業務に関するセミナーへの出席を制度として義務付けることもできるし、通訳人が資格を維持するために自分の通訳の知識と技術をアップデートするためのコースの受講をするようにさせることも可能である。実際、アメリカ合衆国のいくつかの州（デラウェア州 2011年、テキサス州 2011年）の通訳の資格制度ではそのような試みがなされているほか、筆者が入手した情報によると[8]、オーストラリア翻訳・通訳資格認定機関（NAATI）もそのような制度を置くために規則を改訂中とのことである。

　多文化・多言語の性質を持つ刑事訴訟手続における翻訳と通訳に関する EU のグロティウス・プロジェクト（Grotius Project）とその後継である AGIS プロジェクトもまた、継続的な職業訓練、学士課程および修士課程における統制された職業訓練の三つを通訳養成の基礎と位置付け、継続的な職業訓練について言及している（cf. Martinesen and Rasmussen 2003；Ostarhild 2001）。実際、この種の職業訓練の最大のメリットは、扱う言語が少数言語である場合やその他の要因によって自分の専門言語の職業訓練プログラムにアクセスできない通訳人たちにとって特に有益であるということである。

　表3に示したように、16の入札のうち10は、継続的職業訓練を条件としていない。継続的な職業訓練を求めている入札の中では、難民局やマドリード

表3 継続的な職業訓練に関する規定（1）

行政機関	継続的な職業訓練に関する規定
内務省、難民局	1．落札者は、国内の機関（下院）、難民について扱う国際機関といったさまざまな機関が求めるところに従って、**難民・亡命分野**についてしかるべき**職業訓練**を受けた通訳人の派遣を保障しなければならない。そうでない場合はサービスの提供を行うことはできない。 2．この場合のしかるべき職業訓練とは、**大学、学術機関、難民を保護し援助すること**を目的として合法的に設立された**機関や組織**によってなされるもののみを指す。 3．職業訓練の内容は亡命とは何か（社会、心理分野においてなど）について扱い、授業は15時間以上行われなければならない。
アンダルシア評議会、マラガ司法局	事前の指定はなし。
アンダルシア評議会、アルメリア司法局	事前の指定はなし。
アンダルシア評議会、ウエルバ司法局	事前の指定はなし。
アラゴン政府、アラゴン司法局	事前の指定はなし。
カタルーニャ州、カタルーニャ司法局	業務を行う者への司法行政と司法機関・検察の特色についての理論と実践訓練。 継続的な職業訓練と契約業務に関係する分野（言語分野、法分野、司法行政の特殊な知識など）の知識をアップデートするための訓練。
ガリシア評議会、ガリシア司法局	事前の指定はなし。
マドリード州、マドリード司法局 マドリード州、マドリード司法局2	落札者は下記の内容を含む**職業訓練計画**を実施することによって、サービスの提供を行う人物の職業能力の向上を行わなければならない。 業務に携わる人物に対しての、**司法行政機能**および司法組織と検察庁への出廷の特殊性に関する**初歩的な訓練、理論についての訓練、実践的訓練**。 契約の履行に関係する事柄についての知識（言語、法関係、司法行政に関**する特殊知識**など）をアップデートするための、業務に携わる人物の**継続的訓練、再教育**。
司法省、全国管区高等裁判所	事前の指定はなし。
司法省、ムルシア司法局	事前の指定はなし。

第9章　通訳者の資格試験をめぐって

表3　継続的な職業訓練に関する規定（2）

行政機関	継続的な職業訓練に関する規定
司法省、カスティーリャ・ラ・マンチャ、カスティーリャ・イ・レオン、エストレマドゥーラ司法局	契約成立から遅くとも5日以内に、請負企業は、以下の内容を含む契約業務に携わる人物の職業訓練計画を司法省の自治州支部に提出すること。**司法行政機能、司法用語、司法書類の形式に関する初歩の訓練、理論と実践に関する訓練の計画とテーマを契約成立から遅くとも1ヶ月以内に実施すること。訓練終了後は、遅くとも10日以内に、地方局に訓練を受けた通訳人の名を明記して報告すること。** 契約の履行期間に行われる**関連事項についての知識のアップデートのための継続的な訓練計画。**
バスク政府、バスク司法局	事前の指定はなし。
カタルーニャ州、カタルーニャ州警察	落札者は継続的な職業訓練と業務遂行に関係する分野（言語分野、法分野、司法行政の特殊な知識など）の知識をアップデートするための訓練計画によってその人材の能力を向上させなくてはならない。 落札者は学期ごとに行政局と国家警察総局に出席者とその出席率をふくむ実施コースに関する報告書を提出しなくてはならない。
内務省、スペイン警察隊	事前の指定はなし。
バスク政府、バスク自治州警察	事前の指定はなし。

州、司法省の管轄下のカスティーリャ・ラ・マンチャ州、カスティーリャ・イ・レオン州、エストレマドゥーラ州司法局と同様、司法分野でも警察分野でも継続的な職業訓練を課しているカタルーニャ州の書類が特に目を引く。たいていの場合、この継続的職業訓練は、請け負った業務の分野に関する能力をアップデートすることを目指しているはずである。言語面の職業訓練に言及しているケースでは、通訳技術や職業倫理に関する知識等のアップデートや再教育について全く言及していない。難民局のみが、職業訓練が最低でもどれだけの期間なされないとならないか、誰が訓練を指導するか、そして、契約に関わるすべての通訳人がこの特別な職業訓練を受けなければならないことを定めている。

　このように、法務省が、継続的な職業訓練について定めた書類によって、厳しい予防措置をとろうと試み、この訓練について具体的な期限を設け、訓

練を受けるのが契約に携わる人物であることを確認する対策をとっていることは興味深い。

5.3　通訳方法

　通訳方法、通訳技術に関して、それぞれの違いについては、例えば、事件の手続への被告人の完全関与を保障しているかどうかにあることに言及しておけば十分である。先行研究（cf. Ortega 2010 : 225-247）と筆者の通訳人としての経験に基づいて言うなら、司法・警察分野で最もよく使われる通訳方法は、間違いなく、逐語通訳、サイト・トランスレーション、そしてウィスパリングの順である。非常に特殊な場合にのみ、通訳ブース等の電子機器を使用した同時通訳が用いられてきた（cf. Martin and Ortega 2010）。実際、電子機器を用いた同時通訳は、特定の状況（例えば、審理など）において、被告人の完全関与を保障する唯一の通訳方法である。アメリカ合衆国の州法（1978年法廷通訳法、1988年修正法廷通訳法、s1827(k)）がこの問題をどのように扱っているかは注目に値する。

　　このセクションに続いて公認通訳人あるいは資格を持つ通訳人によってなされた通訳は、アメリカ合衆国における司法手続のいかなる原告に対しても同時通訳でなされ、目撃者に対しては逐語通訳でなされるべきである。ただし、司法官長が、原告の申請がない場合でも原告の求めがあった場合でも、聴聞会開催後にそのような通訳方法が効率的な司法行政の履行に役立つと判断して、同時通訳あるいは逐語通訳を用いることを認めた場合を除く（González et. ál, 1991 : 589）。

　スペインの場合は、現行法では、本章で既に言及した刑事訴訟法440条を除いてはこの点について何も触れていない。書類の中で通訳方法について直接述べている場合（cf. 表4）は、何らかの形で電子機器を用いた同時通訳の適用を見越して通訳は『同時通訳の機器［原文ママ］を使用せず』逐語通訳

のみで行うことを明記する目的で通訳方法に言及しており、モノローグ逐語通訳とダイアローグ逐語通訳（相互あるいはリンク形式）の区別には触れていない。

しかしながら、いくつかの書類（マドリード州、カタルーニャ州、アラゴン州、ガリシア州、スペイン警察隊）では、通訳の双方向性に触れることで、間接的にダイアローグ逐語通訳について言及している。2012（平成24）年の書類（司法省、カスティーリャ・ラ・マンチャ、カスティーリャ・イ・レオン、エストレマドゥーラ司法局）においては明確な形でウィスパリング通訳に触れているが、これは2010（平成22）年（司法省、全国管区高等裁判所）、2009（平成21）年の書類（司法省、ムルシア司法局）の記述とは非常に対照的であり、司法省のさまざまな書類においてどのように基準が多様化していったか、実際の通訳業務遂行に合わせた現実的なものになっていった様が見て取れ、特に興味深い。一方で、バスク自治州警察の書類では、この入札業務の性格上、通訳は電話回線を通じて行われる（cf. Ortega 2011b）とされており、そのため用いられる方法は当然ダイアローグ逐次通訳である。次項で論じるように、他の通訳方法を除外することは、職業倫理のいくつかの項目の適切な遵守における問題につながりうる。

5.4　職業倫理の遵守

通訳人に資格を授与し、その通訳人をリストに加えるなどの方法で通訳として登録した後、そのリストを裁判所や警察、その他の公的機関が用いるという形で通訳業務を行っている国や制度が存在する。そのような場合は、通訳人の登録は資格授与を行った機関の定める職業倫理の厳しい遵守と結びついている場合が多い。通訳人の審査で受験者が職業倫理にどの程度なじみがあり知識を持っているかが考慮される場合もある。いくつか例を挙げると、イギリスの全国公共サービス通訳人登録（NRPSI）やオーストラリアのオーストラリア翻訳・通訳資格認定機関（NAATI）（cf. Ortega 2010：47-53）などがこれに当てはまる。残念ながら、スペインの状況はこれらの国とはかなりか

表 4　通訳の種類

行政機関	通訳の種類
内務省、難民局	特に指定せず。
アンダルシア評議会、マラガ司法局	特に指定せず。
アンダルシア評議会、アルメリア司法局	特に指定せず。
アンダルシア評議会、ウエルバ司法局	特に指定せず。
アラゴン政府、アラゴン司法局	通訳は逐次通訳によって行われる。つまり、同時通訳の機器は使用しない。
カタルーニャ州、カタルーニャ司法局	通訳は逐次通訳によって行われる。つまり、同時通訳の機器は使用しない。
ガリシア評議会、ガリシア司法局	通訳は逐次通訳によって行われる。つまり、同時通訳の機器は使用しない。
マドリード自治州、マドリード司法局 マドリード自治州、マドリード司法局2	通訳は逐次通訳によって行われる。つまり、同時通訳の機器は使用しない。
司法省、全国管区高等裁判所	通訳は逐次通訳で単純（公認通訳でない）通訳によって行われる。
司法省、ムルシア司法局	通訳は逐次通訳によって行われる。つまり、同時通訳の機器は使用しない。
司法省、カスティーリャ・ラ・マンチャ、カスティーリャ・イ・レオン、エストレマドゥーラ司法局	通訳は逐次通訳を優先的に行うが、ウィスパリング通訳（通訳ブースの使用なし）などの他の方法の可能性は排除しない。
バスク政府、バスク司法局	特に指定せず。
カタルーニャ州、カタルーニャ州警察	特に指定せず。
内務省、スペイン警察隊	通訳は逐次通訳（同時通訳の機器は使用しない）および単純（公認通訳でない）通訳によって行われる。
バスク政府、バスク自治州警察	電話通訳。

け離れており、この点に関しては「任命された任務を善良かつ忠実に執り行う」という誓約を通訳人にさせる以外、特別な規則は存在しない。我が国に存在する通訳人の団体（APTIJ、ATIJC、ASETRAD[9]）など）は職業倫理を定めているが、その遵守を会員に義務づけるのみにとどまっている。さまざまな行政機関で職員として働いている通訳者に対してすら、職業倫理規約は定められていない。

　おそらく、職業倫理に関する規制がなされていないために、それぞれの行政機関が入札書類に職業倫理に関する特別な条項を入れていると考えられる。また、マスメディアが報道したいくつかのエピソードも忘れることはできない。報道によると、通訳人として活動する者の中には、立場を利用して犯罪組織に情報を漏らした者もいると言うが（*El País* 2007）、この影響で落札業者が通訳業務にあたる人物の服務規定を明確にしたと思われる。

　表4で明らかなように、職業倫理に関する条項を設けている書類では、特に職業上の秘密（情報の保護、秘密の保持など）と内容に忠実で完全な通訳に関する事項に対して注意を払っているものの、すべての書類がこれらの点について言及しているわけではない。全国管区高等裁判所と司法省管轄カスティーリャ・ラ・マンチャ、カスティーリャ・イ・レオン、エストレマドゥーラ司法局の入札書類のみが、任務中は「ふるまいに最大限の注意を払い、品位と職業意識を持って行動する」あるいは「ふるまいに最大限の注意を払い品位を持って行動する」ことが通訳人に求められると記している。一方、アンダルシア州の入札書類も、法律上、利害の衝突が起こりうる状況について言及している。分析した書類の中で最新のもの（司法省、カスティーリャ・ラ・マンチャ、カスティーリャ・イ・レオン、エストレマドゥーラ司法局、2012（平成24）年）では、通訳人は自分が十分な能力を持つと感じた場合のみ業務を引き受ける義務があるという点にも触れているのが特に興味深いが、これには本章の初めで触れたプエルト作戦のような事例も影響しているかもしれない。にもかかわらず、入札書類によって求められる条件が多様であり、あまり内容を熟考していない場合すらあることには目をひかれる。おそらく行政側はこれらの契約に関わる通訳人がすべて職業倫理規則によって統制されており、

表5　職業倫理に関する規定（1）

行政機関	職業倫理に対する記述
内務省、難民局	記述なし。
アンダルシア評議会、マラガ司法局 アンダルシア評議会、アルメリア司法局 アンダルシア評議会、ウエルバ司法局	契約対象の業務の遂行のために落札業者に指名された通訳人は、携わった業務の内容、性質を完全に内密とし、この義務に従わない場合は個人的かつ直接的な形でペナルティを負い、**職業上の秘密を保護して行動する**。 通訳人が関わる司法手続に関しては、刑事訴訟法416条、464条、468条の規定する棄権、忌避あるいは介入禁止の原因となってはならない。そのため、業務に携わる間は、通訳人はそのふるまいに最大限の注意を払い**職業意識を持って行動すること**。
アラゴン政府、アラゴン司法局	5．口頭での供述と書面の内容に対する忠実。 　落札者は、契約の履行においては、自身とその指示下で業務に携わるすべての者の名において、**通訳対象の口頭での供述の内容、翻訳対象の書面の内容を忠実かつ完全な形で翻訳すること**が義務づけられている。 　6．秘密の保持 　落札者とサービスに携わるすべての者は、契約の履行の際に知りうるいかなるデータについても完全に**秘密を保持し慎重に扱うこと**が義務づけられている。 　契約において責任を負う者あるいは契約業務に関わる者との契約書には、**秘密の保持の終了期限**を明記しなければならない。
カタルーニャ州、カタルーニャ司法局	7.8．秘密の保持と管理の方法 　落札者とその指示下で業務に当たるすべての者は、通訳・翻訳サービスの対象となる情報の内容については完全に秘密を保持すること。 　同様に、落札者とその指示下で業務に当たるすべての者は、直接あるいは間接的に業務に携わっている間に知り得た法律あるいは検察分野のいかなる出来事、情報または文書について完全に秘密を保持しなければならない。 　7.9．口頭での供述および文書の内容に対する秘密の保持の条件 　落札者は、契約の履行においては、自身とその指示下で業務に携わるすべての者の名において、通訳対象となる口頭での供述の内容、翻訳対象となる書面の内容を忠実かつ完全な形で翻訳することが義務づけられている。
ガリシア評議会、ガリシア司法局	4.6．秘密の保持と管理の方法 　落札者とその指示下で業務に当たるすべての者は、通訳・翻訳サービスの対象となる情報の内容については完全に秘密を保持すること。 　同様に、落札者とその指示下で業務に当たるすべての者は、直接あるいは間接的に業務に携わっている間に知り得た法律あるいは検察分野のいかなる出来事、情報または文書について完全に秘密を保持しなければならない。 　4.7．口頭での供述および文書の内容に対する秘密の保持の条件 　落札者は、契約の履行においては、自身とその指示下で業務に携わるすべての者の名において、通訳対象となる口頭での供述の内容、翻訳対象となる書面の内容を忠実かつ完全な形で翻訳することが義務づけられている。

第9章 通訳者の資格試験をめぐって

表5 職業倫理に関する規定 (2)

行政機関	職業倫理に対する記述
マドリード州、マドリード司法局 マドリード州、マドリード司法局2	G．秘密の保持と管理の方法 　落札者と業務に当たるすべての者は、通訳・翻訳サービスの対象となる**情報の内容については完全に秘密を保持すること**。同様に、直接あるいは間接的に業務に携わっている間に知り得た法律あるいは検察分野のいかなる出来事、**情報または文書について完全に秘密を保持しなければならない**。 　H．口頭での供述および文書の内容に対する秘密の保持 　落札者は、契約の履行においては、自身とその指示下で業務に携わるすべての者の名において、**通訳対象となる口頭での供述の内容、翻訳対象となる書面の内容を忠実かつ完全な形で翻訳することが義務づけられている**。
司法省、全国管区高等裁判所	落札者は、契約の履行においては、自身とその指示下で業務に携わるすべてのものの名において、**忠実かつ完全な形で通訳対象の口頭での供述の内容を翻訳することが義務づけられている**。 　それゆえ、業務遂行中には、通訳人はそのふるまいに最大限の注意を払い、**品位と職業意識を持って行動**し、落札者は通訳人にこれらの点を守らせる責任を負う。
司法省、ムルシア司法局	f．口頭での供述と書類の内容に対する忠実 　落札者は、契約の履行においては、自身とその指示下で業務に携わるすべての者の名において、**通訳対象の口頭での供述の内容、翻訳対象の書面の内容を忠実かつ完全な形で翻訳することが義務づけられている**。
司法省、カスティーリャ・ラ・マンチャ、カスティーリャ・イ・レオン、エストレマドゥーラ司法局	落札業者は、業務に携わる通訳／翻訳人が、自身をその業務に適任であると判断した場合のみ業務を引き受け、業務遂行中に**職業能力上の限界を感じた場合**は、いかなるものも明らかにするように特に注意を払わなくてはならない。一方、下請け業者は、このような状況を克服するために最善の方策をとらなくてはならない。 　落札業者は、自身とその指示下で業務に携わるすべての者の名において、通訳対象の口頭での供述の内容、翻訳対象の文書の内容を**忠実かつ完全な形で翻訳することが義務づけられている**。 　契約の履行に関わる者の契約書では、**秘密の保持の終了期限について言及**し、通訳／翻訳人が業務期間中に知り得たすべての情報を秘密事項として扱うようにさせなくてはならない。落札業者は司法当局と契約の責任を負う機関に対して、職業上の秘密の義務に背くいかなる行為についても報告しなければならない。 　業務遂行中は、ふるまいに最大限の注意を払い品位を持って行動すること。
バスク政府、バスク司法局	入札書類にはいかなる記述もなし。

表5　職業倫理に関する規定（3）

行政機関	職業倫理に対する記述
カタルーニャ州、カタルーニャ州警察	4.7.　秘密の保持と管理の方法 　落札者とその指示下で業務に当たるすべての者は、通訳・翻訳の対象となる情報の内容については完全に秘密を保持すること。 　同様に、落札者とその指示下で業務に当たるすべての者は、業務に携わっている間に知り得た警察分野のいかなる出来事、情報または文書について完全に秘密を保持しなければならない。 　この秘密の保持はオリジナルを含むあらゆる種類のメディア（紙媒体、磁気記録メディア、情報メディア）と、受領したメディアをもとに落札者が行ったあらゆる業務に適用される。 　上記の条件を守るために、落札業者は秘密の管理の保証に必要な手段をとらなくてはならない。 　落札者は業務に携わるために選出された翻訳・通訳人のデータを求められた際には、それを提出しなくてはならない。国家警察総局は、通訳・翻訳人がこの項目を満たさない場合や適正な業務遂行に必要であると判断する場合にはいつでも通訳・翻訳人の交代を求めることができる。 　4.8.　口頭での供述および文書の内容に対する秘密の保持の条件 　契約の履行においては、落札者と業務に携わるすべての者は通訳対象となる口頭での供述の内容、通訳・翻訳対象となる書面と通話の内容を忠実、完全かつ公平な形で翻訳することが義務づけられている。 　国家警察総局はこの項目が守られない場合は通訳・翻訳人の交代を求めることができる。
内務省、スペイン警察隊	6.6.　秘密の保持・保護に関する規定 　落札業者とその命令あるいは指示のもとで業務に携わる者は、翻訳や通訳の対象となる**情報の内容について完全に秘密を保持しなければならない。**同様に、それぞれの**通訳人が秘密保持の条項に署名し、その業務上の義務に忠実であることを誓約し、保証しなければならない。そして、その秘密保持の義務に背いた場合は、非親告罪に問われることを自覚しなければならない。**また、法的に最大限に保護されるべき機密情報、データ、対象に対して特別の注意を払うことを保証し、該当する規則が定める内容を厳守することを文書によって示さなければならない。 　同様に、落札業者と業務に携わるすべての者は、機密とされている事柄、行動、書類、情報、データ、事物の機密事項に関する規則を厳守しつつ、業務遂行によって知り得たいかなる**警察関係の情報について完全に秘密を保持**しなければならない。 　6.8.　口頭による供述内容、通話内容、書類の内容の秘密の保持 　落札業者は、自身とその指示下で業務に携わるすべての者の名において、**通訳対象の口頭での供述の内容を忠実かつ完全な形で翻訳することが義務づ**けられている。契約業務に含まれる翻訳対象の書類の内容、通話内容についても同様である。
バスク政府、バスク自治州警察	入札書類にはいかなる記述もなし。

規則を遵守することが当然のことであると考えているのであろう。
　この点に関連して、行政がこれらの入札書類の条件がどの程度満たされているかを確認しているのかという点について次節で扱う。

6 | 入札業者による、質の保証の必要条件の遵守

　入札書類が質の高いサービス提供に疑いの余地なく必要な条件に触れていても（実際、多くの書類が触れているが）、掲げられた条件が満たされているかを確かめるコントロール・システムがなければ、ほとんど、いや全く効力を発しない。実際のところ、いくつかの入札書類ではこのような仕組みについても触れている。
　事実上、分析したすべての入札書類が通訳人の資格について触れており、落札業者に契約業務にあたる通訳人の詳細なリストを行政に提出することを求め、通訳人の能力について明記することを要求している書類もいくつかある。さらに、リストに生じるいかなる修正も通知しなければならないとしている場合もある。しかしながら、行政は契約業務を遂行する通訳人が本当に入札の際に業者側の書類に記載された人物と同一なのか確認しているのであろうか。
　これはこの問題の肝心な点であり、通訳サービス統制のための現行制度に対して告発を行った人々（特に通訳人団体、労働組合）の主張の主な論点の一つである。2010（平成22）年3月にATIPが行政に、司法・行政通訳サービスへの通訳派遣において主要な位置を占めるある企業と契約を結ぶことを禁じるよう求める訴訟手続に着手したのも一例である。この告発を主導する人々は、問題の業者がカタルーニャ州政府の司法部のJU59/08番の入札において、契約業務にあたる通訳人らの公認翻訳・通訳人としての公的資格［原文ママ］と、言語知識を保証するようなその他の学術的資格について虚偽の記載を行ったと主張している（ATIP 2010）。
　スペイン警察隊の入札書類のみがコントロール・システムについて触れ、

個人調書、国籍、身分を確認できる証明書などのデータをいつでも照会できるように、落札業者が抱える通訳人の最新のデータ・ベースの情報を行政に提供することを義務づけている。同様に、カタルーニャ州警察の場合、落札業者は入札の際に提出した業務への協力者リストに生じるいかなる修正も通知しなければならないとしており、さらに、カタルーニャ州の司法組織の書類にも同様の記述があるが、こちらではさらに詳しい指示がなされている。一方、アンダルシア州の場合、入札において評価の対象となる協力者リストと、契約業務に実際にあたる人物を明記した落札後に契約書に記載されるリストを区別しており、これについてはいかなる修正も行政に通知しなくてはならない。しかしながら、リストは契約に責任を負う行政官の手にあり、通訳人とともに業務に当たる司法官には入手できないものと思われる。その上、申請の際にそれぞれの業務にどの通訳人を割り当てるか決定するのは業者であり、そのため、司法官たちはこのリストに名を連ねる通訳者の誰が業務を行うかを決めることはできない。それゆえ、契約業務を遂行する通訳人が本当に前述のリストに記載されている人物なのかを、いかなる形にせよ、徹底的に確かめることは不可能のように思えるのである。

　すべての入札でそうというわけではないが、品質管理の資格を持つ業者を高く評価するケースがあるのは確かである。全国管区高等裁判所の場合もスペイン警察隊の場合も具体的にどの資格を評価するのかは明記していない一方で、アンダルシア州の入札書類では、品質管理の一般的な事項について定めている『UNE-EN ISO 9001 品質マネジメント・システム――要求事項』（2008（平成20）年）、そして翻訳サービスの品質管理について定めている『UNE-EN 1538 翻訳サービス』（2006（平成18）年）を有することを求めている。すでに述べたように、『UNE-EN 1538』では、認定を受けた業者が雇用する翻訳者が有するべき職業資格についてはっきりと定めているものの、通訳についてのルールは明記しておらず、したがって業者自身が、本章の分析対象のような契約に携わる通訳者たちにこれらの条件を課すかどうかを決めるのである。

　すでに触れたように、継続的な職業訓練に言及している入札書類はわずか

であるが、職業訓練が実際に実施されるか、あるいは、その訓練を受けるのがこれらの契約業務に関わる通訳者と同一人物であるのか、確かめることはできるのだろうか。筆者の調査によると、難民局の場合、入札書類で触れられている訓練コースは、難民局が企画・実施するものであったが、その費用は下請け業者が負担しなくてはならなかった。このような形での実施であれば、コースの内容は難民に関する事項で通訳人が知っておくべきだと難民局の責任者が考えるものとなる。しかしながら、このコースは定期的に実施されたわけでもなく、また、難民局の業務を請け負うすべての通訳人が受講したわけでもなかった。

マドリード州の場合、現在業務を請け負っている業者らが契約に関わる通訳人に職業訓練コースを提供していることを確認することはできなかったが、これは入札書類の記載内容に反している。さらに、カタルーニャ州でも同じようなことが起きているが、カタルーニャ州の警察関係の入札書類ではこの訓練と、通訳人の受講の条件をかなり詳細に定めているのである。

司法省の直近の入札を見ると、通訳人の訓練プログラムの実施に対して具体的な期限を設け、さらに下請け業者はこの訓練を受けた通訳人のリストを提出するように求めている。おそらく、下請け業者が請け負った業務につかせた通訳人が本当に職業訓練を受けた者であるか、そして入札において評価の対象となった人物と同一であるかを確かめるために、このリストと契約業務に携わる通訳人のリストや提供業務の保証書とを照合することが目的であろう[10]。

興味深いのは、いくつかの入札業者は、その後実行に移さないにしても、業務計画書に通訳人養成計画を含めていることである。前述のATIPの申し立ての訴訟資料によると、2008（平成20）年にカタルーニャの司法通訳業務を請け負った業者は通訳人養成計画において虚偽の記載を行った。彼らは雇用している通訳人それぞれに年間750時間の職業訓練（テーマ別の内容と司法翻訳に250時間、法知識のアップデートに250時間、言語と通訳の再トレーニングに250時間）を行うことを約束したものの、実施しなかったのである。2009（平成21）年の入札では、この訓練計画は一人当たり年間250時間まで縮小され

ている。いずれにせよ、どちらの計画も常軌を逸した非現実的内容で、わずかでも学術分野に通じる者が目にしたなら警鐘を鳴らしたに違いない。750時間の職業訓練とはどの専門分野にせよ大学の学部の１年間の授業数と同じ時間を割くということで、また、250時間とは欧州単位互換制度における7.5単位の科目の４科目分に相当するのである。もしこの職業訓練が実際に行われていたなら、通訳人に通訳業務を行う時間そのものがあったかどうかも疑わしい。実際、この業者のホームページは通訳人養成に関しては合計４時間のコース実施の告知しているのみで、「オンライン資料の検索と操作および語彙集の編纂」という題目で「司法通訳業務に有用で欠かせないウェブページと辞書を検索する方法について学び、訓練する。また、語彙集の編纂とその活用についても学ぶ」というものである。

　使用される通訳方法に関して言えば、訴訟手続のそれぞれの場面にどのような方式の逐語通訳が適切なのかには触れておらず、入札書類の内容は明らかに理に適っていない。通訳がウィスパリング通訳やサイト・トランスレーションで業務を行う可能性を排除しているのではないかという疑問すら湧いてくる。さらに、プロの通訳人がその通訳方法がより良い通訳業務のために最良であり、例えば起訴手続に用いられている言語を解さない被告に対して裁判への完全参加を保障すると判断した場合、これらの方法を適用するのは当然のことである。しかし、本章で分析した入札書類のほとんどでは通訳業務のための特殊な訓練を受けていることが不可欠の条件とはなっておらず、逐語通訳をどのような方法で行うのか、モノローグ形式なのかダイアローグ形式なのか、そして、そのために契約業務に当たる通訳人はどのような技術を持たなくてはならないのかという疑問が新たに湧く。

　通訳ブースを用いた同時通訳の場合は事情が異なり、契約書にはこの方法は用いないと明記されている。すでに述べたが、審理に通訳を必要とする被告が複数出廷している場合の通訳はどのような形で行われるのだろうかという疑問が湧く。インド洋で起こったバスクのマグロ漁船アラクラナ号誘拐事件の容疑者の全国管区高等裁判所における裁判は、その一例である。テレビ・ニュースで流れた裁判の映像[11]を見る限り、入札書類に示されているよ

うに容疑者たちには、彼らへの質問の逐語訳しかなされていなかった。映像では、証人の証言などがウィスパリング通訳で伝えられている様子はなく、この裁判では被告人たちの公正な裁判と裁判への完全参加の権利が保障されているのだろうかという疑問を筆者に抱かせ、その後の訴訟手続とは極めて異なっていた（cf. Martin and Ortega 2010）。

　入札書類に記されている職業倫理に関する事項が遵守されているか、特に忠実で完全な通訳がどの程度なされているかを確認するのはさらに困難であるようである。書類中で唯一なされている言及は、この事項に違反した場合、通訳人も業者も法が定めるところに従って、彼ら自身が直接その責任を負わなくてはならないというものである。このような場合には、通訳人の交代もありうる。これに関しては、いくつかの業者は保身のために通訳人に秘密保持の条項への署名を求めるが、この点についてもいくつかの契約書類に記述がある。

　さて、通訳人の資格に関する条件はかなり曖昧なもので、真にプロと言える通訳人が業務にあたることがいつも保障されているわけではないという事実を再確認しておく必要がある。もし契約業務に当たる通訳人が特別の職業訓練を受けていないなら、または通訳としての何らかの資格を有していないなら、そして通訳業務について特定の知識が欠けているなら、彼は通訳人を名乗ってよいのだろうか。あるいは、彼は基本的な職業倫理を理解しているだろうか。さらには、彼にそのような規則があることを教えられる人物はいるのだろうか。そして、秘密保持の条項にサインするとき、それが何を意味するのか本当に理解しているのだろうか。

　すでに触れたが、入札書類の定める条件の内容が通訳人にも、彼らと顔をつき合わせて業務にあたる司法官にも知らされていないという事実も見過ごすことはできない。その上、もし業者が雇用する通訳人に対して職業訓練を行わないなら、特に特別な資格を持たない通訳人や未経験の通訳人は、どのようにして業務を進めたらよいのかわからないであろう。これらすべてのことは、業者と行政の両者が通訳人の仕事に期待している内容にも疑いなく影響を与え、最終的には、通訳人の提供するサービスの質をも左右しうる。

本節で扱ったテーマのさらなる考察のために、ほかでもない行政の責任者が、ここで扱ったような契約が適正に履行されているかを監督することの難しさを認めていることを指摘しておく。なぜなら、「行政に関わる契約の管理に当たる者は、平等、入札への参加の自由、手続きの公共性と透明性の原則を守りながら、よりふさわしい業者を選ぶという非常にハードルの高い規則に縛られている［中略］しかし、ひとたび契約業者を決定すると、業務遂行に関する規則はほとんど存在せず、我が国の行政契約の伝統的な規則に沿って進められるのみで、EU の要求事項とは齟齬が生じている」(de la Peña Palomo, 2011：132) からである。

　この事例では人々の自由や公正な裁判の権利が危険にさらされていることを考慮すると、この引用部の内容は少なくとも非常に注意をひく。ペニャ・パロモは翻訳や通訳のような業務契約の入札過程について詳細に記しているが (2011：135)、それによれば、スペインでこのような契約業務の質が低いことは「通訳翻訳の分野では合法性と効率を両立させることが難しい」という事実に端を発している。これらの契約の入札を実施するのは行政であるが、実際は「最終的に司法行政の係官（判事、裁判官、検事、司法秘書）に向けて通訳人・翻訳人は業務を行うのであり、彼らこそが契約書の規定や入札の際に業者から提案された改善点に沿って下請け業者が業務を行っているかチェックすべきなのである」(de la Peña Palomo, 2011：135-136)。

　先ほどの引用が注意をひくものなら、この引用は我々を困惑させるものであり、入札書類に記された条件、さらには下請け業者が契約書類で提案した改善計画が、司法行政の主要部に周知されているのであろうかという疑問が新たに湧く。それならば、何を根拠に契約内容が履行されているか確認したらよいのだろうか。

7 結論

　本章は、ポェヒハッカー（2001）の主張するコミュニケーションの相互作用過程の概念を出発点とし、クライアント（通訳業務を発注するさまざまな行政組織）の観点に立って、司法・警察通訳の質の考察を行った。本章で分析したケースでは、クライアントの期待は通訳業務を請け負う民間業者との契約内容を定める入札書類に反映されていた。以上の考察から、分析した入札書類では、通訳人の資格や継続的職業訓練、職業倫理、通訳方法の種類など質に関係する事項に確かに触れているが、司法通訳においても警察通訳においてもこれらの言及が通訳の目的を完全に達成するのには必ずしもつながっているとは言えない、と筆者は考える。いくつかの行政組織がこの点においてかなりの向上を見せているのも確かである。例えば、司法省の場合、入札書類で質に対する基準について触れており、好ましい進歩がみられる。疑いなく、この進歩はAPTIJ、公的行政通訳人・翻訳人ネットワーク（RITAP）などの通訳人の団体からの圧力とも大いに関係がある。これらの団体は入札の過程で判明した欠陥やそれがもたらす危険について警告するために、担当省の責任者と面談を行うにも至っている。

　加えて、本章では入札書類に示されているコントロール・システムが実際の業務のいくつかでは抑止力とならなかったこと、また、書類に記された内容を効果的に履行できなかったことについても触れた。企業に与えられる質の認定にも同じことが言え、「例えばある企業の経営陣が規格認定を受けたことに義務を負わず、それを信じず、本当の意味でそれを適用しない場合、単に質の認定用のラベルに成り下がってしまう」とアレバリーリョ（Arevalillo 2010）が詳細に述べているように、特に翻訳分野（通訳分野ではない）にはいくつか顕著な例も存在する。

　さらに、契約書類中の質の保証のための記載にもかかわらず、マスメディアが、司法・警察分野の通訳サービス提供における欠陥に関するさまざまな告発・苦情を報道したことも見過ごすことはできない。上級裁判官ルナ氏

(2009) が、彼の法廷で業務にあたった通訳人の非常に多くが通訳資格を持たず、技術に欠け、職業倫理の点で違反があったと詳細な報告書にまとめた事実を忘れることはできない。ルナ氏の報告書では、本章で分析したような契約の履行を司法官が監督する際に起きた深刻かつ例外的な事例の一つを取り上げている。実際、彼の不満申し立てと報告書により、司法全体会議（CGPJ）は刑事訴訟手続における翻訳・通訳の質についての意見を表明し、本章で扱ったものを含むマドリード自治州の入札書類（マドリード司法局2）に具体的な形で評価を下したが、本章で取り上げた必要な通訳資格に対して疑問すら呈している。

> 少なくとも見たところは、公的な学位の証書では通訳人の適性についてはいかなる言及もされておらず［中略］、事実、その国の生まれでその国の言語を話せることは、適切な［中略］通訳［中略］を十分には保証しない。このような見方は、その国や地域に単に3年住んだ経験を持つのみの者の場合にもあてはまり、さらに言語知識の不足は、翻訳対象の言語だけでなくスペイン語にも影響しうる（CGPJ, 2012：conclusión sexta）。

そのようなことに気が付いた通訳人団体のいくつかがとった司法手段、スペイン警察隊における通訳業務について一般から起こされた告発（cf. Público 2008a y 2008b）にも同様のことが言える。

扱わなければならない言語の多様性、通訳・翻訳人を必要とする訴訟と捜査数の増加、必要な場合に通訳が利用できるかどうか、このような問題を扱う権限を持つ組織と行政の多様性などから、司法あるいは警察通訳にかかわる仲介組織が抱える困難について疑問を抱く者はいない。加えて、通訳という職業はいまだ特殊な統制と社会から認知を必要としており、さらにその点からクライアントと司法官が考える通訳の目的や通訳業務に抱く期待と、学術界と通訳人団体が抱くそれとの間に隔たりが生じうることを忘れてはならない。このような状況下で、近年発足した『刑事訴訟における翻訳と通訳の権利に関する委員会』（Unión Europea 2010）では2013（平成25）年10月27日ま

でのスペイン法の改正を即しているが、この委員会は司法・警察通訳が追求すべき目的は何かをより明確な形で定義する唯一の機会となっている。この委員会発足以前の書類や提案と比べると内容はソフトなものになっているものの、委員会では訴訟手続（例えば留置所での弁護士接見など）を含む警察・司法手続全体で通訳サービスが提供されるべきであること、加盟国は「しかるべき資格を持ったフリーランスの翻訳・通訳人の登録」を行う努力をすること、通訳が「手続きの公正さを保つのに十分な質を保持し、［中略］［被告は］弁護の権利を行使できる状態にあること」等を明言している。実際、ほかならぬ司法全体会議の前述の報告書が第4結論で資格を持つ翻訳・通訳人の登録に関して「登録に必要な適性条件を定めるために、将来的にはスペイン法にも反映するべきである」（Consejo General del Poder Judicial, 2012：29）と主張している。

　本章では限定的かつ具体的な分析を行ったが、この結論をより説得力のあるものとする（あるいは説得力に欠けるものにする）ためには、最終的に通訳の質に影響しうる過程に固有のその他の因子の総括的な考察が必要である。そして、これに続いて、カハネ（Kahane 2000）が述べているように、通訳サービスの効果的な計画、コスト、通訳人の報酬体系と職業面でのステータス等の要素を分析することも興味深いだろう。これらの要素については、本章で取り上げた入札書類から多くの情報を得られることだろう。同時に、全体像を理解するために、ポェヒハッカー（2001）は、文書資料の分析と共に、テクストのコーパス、テーマと利害関係を持つさまざまな立場の者へのインタビュー、参加者の会話にどのような相互作用が見られるかの観察を盛り込んだケース・スタディに基づいた方法をとることを提言している。以上のことから、裁判所、警察、移民サービスなどの法に関わる通訳の質の研究は、幅広い研究テーマを提供すると言える。その上、通訳業務とその管理がこれらの公共サービスのイメージや、警察・司法手続あるいは移民手続に関わっている人々に対して大きな影響を与えるため、このような研究は通訳分野の分析を掘り下げ、その発展、職業化、認知に貢献するためにも必要であると言える。実際、本章の冒頭で触れたプエルト計画の裁判の例では、取材を許可

された国内外のメディアも「適切な能力を持つ通訳人不在のスペイン法廷で起こった国際的な物笑いの種」（*El País*, 2013b）であると報道したのである。

◆注

訳注1　前章のアルコネロ「スペインにおけるリーガル通訳翻訳、司法通訳翻訳、公認通訳翻訳」の定義によれば、司法通訳翻訳とはリーガル通訳翻訳が裁判所で行われる場合を指す。本章では司法通訳翻訳の中でも特に司法通訳について扱っている。また、警察で行われる警察通訳についても扱う。

訳注2　本章は以下の論文を著者の許可のもとスペイン語から日本語へ翻訳したものである。"La intérprete no sólo tradujo lo que le vino en gana, sino que respondió ella a las preguntas que los abogados le realizaban al testigo: requisitos de calidad en la subcontratación de servicios de interpretación judicial y policial en España", Sendebar, núm. 24, 2013, pp. 9-42. なお、著者の許可を得て改題を行っている。

訳注3　スペイン治安警備隊が2006年に行った一連の捜査活動で、スポーツ選手の顧客にドーピング用の薬物を処方した容疑で医師エウフェミアノ・フエンテスが逮捕された。彼の顧客リストにはサッカー、テニス、自転車競技、陸上競技の選手たちが名を連ねており捜査対象となったが、最終的には一部の自転車競技選手のみが検挙された。

1）　筆者はこの事件のコミュニケーション上の特色を分析するために、裁判の録音資料を入手した。証人の証言と通訳人の訳等を分析した結果、報道内容が真実であるかどうかを自身の目で確かめることができた。また、スペインの著名な通訳人団体も報道機関と同様の内容を伝え、プレスリリースではプエルト作戦の裁判で起こったことの原因を究明しようと努めている（cf. AICE, 2013; APTIJ, 2013）。さらに、マドリード自治州から通訳業務の委託をされた企業もプレスリリースで、通訳人への非難に対して反論を行っている（cf. Seprotec, 2013）。

2）　スペインの司法分野においては、約100人分の通訳翻訳人の雇用枠があり予算が配分されているが、そのすべてが埋められているわけではない。その中の約半分は司法省の管轄で、残りの半分は司法分野の権限を持つ自治州（アンダルシア、カタルーニャ、マドリード、カナリア諸島、バスク、ガリシア、アラゴン、アストゥリアス）（cf. Ortega 2011a: 98-99）の管轄である。一方、内務省（スペイン警察隊、治安警備隊、難民局、刑務所施設）関連では約260人のポストがある（cf. Ortega 2011b; Ortigosa 2010）。

3）　この点について筆者は疑問を抱いているが、ここでは触れない。

4）　通訳業務のコスト、通訳人の雇用制度、料金体系等、通訳の質についての参考文献（cf. Kahane 2000）が指摘している他の要素についての分析も可能であるが、紙幅の都合により扱うことができなかった。

5）　ヨーロッパにおける通訳資格の条件については以下を参照のこと。

第 9 章　通訳者の資格試験をめぐって

　　　http://www.agisproject.com/
　　　http://ww.eulita.eu.
6)　以下、本章の表中の太字部分は筆者による。
^{訳注4}　表中のアルファベット及び数字は契約書類に記載されているものをそのまま引用したものである。
7)　Associació de Traductors i Intèrprets Jurats de Catalunya（ATIJC）（www.atijc.com）; Associació de Traductors i Intèrprets Professionals de Girona（ATIP）（www.atipgi.org）.
8)　2011年3月、2013年3月のニュー・サウス・ウェールズ大学のサンドラ・B・ヘール博士との個人的なメールのやり取りによる。ヘール博士は「NAATI テスト改善、テストと評価のための NAATI の基準の新モデルのための概念的概要の開発」プロジェクトの責任者である。このプロジェクトは NAATI のの要請によって始められたもので、2012年11月付のレポートが機関のウェブ・ページで閲覧可能である。また、その後の進捗状況についてもウェブページで確認できる。http://www.naati.com.au/int.html
9)　Asociación Profesional de Traductores e Intérpretes Judiciales y Jurados（APTIJ）（www.aptij.es）; Associació de Traductors i Intèrprets Jurats de Catalunya（www.atijc.com）; Asociación Española de Traductores, Correctores e Intérpretes（ASETRAD）（www.asetrad.com）
10)　入札の責任者とコンタクトをとったが、落札業者が継続的な職業訓練の項目を遵守しているかどうか確証を得ることはできなかった。
11)　以下のウェブページから裁判の抄録を入手し、どのように通訳がなされたかを確認することが可能である。　www.elmundo.es/elmundo/2011/02/03/espana/1296737329.html

◆参考文献

Arevalillo, Juan José（2010）. *Gestión de proyectos de traducción y gestión de calidad*. Material didáctico diseñado por Hermes Traducciones y Servicios Lingüísticos S.L. Referencia personal.

ATIP（2010）. *Solicitud de declaración de prohibición de contratar con la Admón. Pública en el marco del expediente de contratación JU59/2008*. Referencia personal.

Berk-Seligson, Susan（1990）. *The Bilingual Courtroom: Court Interpreters in the Judicial Proc*ess. Chicago: University of Chicago Press.

Collados, Ángela y Gile, Daniel（2002）. La qualité de l'interprétation de conférence: une synthèse des travaux empiriques. Cai, Shiao Hong（ed）. *Recent Research into interpreting: new methods, concepts and trends*（中国語）（312-326）. Hong Kong: Maison d'éditions Quaille.

Consejo General del Poder Judicial（2012）. *Informe sobre el régimen jurídico aplicable a la interpretación y traducción de idiomas extranjeros en el proceso penal, 15 de noviembre de 2012*. Referencia personal.

De la Peña Palomo, Juan José (2011). La contratación administrativa de los servicios de traducción e interpretación desde la perspectiva del gestor público. En RITAP (eds.). *Libro Blanco de la traducción y la interpretación institucional*. Madrid: Ministerio de Asuntos Exteriores. Segunda edición.

Dueñas González, Roseaan, Vásquez, Victoria F y Mikkelson, Holly (1991). *Fundamentals of Court Interpretation: Theory, Policy and Practice*. Durham, NC: Carolina Academic Press.

El País (2007). Dos intérpretes de la policía falsearon por dinero las declaraciones de inmigrantes. *El País*, 1 de agosto de 2007.

— (2013a). El eterno problema con el inglés. *El País*, 18 de febrero de 2013.

— (2013b). La falta de medios ensombrece el mayor juicio por dopaje en España. *El País*, 25 de febrero de 2013.

El Periódico (2013). Una justicia sin intérpretes. *El Periódico*, 14 de febrero de 2013.

Foulquié, Ana Isabel (2002). *El intérprete en las dependencias policiales: perspectivas de abogados y estudiantes de Derecho de Granada*. Proyecto de investigación tutelada inédito, Dpto. de Traducción e Interpretación, Universidad de Granada.

Hale, Sandra B. (2004). *The Discourse of Court Interpreting: Discourse practices of the law, the witness and the interpreter*. Ámsterdam/Philadelphia: John Benjamins.

— (2008). Controversies over the role of the court interpreter. En Valero Garcés, C. & A. Martin, A. (eds.). *Crossing Borders in Community Interpreting: Definitions and dilemmas* (99-122). Ámsterdam/Philadelphia: John Benjamins.

Kahane, Eduardo (2000). Thoughts on the Quality of Interpretation. *Communicate! AIIC Webzine, May 2000*. ⟨http://www.aiic.net/ViewPage.cfm/page197⟩ [Consulta: 20 febrero 2011]

Martin, Anne y Juan Miguel Ortega Herráez (2010). Nuremberg in Madrid: The Role of Interpreting in the Madrid Train Bomb Trial. *Communicate! AIIC Webzine, December 2010*. ⟨http://www.aiic.net/ ViewPage.cfm /page3548⟩ [Consulta: 20 febrero 2011].

Martínez-Gómez, Aída (2009). *La interpretación en las instituciones penitenciarias de la Comunidad Valenciana: el tratamiento del componente lingüístico con fines integradores*. Proyecto de investigación tutelada inédito, Dpto. de Traducción e Interpretación, Universidad de Alicante.

Martinsen, Bodil y Rasmussen, Kirsten K. (2003). What Skills and Structures should be required in Legal Interpreting and Translation to meet the Needs? Hertog, E. (ed.). *Aequalitas: Equal Access to Justice across Language and Culture in the EU (Grotius project 2001/GRP/015)*. Amberes: Lessius Hogeschool.

— y Dubslaff, Friedel (2010). The cooperative courtroom: A case study of interpreting gone wrong. *Interpreting. International Journal of Research and Practice in Interpreting*, 12:

1, 21-59.
Ortega Herráez, Juan Miguel (2006). Análisis de la práctica de la interpretación judicial en España: el intérprete frente a su papel profesional. Granada: Servicio de Publicaciones de la Universidad. Obtenido el 10 de enero de 2011 desde 〈http://biblioteca.ugr.es/〉.
— (2010) Interpretar para la Justicia. Granada: Comares.
— (2011a) Cómo acreditar intérpretes a través de la traducción: análisis crítico de la acreditación profesional de intérpretes jurídicos en España. *Trans: Revista de Traductología*, núm. 15.
— (2011b) El uso, no uso o abuso de las nuevas tecnologías en la práctica profesional de la traducción y de la interpretación en contextos policiales. Valero, C., Bodzer, A., Vitalaru, B. y Lázaro, R. (eds.). *Traducción e Interpretación en los Servicios Públicos en un Mundo INTERconNETado - TIPS en INTERNET / Public Service Interpreting and Translation in a Wild Wired World- PSIT in WWW-*. Alcalá de Henares: Servicio de Publicaciones de la Universidad..
Ortigosa, M. Dolores (2010). El traductor/intérprete del Ministerio del Interior: ese gran desconocido. (研究発表) *I Jornadas Científicas CES Felipe II: Últimas tendencias en Traducción e Interpretación, Aranjuez 7-9 de abril de 2010*.
Ostarhild, Edda (2001). Continuing Professional Development. En Hertog, E. (ed.). *Aequitas Access to Justice across Language and Culture in the EU*. Amberes: Lessius Hogeschool.
Pöchhacker, Franz (2001). Quality Assessment in Conference and Community Interpreting. *Meta: Journal des Traducteurs / Meta: Translators' Journal*, vol. 46, n° 2, 410-425.
Público (2008a). Interior emplea traductores sin garantías en sus investigaciones. *Público*, 5 de junio de 2008.
— (2008b). Extranjeros sin garantías de juicio justo en España. *Público*, 6 de junio de 2008.
RITAP, Red de Intérpretes y Traductores de la Administración Pública (2010). Conclusiones de la Jornada de presentación del proyecto de Libro Blanco de la traducción e interpretación institucional. *Punto y Coma, boletín de los traductores españoles de las instituciones de la Unión Europea, n° 117-número especial, marzo/abril/mayo 2010*.
— (2011). *Libro Blanco de la traducción y la interpretación institucional*. Madrid: Ministerio de Asuntos Exteriores. Segunda edición.
UNE-EN 15038 *Servicios de traducción*.
UNE-EN ISO 9000 *Sistemas de gestión de la calidad – Fundamentos y vocabulario*.
UNE-EN ISO 9001 *Sistemas de gestión de la calidad – Requisitos*.
Vigier, Francisco Javier (2010). *El nombramiento de traductores-intérpretes jurados de inglés mediante acreditación académica: descripción de la formación específica y del grado de satisfacción de los egresados*. Granada: Editorial de la Universidad de Granada.
Wadensjö, Cecilia. (1998). *Interpreting as Interaction*. Londres: Longman.

Recursos electrónicos consultados

AICE, As*ociación de Intérpretes de Conferencia de España (2013)*. La interpretación simultánea no es un juego. 〈http://www.anavitraduccion.com/cms3/UserFiles/236/File/INTERPRETACION%20JUICIO%20%20DOPAJE%20CICLISMO.pdf〉［Consulta: 27 de febrero de 2013］

APTIJ, Asociación Profesional de Traductores e Intérpretes Judiciales y Jurados (2013). Comunicado de la APTIJ de 19 de febrero de 2013. 〈http://www.aptij.es/img/doc/Comunicado%20APTIJ%20Operaci%C3%B3n%20Puerto%2018-02-13%20(1).pdf〉［Consulta: 20 de febrero de 2013］

Comisión Europea (2003). *Libro Verde de la Comisión Europea: Garantías procesales para sospechosos e inculpados en procesos penales en la Unión Europea*. COM (2003) 0075. 〈http://europa.eu.int/eur-lex/es/index.html〉［Consulta: 1 mayo 2004］

De Luna, P. (2009). *Informe de la Magistrada Pilar de Luna Jiménez de Parga: Incumplimiento por parte de Seprotec*. 〈http://www.elgasconjurado.com/2010/02/15/informe-de-la-magistrada-pilar-de-luna-jimenez-de-parga〉［Consulta: 20 enero 2011］

Ley de Enjuiciamiento Criminal, promulgada por Real Decreto el 14 de septiembre de 1882. 〈http://noticias.juridicas.com/base_datos/Penal/lecr.html〉［Consulta: 12 febrero 2011］

NAJIT, National Association of Judiciary Interpreters and Translators (2010). *Code of Ethics and Professional Responsibilities*. 〈http://www.najit.org/about/NAJITCodeofEthics FINAL.pdf〉［Consulta: 22 noviembre 2010］

Seprotec (2013). *Comunicado sobre el caso Puerto*. 〈http://www.seprotec.com/index.php?option=com_docman&task=doc_view&gid=135&Itemid〉［Consulta: 27 de febrero de 2013］.

State of Delaware (2011). *State of Delaware Administrative Office of the Courts, Court Interpreter Program: Qualification and Registration*. 〈http://courts.delaware.gov/GeneralInfo/credentialing.pdf〉 ［Consulta: 20 enero 2011］

State of Texas (2011). *Licensed Court Interpreters Frequently Asked Questions*. 〈http://www.license.state.tx.us/court/lcifaq.htm〉 ［Consulta: 20 enero 2011］

Unión Europea (2010). Directiva 2010/64/UE del Parlamento Europeo y del Consejo, de 20 de octubre de 2010 relativa al derecho a interpretación y a traducción en los procesos penales, *Diario Oficial de la Unión Europea, 26 de octubre de 2010.* 〈http://eur-lex.europa.eu/LexUriServ/LexUriServ.do?uri=OJ:L:2010:280:0001:0007:ES:PDF〉 ［Consulta: 27 octubre 2010］

◆参考資料：本章で分析した入札書類

Interpretación en servicios de asilo

Ministerio del Interior – Oficina de Asilo y Refugio: Pliego de prescripciones técnicas para la contratación de un servicio de intérpretes para la Oficina de Asilo y Refugio

(Subdirección General de Asilo). Expediente: P08/033.

Interpretación judicial

Andalucía-Huelva: Pliego de prescripciones técnicas para la contratación del servicio de interpretación y traducción en los procedimientos instruidos por los órganos judiciales de la provincia de Huelva. Expediente: S08/2010.

Andalucía-Almería: Pliego de prescripciones técnicas del contrato de servicios para la interpretación y traducción en los procedimientos instruidos por los órganos judiciales de la provincia de Almería. Expediente: AL/SV-14/10.

Andalucía-Málaga: Pliego de prescripciones técnicas particulares del servicio de interpretación y traducción en procedimientos penales instruidos por Órganos Judiciales de la provincia de Málaga. Expediente: 74/2009.

Aragón: Pliego de prescripciones técnicas para la contratación del servicio de traducción e interpretación en los órganos judiciales de la Comunidad Autónoma de Aragón. Expediente SGT 48/2010.

Ministerio de Justicia – Audiencia Nacional: Pliego de prescripciones técnicas para la contratación de una asistencia técnica de interpretación en los órganos judiciales adscritos a la Gerencia Territorial de Órganos Centrales. Expediente: VAR 01/10

Cataluña: Plec de condicions tècniques del contracte de serveis d'interpretació i traducció d'idiomes destinat als òrgans judicials i fiscalies de Catalunya. Expediente: JU-188/09 GEEC 2009 2000.

Madrid: Pliego de prescripciones técnicas para la contratación del servicio de interpretación y traducción de idiomas destinado a los órganos jurisdiccionales y fiscalías de la Comunidad de Madrid. Expediente: 17-EG-00418.4/2006.

Madrid: Pliego de prescripciones técnicas para la contratación del servicio de interpretación y traducción de idiomas destinado a los órganos jurisdiccionales y fiscalías de la Comunidad de Madrid 2012-2013 (dos lotes). Expediente: 03-EG-01294.3/2011. Plazo de ejecución: desde el 18/25 de febrero de 2012 hasta el 31 de diciembre de 2013. Duración máxima del contrato incluidas las prórrogas: 22 meses y 12 días.

Ministerio de Justicia – Murcia: Pliego de prescripciones técnicas para la contratación del servicio de traducción e interpretación en los órganos judiciales adscritos a la gerencia territorial de Murcia. Expediente: VAR 05-09.

Ministerio de Justicia – Castilla la Mancha, Castilla y León, Extremadura: Pliego de prescripciones técnicas para la contratación por lote de un servicio de traducción e interpretación en los órganos judiciales adscritos a diversas gerencias territoriales. Expediente: VAR 10-13/12.

País Vasco: Pliego de prescripciones técnicas para la contratación de Servicios de traducción e interpretación en juicio para atender las necesidades de los Órganos Judiciales y Servicios de la Viceconsejería sitos en la Comunidad Autónoma de Euskadi. Expediente: C02/051/2008.

Galicia: *Prego de prescripcións técnicas de rexerán na contratación do servizo de tradución e interpretación para a Administración de Xustiza en Galiza.* Expediente: SEXU 16-17-18-19-EM.

Interpretación policial

Ministerio del Interior – Cuerpo Nacional de Policía: Pliego de prescripciones técnicas para la contratación del servicio de intérpretes en el marco de actuaciones del Cuerpo Nacional de Policía. Expediente: 007/09/CO/05.

Gobierno Vasco – Ertzaintza: Pliego de bases técnicas del servicio de interpretación telefónica para la Ertzaintza (incluido Tráfico) y otros usuarios del Dpto. de Interior. Expediente: GE-174-10.

Generalitat de Cataluña – Mossos d'Esquadra: *Plec de prescripcions tècniques per a la contractació de serveis d'interpretació i de traducció de llengües a la unitat territorial de la Regió Policial Metropolitana Barcelona del Cos de Mosos d'Esquadra.* Expediente 9/2011.

第10章
米国における法廷通訳人の資格認定制度

鈴木いづみ[1]

1 はじめに

　日本では、法廷通訳人認定制度を導入することについての議論が始まっている段階だが、英語圏や欧州連合（EU）などのような海外においては、既にそういった制度が導入されている。それらの諸国では、法廷通訳の実態や法廷通訳人に求められる資質が異なることもあるが、認定制度が導入されている事実自体が、日本においてしばしば「モデル」ないしは「理想」として取り上げられている。

　例えば、日本弁護士連合会が2013（平成25）年に提出した「法廷通訳についての立法案に関する意見書」も、「通訳人の質の確保，資格，身分保障，さらに公判廷における誤訳防止のための規定等について明文の規定がなく，全て裁判所の裁量等に委ねられている」と現状を批判し、それを改善するためとして、認定制度を導入する必要性を訴えている（日本弁護士連合会 2013）。そして、同意見書は認定制度を導入している管轄の例として、欧州連合（EU）、韓国、オーストラリア、そしてアメリカ合衆国（のハワイ州及びニュージャージー州）を挙げている（同上、2013：6）。

　ところが、法廷通訳人認定制度は国や地域によって多様であるため、日本が認定制度の導入をすることになれば、認定の在り方や運用などについて具

体的な政策を独自に決めなければならないだろう。

　筆者はこれまで15年間ほど、アメリカ合衆国（以下、米国）で日本語の法廷通訳人を務めてきたが、本章ではその経験をもとに、同国における裁判所通訳翻訳について紹介していく。以下において、まず米国裁判所における法廷通訳の現状を考察した後（第1節）、日本語を対象とする通訳翻訳について触れ（第2節）、そして最後に米国における法廷通訳人の倫理について紹介する（第3節）。

　しかし、米国における司法通訳翻訳をめぐる議論に入る前に、まず、英語圏の諸国（オーストラリア、カナダ、そして米国）における法廷通訳に対するアプローチについて少し触れたい。ここでいう「アプローチ」とは、司法通訳翻訳の領域を含む「通訳翻訳」という業務を目指す人をどのように育てるのか、そしてどんな基準で認定するのかについての考え方やそれを取り込む仕組みを意味する。つまり、通訳訓練の際、最初から専門分野（例えば、司法通訳、医療通訳、会議通訳など）に限って通訳者（通訳人）を目指す者を育てるのか、それともまずは主に通訳スキルなどを習得させる一般通訳の訓練を経てから、通訳者（通訳人）が務めたい専門分野に必要な知識や技能を身につけるのか、というジレンマである。国や地域によってさまざまなアプローチが採用されているが、その選択は通訳訓練の内容だけではなく、法廷通訳人認定制度の在り方にも大きな影響を与えている。

　ラスター＆テイラー（Laster and Taylor 1994）によれば、米国、オーストラリア、そしてカナダの英語圏3か国における法廷通訳に対するアプローチは、次の3つに分類できる。①「スペシャリスト・アプローチ（specialist approach）」（米国）、②「ジェネラリストアプローチ（generalist approach）」（オーストラリア）、そして③「教育的アプローチ（educational approach）」（カナダ）である。

　筆者が法廷通訳人を務める米国では「スペシャリスト・アプローチ」が採用されている。つまり、米国では、一般通訳の訓練ではなく、最初から法廷通訳に限った教育をさせ、そして「法廷通訳人」として認定するという考え方である。認定されるには、認定試験に合格しなければならない。その内容

は、当然、法廷の現場を想定した問題やタスクから構成されている。言い換えれば、訓練を経て認定試験に合格した者は正式に「法廷通訳人」として認められることになる。その結果、法廷通訳とは独立した専門性の高い業務として扱われており、法廷通訳人は、「専門職」の立場にあるとされる（Laster and Taylor 1994：31）。この他、米国で通訳認定試験があるのは医療通訳の分野であるが、本章では触れない。

一方、オーストラリアの「ジェネラリストアプローチ」では、通訳（あるいは翻訳）分野を問わず、通訳（翻訳）者はオーストラリア翻訳通訳資格認定機関（NAATI）によって定められた通訳または翻訳のコースを修了し、そしてその試験に合格しなければならない（Laster and Taylor 1994：33）。以前、この国レベルで導入されている制度では、通訳者及び翻訳者は5つの資格レベルに分けられていたが、近年の改正によって、現在は最も低いレベルの「Language Aide」から「Conference Interpreter（Senior）」までの11のカテゴリーとなっている（NAATI 2010）。司法や医療の領域で務めるプロの通訳者・翻訳者を目指す者は、「Professional Interpreter」（通訳の場合）あるいは「Professional Translator」（翻訳の場合）以上の能力（以前の5つのレベルのうち、レベル3）を証明しなければならない（同上）。原則として、法廷通訳人を目指す者も、この試験に合格すべきだと見なされている。

さらに、カナダでは、「教育的アプローチ」が採用されている。この制度においても、オーストラリアと同様、一般通訳翻訳の試験が国レベルで実施さているが、「司法通訳」などのような専門資格は、州が規定する訓練あるいは試験を経て取得するのである（Laster and Taylor 1994：36）。

もちろん、法廷通訳人の訓練およびその認定に関しては、上記で紹介したもの以外にも、さまざまな考え方があるだろう。なぜならば、法廷を含む司法通訳翻訳人の認定制度を導入している国や地域は、上記の3か国だけではないからである。例えば、欧州連合の加盟国もそれぞれのアプローチを採用しており、それによってその国の法廷通訳の在り方や現状が異なる（EUにおける司法通訳の認定制度等について、スペインを例にした第8章および第9章を参照されたい）。スウェーデンにおいても、国家資格としての通訳者（法廷通訳

人はその上位資格）及び翻訳者を認定し運用する制度を確立している（津田 2007）。

2 米国における法廷通訳の実情

2.1 「限られた英語能力」の問題

　米国においては「国語」という概念も法律上の規定もないが、「公式言語」は英語ということになっている。これは日本の「国語」が日本語であるという概念とはかなり内容が異なる。米国はそもそも移民によって建国されてきた国家であるため、入国したばかりの移民は英語を十分に話さない場合が多々ある。20世紀半ば、その状況を解消するために、かなり意識的に移民に英語を強制し、出身国の言語を話させないようにしようという努力が見られた。

　移民第2世代においてはその傾向が特に顕著であった。しかし、移民の流入は今日に至るまで継続しており、「英語が不自由なアメリカ人」の問題は一向に解消されていない。これは特に米国に移民する人たちが圧倒的に多い中南米出身者（ブラジルを除いては、ほとんどがスペイン語を話す人たち）に見られる現象だと言えよう。

　日常生活における不便さはさておき、言語の壁が大きな問題になるのは、法廷ならびに医療というクリティカルな場面である。限られた英語能力（Limited English Proficiency, LEP）しか持たない移民あるいは外国人が出廷しなければならない状況に陥った場合、たとえ通訳人を選任しても、彼（女）らの話が裁判官、検事や陪審員に正しく理解され、また、その逆に裁判官や検事の話が彼（女）らに正しく理解されないことは、今日もしばしば起きている。

　これは通訳人の能力がそのレベルにふさわしくない場合もあれば、通訳人が倫理上適切に行動しないために誤解が生じる場合もある。そういった誤解

は当然、誤審や冤罪につながりうる恐れがあり、適切な法廷通訳の重要性を伺わせるだろう。

本章では、米国における法廷通訳の制度、それを伴う理論、そして実務について考察していくが、次節ではまず、米国における司法制度とその司法通訳翻訳との関係について少し触れたい。

2.2　司法通訳翻訳人の管理、または研修を実施する機関

米国には、全国に所在する州裁判所を援助する機関として、「全国州裁判所センター（National Center for State Courts、NCSC）」がある。非営利団体であるこの機関は、［全米］州最高裁判所裁長官会議（Conference of Chief Justices）や［全米］州裁判所管理官委員会（Conference of State Court Administrators）などの協力をもとに、各裁判所に「権威の知識及び情報」の提供を実施している（同センタのホームページより）。この機関の目標としては、裁判所の機能性を改良することが挙げられる。その一環として、NCSCが法廷通訳人の認定試験を、連邦レベル及び州レベルで実施している（この試験については後述する）。

一方、司法の分野における通訳及び翻訳の改良を目指す組織として、「全国司法通訳翻訳人協会（National Association for Judiciary Interpreters and Translators、NAJIT）」が1978（昭和53）年に設立された。同協会の会員は1200名を超え、その中に法廷を含む司法通訳翻訳人、法律家、裁判官、教育者、言語学者、研究者などがいる（同協会ホームページより）。NAJITの会員は、「倫理規定及びプロとしての責務（Code of Ethics and Professional Responsibilities）」に従わなければならず、通訳翻訳の実務において、「正確性」、「公平性及び利害の対立」、「機密保持」、「実務の制約」、（適切な）「儀礼及び言動」、「知識及び実技の継続向上」、「適切な資格の代表」、そして「準拠に反する妨害」といった資質に関する規則の追随を求められている。

上記の機関以外にも、司法分野に限らず、通訳翻訳の実務向上に努めるプロフェッショナルの協会や組織が数多くあり、それらの機関も通訳翻訳の実務における質の向上やプロフェッショナル化を推進している。それらの重要

な例として、米国翻訳者協会（American Translators Association、ATA）、ミシガン州通訳翻訳ネットワーク（Michigan Translators/Interpreters Network、MiTiN）などが挙げられる。

　また、上記の協会に加えて、カリフォルニア州には「California Federation of Interpreters（CFI、カリフォルニア州通訳人連盟）」という組織が設立された。このCFIは、通訳スキルの向上を目標とし、定期的に通訳人の研修会を開催している。通訳人は、それらの研修会に参加する義務があり、指定された「単位数」を定期的に取得しなければ、通訳人の資格を剥奪される。カリフォルニア州裁判所の規定では、2年間に30時間の認定された研修を終了し、かつ40日間の（法廷に限らない）司法通訳翻訳の実務を果たさなければならない。なお、上記の研修会への参加は、15時間として計算されるので、1年に1回それらに参加し、そして40日間の実務を果たせば、通訳人の資格を維持することができる。

　さらに、米国において通訳翻訳人を務める者には、州によって「法廷通訳人証明カード」が発行される。法廷での通訳業務を行う際、そのカードを身につけ、法曹三者に対して提示することで、法廷通訳人として認められる。州によってその形式などは異なり、例えばカリフォルニア州では顔写真つきの身分証明書となっているのに対して、ミシガン州では顔写真が貼り付けられていない。ただし、どちらもID番号が付いている。いずれにせよ、法廷通訳人は資格のあるプロフェッショナルとして認められていると言っても良いだろう。

　以上から明らかなように、米国では通訳および翻訳、とりわけ司法通訳翻訳という実務は非常に重視されており、そのプロフェッショナル化は必要不可欠であるとされている。また、通訳翻訳人に対する倫理上の期待や実務上に求められる実力も非常に高く、限られた人材にしか挑めない職業だと言えるだろう。

第10章 米国における法廷通訳人の資格認定制度

2.3　NCSCによる法廷通訳人認定試験

　法廷通訳の目標とするところは、法の上での同等性あるいは「等価性（equivalence）」である。すなわち、誰でも英語を母国語とする人と同じだけの情報を得る権利を持つという概念である。これは他の通訳形態と大きく異なる点で、法廷通訳人は言葉の意味を伝えるだけでなく、証人がつっかえれば同じようにつっかえて、証人の心の状況を再現しなければならない。

　このように法廷通訳人は非常に高い技能を要求されるわけだが、能力のある通訳人の不足と法曹側の法廷通訳に対する理解不足から、多くの法廷で通訳人なしで裁判が進行したり、２つの言語が「一応出来る」素人を通訳人として選任したりしているのがこれまでの現状だった。この現状による問題が多発しており、上記で紹介した全国州裁判所センター（NCSC）による法廷通訳認定試験が設けられるようになった。既述の通り、この試験は連邦レベル及び州レベルで実施されている。

　米国においては、スペイン語と英語間の法廷通訳が大勢（約90％）を占める（Berk-Seligson 1990/2000）。したがって、最初に作られたのがこの２言語間の認定試験だった。連邦レベルにおいて、その他の対象言語はナヴァホ語（アメリカ先住民の言語の一つ）およびハイチ・クレオール語（メキシコ湾やカリブ海諸島で使われている言語）である。ただし、2015（平成27）年現在連邦レベルの試験が行われているのはスペイン語のみである。

　一方、州レベルでの対象言語は、アラビア語、BCS（ボスニア／クロアチア／セルビア）語、広東語、クメール語、韓国語、北京語、ポルトガル語、ロシア語、スペイン語、タガログ語、マーシャル語、モン語、フランス語、イロカノ語、ラオス語、トルコ語、ポーランド語、ソマリ語、そしてベトナム語である。2014（平成26）年現在、日本語の認定試験は連邦レベルでは実施されていない。ニューヨーク州では書面並びに口頭試験は行っている。ただし、オンラインディレクトリーはない。

3 日本語の法廷通訳人──その認定および実務

3.1 資格認定試験

　1998（平成10）年から2008（平成20）年の間、日本語英語間の法廷通訳認定試験は、カリフォルニア州のみで行われていたが、この州がNCSCによる試験を採択した時点で日本語試験は中止された。これはカリフォルニア州が財政的負担となっている独自の試験を止め、NCSCの試験に切り替えたこと、全国的には日本語の需要が少ないため、NCSC試験の対象になっていないことが原因である。現在、筆者が知る限りでは認定法廷通訳人として資格を持っているのはカリフォルニア州に住む11人及び（全米で）12人目となる筆者のみである。ちなみにカリフォルニア州法では、法的文書は認定法廷通訳人によって翻訳されたものでなければならず、文書の訳と共に翻訳認定書（Certificate of Translation）を付けることになっている。

　ニューヨーク州でも日本語の法廷通訳人に対する試験は行っているが、これらの通訳人は「Certified Court Interpreters（認定法廷通訳人）」ではなく、「Qualified Court Interpreters（有資格法廷通訳人）」と位置付けられている。通訳人登録にあたって、審査手続が行われるが、登録された法廷人の人数などの情報は公開されていない。

　現在認定されている12名の日英の法廷通訳人はかつて実施されたこの試験を受験し、それに合格した者である。したがって、本節ではその試験の手順、資格、内容について詳述する。なお、カリフォルニア州でも試験実施が中止されたため、本節で紹介する内容は過去において行われた試験に関する情報であることを了承されたい。

　試験を管理する主宰組織は、カリフォルニア州裁判所管理事務所法務協議会（The Judicial Council of California Administrative Office of the Courts（JC/AOC））であり、それを実施する機関として協力人事サービス通訳プログラム（Cooperative Personnel Services（CPS）Interpreter Program）があった。これは後に

第10章　米国における法廷通訳人の資格認定制度

Prometric社という企業が請け負うことになり、同社はNCSCの試験業務を引き続き行っている。

　受験者は一切返済されない250米ドルの申請費用を支払わなければならなかった。この試験は筆記及び口頭という2部から構成されており、認定通訳人になるには、双方の試験に合格する必要があった。筆記試験の申請者には試験の1週間前までに、試験の年月日および時間、そしてカリフォルニア法廷規則より「通訳人の行動規範」(「Professional Conduct for Interpreters」)が郵送されていた。

　また、筆記試験の結果は口頭試験期間の最初の日の約10日間前に郵送されていた。筆記試験の合格者には、口頭試験の場所や日時等に関する情報が郵送されていた。一方、不合格となった受験者には、一回だけの再受験する機会が与えられていた。口頭試験の結果は、受験後試験期間の最後の日から30日以内に郵送で通報されていた。この法廷通訳認定試験は年に2回、カリフォルニア州内のホテルや大学構内で実施されていた。

3.2　筆記試験の内容

　法廷通訳人認定の筆記試験は、双方の言語(英語および日本語)の試験から構成されており、その受験者はさまざまな問題を通じてその言語能力を証明しなければならなかった。英語の試験では、①基本的語彙、②文法と言葉の使い方、③読解力、④司法規則と法廷通訳基準、そして⑤日英翻訳から構築されていた。一方、日本語の試験では、上記の④はなかったが、同族語に関する問題があった(⑤に関しては当然、英日翻訳であった)。

　受験者には、辞書、メモ、その他の持込みは禁止されており、試験場に持って入れる物は、写真入身分証明書、財布、めがね、クルマの鍵のみと厳しく制限されていた。質問数は全部で170問前後であり、約4.5時間かかる計算になっていた。早く終われば早退が認められていた。このテストに合格最低点数は英語、日本語それぞれ最低70点以上取得しなければならなかった。

3.3 口頭試験の内容

　会議室の設定で、承認された標準の試験手順に沿って試験を行う（試験の評価は行わない）試験官の前で受験することになっていた。受験者の声をテープに録音し、後日二人の審査員がテープを聞いて、評価した。審査員は法廷通訳の分野の専門家であり、正規の標準的な評価慣行を適用して試験を評価した。

　筆記試験と同様、口頭試験の際にも、持込物に関して厳しい制限があった。受験者は辞書、本、ノート、かばん、ハンドバッグなどを持ち込んではならず、携帯できるのは写真入身分証明証、試験の通知書、めがね、クルマの鍵、ティシュー、医薬品のみである。社会保障番号（SSN）が必要とされていた。

　口頭試験の受験者は、さまざまな通訳能力、つまり逐次通訳、サイトトランスレーション、そして同時通訳の各能力を証明しなければならなかった。逐次通訳の試験では、証人の宣誓供述部分の通訳を行う。裁判官、弁護人、証人のやり取りを通訳した。試験官が一回当たり1～40語から成るパッセージをテープで再生し、それが停止されたところで、直ちに訳出しなければならなかった。なお、メモを取ることは認められていた。逐次通訳の試験は両言語方向で実施されていた。

　サイトトランスレーションの試験において、300ワード弱の英語の文章を記載した紙を受取り、1分間見てから訳し始めなければならなかった。4分経過するとテープが止められた。次に日本語で同様の作業が行われた。

　同時通訳試験は、裁判の経緯を被告人に同時通訳するという設定で行われた。受験者はヘッドセットを使い、元の発言を聞き、直ちに訳出作業を始めなければならなかった。最初にこの試験部分について説明があるので、その部分を練習として同時通訳することが認められていた。説明が終わると、小休止の後、テスト用のパッセージが始まり、120～140ワード/分というスピードで朗読されていた。裁判官の量刑の言渡や陪審への説示などが使われていた。約3.5分という短い時間であったため、同時通訳の試験に成功するのは非常に困難だったと言っても過言ではない。

上記で紹介した口頭試験において、通訳の正確性（正しい文法、正確な語彙や発音など）はもちろんだが、その「質」も問われ、評価されていた。ここで言う「質」とは、下記の要素がないことをいう：静止・ためらい、過度に繰り返しを要求（逐次の際）、元に戻って訳し直す、言葉・節・文を多様に解釈、言葉・節・文の抜かし、要約、言葉・節・文の意味を変える、聞取れないほど小さい声、あるいは過度に大きな声、言葉が不明瞭、「あー」や「えー」の過剰な使用など。

口頭試験を経た法廷通訳人の候補者のパフォーマンスは次のように評価されていた：

5点：プロとして高い能力で通訳できる。通訳翻訳の必要レベルをクリアしている。
4点：最低限度の能力あり。訳はほぼ一貫していて正しく、デリバリーにも少ししか、あるいは全く躊躇がない。
3点：必要な通訳翻訳レベルのある程度の能力は示しているが、正確さが不足しているため改善が必要である。一貫した正確な通訳をする能力に限界が見られる。省略、言い換え、要約、つけたしなどのため必要な正確さのレベルに達していない。

なお、口頭試験に合格するには4点（即ち、80％）以上が必要だった。

3.4 「公共財」としての司法通訳翻訳人

認定制度の導入によるもう一つのメリットとしては、通訳翻訳人はある意味では「公共財」として位置付けられる点が挙げられる。つまり、認定、または登録された通訳人に関する情報やその連絡先（電話番号や電子メールアドレスなど）は公表されているということだ。例えば民事や商事で司法の分野で通訳、または翻訳のサービスを必要とする（民間人を含む）者は、各州裁判所のホームページにある検索エンジンを使用し、当該言語の通訳翻訳人を

探すことができる。

　州裁判所によって、使える検索オプションなどが異なるが、概ねどの裁判所でも言語別で探すことができる。例えば、テネシー州裁判所の検索エンジンにおいて、次のような検索オプションが使える：「言語」、「都市」、「資格」（「認定」または「登録」）、「活動地域（availability）」（例えば、テネシー州の東部、西部、当州の全地域、州外）。カリフォルニア州（図1参照）やミシガン州の裁判所の検索エンジンも類似したものである（各州裁判所ホームページより）。ただし、連邦レベルの認定通訳人については名前も明らかにされていない。米

```
Basic Search | Advanced Search
8 interpreters found.

Name: Minoura, Eri
Language: Japanese (certified)
Counties: San Mateo , Contra Costa , Del Norte , El Dorado , Fresno , Kings , Madera , Marin , Mendocino , Merced ,
Monterey , Placer , Sacramento , San Francisco , San Joaquin , Santa Clara , Santa Cruz , Sonoma , Yolo , Out of State , All
Counties , Alameda , Out of Country
Contact Information:
  Home phone: not provided
  Work phone: (650) 289-9968
  Cell phone: (650) 793-2592
  Pager: not provided
  Fax: (650) 289-9968
  E-mail Address: eminoura@aol.com
Interpreter Status: Active


Name: Matsutani, Sadaaki
Language: Japanese (certified)
Counties: Los Angeles , Orange , San Bernardino , San Francisco , Ventura , Out of State , All Counties , Alameda , Out of
Country
Contact Information:
  Home phone: not provided
  Work phone: (626) 355-2996
  Cell phone: (626) 318-5197
  Pager: not provided
  Fax: (626) 355-8157
  E-mail Address: matsutani@earthlink.net
Interpreter Status: Active


Name: Suzuki, Izumi
Language: Japanese (certified)
Counties: Out of State , All Counties , Out of Country
Contact Information:
  Home phone: not provided
  Work phone: (248) 344-0909
  Cell phone: (248) 343-9102
  Pager: not provided
  Fax: (248) 344-0092
  E-mail Address: izumi.suzuki@suzukimyers.com
Interpreter Status: Active
```

図1　カリフォルニア州裁判所のホームページにおける通訳翻訳人の検索結果表示例
（出典：http://www.courts.ca.gov/3796.htm）

国裁判所のホームページ（www.uscourts.gov）に行くと、一般的な説明はあるが、裁判所の関係者でないと通訳人にアクセスできないようになっている。

　上記のような司法通訳翻訳に対する考え方は米国に限らない。欧州連合（EU）においても、加盟の各国における司法通訳翻訳人を探せる検索エンジンをまとめた「European E-Justice」というホームページがある。本ホームページでは、EU における司法通訳翻訳に関する説明の他、各加盟国における通訳翻訳の制度（欧州では、「宣誓通訳・翻訳人（sworn interpreter/translator）」という表現が一般であるが、この「宣誓」とは「認定」とほぼ同意味である）に関する情報やそれらの国の検索エンジンへのリンクが貼り付けられている。当該の国のリンクをクリックすれば、その司法通訳翻訳人検索エンジンへと移動され、関心のある言語を担当する通訳翻訳人を探すことができる。

　上記を考慮すれば、海外と日本における司法通訳翻訳への考え方が大きく異なると言えるだろう。日本の司法機関は各自の通訳翻訳人リストを公表しておらず、それらの司法機関の関係者以外、司法通訳翻訳に関する情報へのアクセスは不可能に近いほど限られている。一方、米国や欧州連合などにおいては、司法通訳翻訳人は司法機関だけのためではなく、国民（または EU の場合、各加盟国の国境を越えて「連合民」）のための任務、つまり「公共財」であると言えるのではないだろうか。そういった意味でも、日本は海外の例から学べることが多々ある。

3.5　米国における日英司法通訳人の実務

　米国における日本語の法廷通訳人の需要は、非常に少ないと言えるだろう。これは日系米人がすでに 3 世、4 世を中心にした世代となり英語が母国語になっていること、新たな日本からの大量移住もない上、法廷通訳人の使用が義務づけられている刑事事件に日本人は得てして巻き込まれることが少ないことも原因だと考えられる。

　3.1 節の通り、日英の言語組み合わせにおいて認定されている法廷通訳人は、全米で12名のみである。ところが、他の州では、法廷の場で日本語通訳

を務める者は必ずしも認定された通訳人ではない。ニューヨーク州を除いては、どの州も独自に英日間の認定試験を実施していないし、NSCSにおいても両言語間の試験がないため、民事、刑事を問わず、法廷の場で日本語の通訳が必要となった場合、認定されていない通訳人が選任されることもしばしばある。既述の通り、日本語を必要とする事件（とりわけ刑事事件）は少ないし、日本語を担当する認定通訳人もわずか12名であることからすれば、カリフォルニア以外の州では認定されていない通訳人が活躍していると推定できるだろう。

　言い換えれば、法の場において、日本語の通訳を必要とする全ての事件は、認定された12名の法廷通訳人によって対応されているわけではない。そういった状況は日本語だけではなく、他の「少数言語」においても見られる。つまり、米国のような、法廷通訳人の認定制度を導入している管轄においても、「少数言語」への対応は、それらの制度の「死角」にあると言えるのではないだろうか。

　筆者が在住するミシガン州では、2014（平成26）年10月から民事刑事を問わず裁判所による通訳人の使用規定が厳しくなった。これまでと違い、裁判所は通訳人の必要な法的手続においては、まず認定法廷通訳人（Certified Court Interpreter）を選任しなければならず、断られた場合は有資格法廷通訳人（Qualified Court Interpreter）を選任する。それらの通訳人の選任が不可能な場合、他の通訳人に頼らざるを得なくなる（これは、どの州も似た状況であろう）。

　カリフォルニア州は、以前から法廷通訳人認定制度を導入していたが、平均的な中西部の州もそのようになってきたということは大変顕在的である。ただし、これは巡回裁判所（カウンティーレベルの裁判所）までは徹底されるが、地方裁判所ではある程度の決裁権が認められているため、市町村レベルまで徹底するにはかなり時間がかかるだろう。

　フリーランスとして法廷通訳業務が行われる日本と違って、米国では「法廷通訳人」とはフルタイム、あるいは契約ベースで裁判所に雇われ、刑事訴訟の通訳を務める者を言うが、日本語の需要においては刑事裁判より民事裁判の方が圧倒的に多いと言っても過言ではないだろう。日英認定法廷通訳人

第10章 米国における法廷通訳人の資格認定制度

が最も多く担当する事件としては、製造物責任(「product liability、PL」)、セクハラ、特許侵害などである。ここ数年は2010(平成22)年の独禁法違反容疑で司法省および連邦捜査局(FBI)が日系自動車部品メーカー各社に対し立入り調査を行って以来、独禁法違反に関する通訳翻訳が急増している。

また、アメリカの司法制度の特徴である「開示手続」(「ディスクロージャ、disclosure」)の一環である証言録取(「デポジション、deposition」)においても活躍することがある。そういった場合では、2名の通訳人は「メイン通訳人」および「チェック通訳人」の役割に分かれて通訳の業務を行っていくが、通訳人は対立するそれぞれの当事者に付くため、通訳人の協力をもとにするいわゆる「チーム通訳」とは違う概念である。この証言録取の過程は、裁判所ではなく、一方の弁護士事務所やホテルの一室などが使われるが、行われる場所は裁判所の延長としてみなされ、証人(「Deposed」)も通訳人もまず宣誓することになっている。

そこには法廷速記者(Court Reporter)も臨席する。証言および通訳されたことは録音、録画されることが多い。ここで証言されたことが証拠として裁判所での手続に使われることになる。なお、証言録取が日本で行われることもあるが、それは米国領土と見なされる米国大使館や総領事館に限られている。

4 法廷通訳人の倫理

通訳認定試験に合格した者は、常にその通訳能力のスキルアップやプロフェッショナルとしての倫理などが求められる。それらの倫理上の資質に関しては、上記で紹介したNAJITの規定に記載された項目が典型的であるが、本節では、筆者が参加したカリフォルニア州で開催されたワークショップの経験をもとに、通訳人に求められる資質及び倫理について詳述する。

法廷通訳人に求められる資質の中には、主に正確性(accuracy)、公平性(impartiality)、機密保持(confidentiality)、業務範囲(scope of practice)、プロとし

ての距離を置くこと（professional detachment）、継続教育（continuous education）、そしてプロとしての業務（duty to profession）が挙げられる。下記では、それらの資質について述べ、そして解説する。

4.1　正確性

通訳人はしばしば「導管」（Conduit）に例えられる。すなわち、通訳には不足も、補足もない、元の発言に等しいレジスターや意味合い、そして感情を保った通訳をしなければならない、とされる。例えば、証人が法廷で発言した場合、通訳人もその発言をそのまま別の言語に置き換えなければならない。また、弁護人が法律用語を使った場合、通訳人は、（学歴の低い）証人がそれを理解できないだろうと考えたとしても、同じレジスターを保つべきである。意味を理解できなった証人が「どういう意味か？」と通訳人に尋ねた場合、通訳人はそれをそのまま訳し、それを聞いた弁護人が説明できるようにする。万が一、通訳人が間違いを犯した場合、裁判官にその旨を伝えた上で、間違いを訂正しなければならない。間違いが重要なものである場合も、そうでない時にも次の休憩時間に訂正すべきである。

もちろん、法廷通訳における正確性は非常に重要な概念である。しかし、上記の「導管」という比喩は、司法通訳の研究では以前から批判されている。まず、通訳人はあくまでも人間であり、機械ではない。また、通訳という作業も、単なる言語間における機械的な置き換えではない。起点言語と目標言語が異なれば異なるほど、通訳における等価性を維持することは困難になる可能性を否定できない。

さらに、数字及び固有名詞以外に、通訳における「等価性」は前提として存在しないと主張さえする研究者がいる（ポェヒハッカー 2004）。さらに、「導管」という達成の不可能な、そして望ましくない「理想」ではなく、通訳人は「コミュニケーション・ファシリテーター（communication facilitator）」であるべきだと主張する研究者もいる（Laster and Taylor 1994：111）。

4.2　公平性

通訳人には複数の「クライアント」がいる（通訳サービスを必要とする人たちという意味で）。それらのクライアントとは、被告人、検察官、弁護人、裁判官及び陪審員、証人、そして裁判所の職員である。したがって、利害の対立を避けるため、通訳人は公平でなければならない。つまり、通訳人は目立たない存在であり、そして当事者から距離を置くべきである。また、当事者の味方であると勘違いされるような感情やボディーランゲージなどを見せてはならない。公平になれるか否かについて迷う通訳人は、その旨を裁判官に相談すべきである。

4.3　機密保持

通訳人は機密を保持しなければならない。つまり、被告人に対する弁護人の守秘義務は、通訳人にも適応されている。（裁判官室で行われる）非公開の手続及び検察官・証人間の打ち合わせにおいても、機密保持の義務も生じる。この問題点に関して判断に迷う通訳人も、裁判官に相談しなければならない。

4.4　業務範囲

証人は、同じ言語を話す通訳人に法律に関する相談を求めることがしばしばある。しかし、通訳人による法律的アドバイスは、弁護人の業務範囲を侵害しており、重大な違反である。そういった意味では、弁護人の不在時に法律書類を被告人に読み上げることも違反である。したがって、通訳人は自分自身の役割をよく理解する必要があり、被告人に法律書類を読み上げるように依頼された場合は、それを拒否すべきである。

4.5　プロとしての距離を置くこと

　通訳人は一人称を使用し、そしてフォーマルでなければならない。通訳人が注目を浴びるほどの感情を持ってはいけない。これに関しても、通訳人は「導管」であるべきだと主張されている。通訳人は、自分の感情を制御できるかどうかを、また自分の疲労の程度を常に観察しなければならない。

4.6　継続教育

　資格を維持するためには、通訳人は継続的に教育を受けなければならない。カリフォルニアにおいては、JOCの認めるセッションには特有のCIMCE番号が与えられており、この番号の付いたセッションを受け、受けたことを証明しなければならない。通訳人は毎年登録料として＄100を払うほか、2年に1回30時間の継続教育単位（CEU）を取得した証明を提出し、40日間以上の法律・法廷関係の通訳日数を報告しなければならない。

4.7　プロとしての業務

　通訳人は、資格を証明し、そして当事者や他の通訳人に対して、プロフェッショナルな関係を持たなければならない。プロの集まる協会に入会することも薦められている。なぜならば、協会への参加は、ネットワーキングの機会にもなり、そして職務環境や条件の改善に貢献すると考えられるからである。

5　おわりに

　以上、主に筆者の通訳人としての経験をもとに、アメリカ合衆国における司法通訳翻訳の制度およびその実務について紹介した。米国において通訳人

の資格認定制度があること自体は、日本ではしばしば目指すべき姿の例として挙げられる。また、その他の諸外国においても類似した制度が導入されており、日本の司法通訳の現状に関する議論で、それらの諸国も「モデル」例となっている。

しかし、本章では詳しく触れなかったが、米国を含む諸外国における制度に関しては、さまざまな課題や問題が存在すると言っても過言ではない。例えば、米国における通訳人認定制度では、上述の通り、対象言語は非常に限られている。そのような視点からすれば、（日本語を含む）希少言語の問題は日本における司法通訳の現状と変わらないのではないだろうか。

また、通訳人認定制度を誇る別の管轄であるオーストラリアでも、「メルボルン事件」などのような認定されている法廷通訳人によるパフォーマンスの質が問われるケースが少なくないとも指摘できる（Nakane 2007）。さらに、英国では、法廷通訳人の選任や派遣は近年、通訳エージェントに委託されたため、さまざまな問題が多発するようになったと指摘する研究者もいる（Fowler 2012：37）。

上記の課題や問題の指摘はもちろん、日本において司法通訳翻訳人を認定する制度を導入するべきではないという訴えではない。日本の法廷通訳においても改善すべき点が数多くあるであろう。しかし、認定制度の導入により、それらの問題を完全に解決するかどうかというと、諸外国の例の視点からすれば、必ずしもそうではない。したがって、もし日本が通訳人認定制度を導入する決定をしたとしたら、そういった制度をめぐるさまざまな課題や問題に臨まなければならないのだ。

導入する制度の在り方や運用についても、「はじめに」で紹介したアプローチのどれかを選定するのか、または日本独自のモデルを構築するのかなどのような課題についても決意が必要となってくる。いずれにせよ、日本の司法通訳にとって適切である制度を選ぶことが重要であろう。そういった意味では、諸外国で導入されている認定制度を巡る問題を十分に、そして真剣に研究および考慮すれば、それらの制度においての「成功例」と「失敗例」から多く学ぶことができるのではないだろうか。

◆注
1) 著者は2014年6月13日に東京で行われた日本翻訳者協会（JAT）通訳分科会主催の法廷通訳ワークショップの講師を務めた。そこで取上げられた「米国の法廷通訳事情と法廷通訳倫理に関する概説」及び資料を、同ワークショップに参加したヤコブ・マルシャレンコ及び津田守が、ご本人の了解を得たうえで翻案し、若干の敷衍を試みた。その後のやり取りを経て、著者が最終的に取りまとめた。（津田守）

◆参考資料（日本語）
日本弁護士連合会（2013）「法廷通訳についての立法提案に関する意見書」、
　　http://www.nichibenren.or.jp/library/ja/opinion/report/data/2013/opinion_130718_3.pdf（2014年8月23日アクセス）.
津田守（2007）「スウェーデンの通訳人及び翻訳公認制度についての研究」『通訳研究』
　　（日本通訳学会、現日本通訳翻訳学会）No. 3, 167-187頁.

◆参考文献（英語）
Berk-Seligson, S.（1990/2000）*The Bilingual Courtroom*, Chicago: The University of Chicago Press.
Fowler, Y.（2012）*Non-English-speaking defendants in the Magistrates Court:*
　　a comparative study of face-to-face and prison video link interpreter-mediated hearings in England, PhD Dissertation, Aston University.
Laster, K. and Taylor, V.L.（1994）*Interpreters & the Legal System*, Sydney: The Federation Press.
Nakane, I.（2007）"Problems in Communicating the Suspect's Rights in Interpreted Police Interviews," *Applied Linguistics*, 28（1）, 87-112.
Pöchhacker, F.（2004）*Introducing Interpreting Studies*, London: Routledge.

◆参考資料（英語）
American Translators Association（2014）"American Translators Association. The Voice of Interpreters and Translators," http://www.atanet.org（Accessed on November 11th, 2014）.
California Courts（2014）"California Courts. The Judicial Branch of California," http://www.courts.ca.gov/3796.htm（Accessed on November 12th, 2014）.
California Federation of Interpreters（2014）"California Federation of Interpreters," http://www.calinterpreters.org（Accessed on December 9th 2014）.
European E-Justice（2014）"European E-Justice," https://e-justice.europa.eu/content_find_a_legal_translator_or_an_interpreter-116-en.do（Accessed on Noveber 11th, 2014）.
Michigan Courts（2014）"Michigan Courts. One Court of Justice," http://courts.mi.gov/administration/scao/officesprograms/fli/pages/certified-court-interpreters.aspx

(Accessed on November 11th, 2014)

Michigan Translators/Interpreters Network (2014) "Michigan Translators/Interpreters Network. The Linguistic Heartbeat of Michigan," http://www.mitinweb.org (Accessed on November 5th, 2014).

NAATI (2010) "Outline of NAATI Credentials," http://www.naati.com.au/PDF/Misc/Outliness%20of%20NAATI%20Credentials.pdf (Accessed on March 8th, 2015)

National Association of Judiciary Interpreters and Translators (2014) "National Association of Judiciary Interpreters and Translators," http://www.najit.org (Accessed on November 30th, 2014)

National Center for State Courts (2014) "National Center for State Court. Trusted Leadership. Proven Solutions. Better Courts," http://www.ncsc.org (Accessed on November 10th, 2014).

New York State Unified Court System (2015) "Language Access and Court Interpreters," https://www.nycourts.gov/courtinterpreter/examinformation.shtml (Accessed on April 30th, 2015).

Tennessee State Courts (2014) "Find a Court Interpreter," http://www.tncourts.gov/programs/court-interpreters/find-court-interpreter (Accessed on November 11th, 2014).

United States Courts (2015) "United States Courts," http://www.uscourts.gov (Accessed on January 27th, 2015).

第**11**章
刑事裁判手続において通訳の援助を付する自由権規約上の義務の射程

坂巻静佳

1 はじめに

　「市民的及び政治的権利に関する国際規約」(以下、自由権規約とする)は[1]、14条3項において、すべての者が、「刑事上の罪の決定について」、「その理解する言語で」罪の性質及び理由を告知される権利(同項(a))、及び、無料で通訳の援助を受ける権利(同項(f))を有すると規定する。そして、同規約の締約国に対し、これらの権利を確保する義務を課し(2条1項)、それを実現するために立法その他の措置をとること(同2項)、そして同規約で保障される権利又は自由を侵害された者に救済措置を確保すること(同3項)を義務づける。当事国は、自由権規約と同内容の国内法を制定するのみではその義務を果たしているとは必ずしも評価されず、権利保障を実質的に実施することまで義務づけられる[2]。日本は自由権規約を1979(昭和54)年に批准している。

　グローバリゼーションの進展とともに裁判手続における通訳人及び翻訳人の需要は世界各国で増加してきたが、現在においても、法廷通訳として十分な能力のある通訳人及び翻訳人を安定的に供給するための制度面での担保は多くの国で十分とは言えない状況にあり、裁判で使用される言語を解せない者が不利益を受ける事態が発生している。例えば、イタリアでは、通訳人の

援助を受ける権利は刑事手続法上規定されているが[3]、法廷通訳人の選定基準、訓練制度、資格審査は存在せず、選任手続も裁判所の運用に任されており、法廷通訳に足る能力のない者による誤訳により、被告人の権利が侵害される事態が生じているとの指摘がある[4]。ギリシャでも、通訳人の任命については刑事手続法に規定があるが、その資格についての規定はなく、また報酬の低さから能力の高いプロの通訳人は法廷通訳に志願しないため、例えばブルガリア語、セルビア語及びユーゴスラビア語の通訳として裁判所に登録されている者が、10年間にもわたりアルバニア語の通訳としてよばれる事態も生じている[5]。

　日本も、裁判所法74条で裁判所では日本語を用いると定めたことを受けて、刑事訴訟法175条で日本語に通じない者に対しては通訳人に通訳させることを義務づけるとともに、同177条で国語でない文字又は符号を翻訳させることが、同223条で捜査機関は通訳・翻訳を依頼することができると規定する。しかし、国内法上、通訳の費用が無料になる旨の明確な規定はない。司法通訳人の資格認定制度や体系的な教育・訓練の制度も、構築されていない。司法通訳人の認識として、事件ごとの通訳人の選任の方法やその報酬体系も明らかではなく[6]、通訳する際の労働環境も誤訳や訳し落としを担保するシステムが十分に整備されているとは言い難い状況にある[7]。このような状況のなかで、日本においても、裁判手続における誤訳等により被告人の権利が侵害されたとする問題が実際に提起されている[8]。

　前述したように、日本を含む自由権規約の当事国は、条約に規定される権利をすべての者に確保することを義務づけられている。では、どのような措置をとれば、自由権規約14条3項に規定される刑事裁判手続において通訳の援助を受ける権利を確保したことになるのであろうか。以上のような法廷通訳の運用は、仮に国内法の違反を構成しなくとも、同規約の違反を構成する場合があるのであろうか。

　そこで本章においては、刑事裁判手続において法廷通訳の援助を受ける権利を尊重し確保する、自由権規約上の義務の射程を明らかにすることを目指す。まず、刑事裁判手続で通訳の援助を受ける権利を規定した自由権規約14

条 3 項(a)及び(f)の趣旨目的を整理したうえで（第 2 節）、刑事裁判手続における通訳に関し、主として自由権規約委員会[9]の「一般的意見」[10]及び個人通報に対する「見解」[11]、並びに、自由権規約14条 3 項(a)及び(f)とほぼ同じ文言をもつ、欧州人権条約 6 条 3 項(a)及び(e)[12]についての欧州人権裁判所[13]の判決等の検討を通じて[14]、刑事裁判手続において通訳の援助を付与する自由権規約上の義務の内容を明らかにすることとする（第 3 節）。

自由権規約14条 3 項(f)の "an interpreter" は、実際には通訳人を意味するが（欧州人権条約 6 条 3 項(e)、米州人権条約 8 条 2 項(a)も同旨）、本章の用語法は原則として自由権規約の公定訳にならうこととし、条文上の "an interpreter" の訳語としては「通訳」を用いる。

2 │ 自由権規約14条 3 項(a)及び(f)の保護法益

刑事裁判手続で通訳の援助を受ける権利を規定する自由権規約14条 3 項(a)及び(f)は、被疑者・被告人の防御権の保障と[15]、公正な裁判、ひいては司法の適正な運営の確保を保護法益とする。自由権規約委員会は、14条に関する一般的意見において、公正な裁判を受ける権利を定めた14条を「司法の適正な運営を確保する」ための諸権利を保障する規定と位置付けたうえで[16]、同条 3 項(f)のもとで付与される刑事裁判手続において無料で通訳の援助を受ける権利を、「刑事裁判手続における公正と武器対等の原則の一側面」と評価する[17]。また、自由権規約14条 3 項(f)と同じ文言をもつ欧州人権条約 6 条 3 項(e)について、欧州人権裁判所も、同条は被告人が「公正な裁判を享受するために」必要な翻訳又は通訳の無料の援助を受ける権利を有することを定めた規定であり[18]、提供される通訳の支援は、被告人が事件を理解し、「裁判所で自己を防御することができる」ようになるものでなければならないとする[19]。

防御権の保障は、公正な裁判及び司法の適正な運営の不可欠の要素でもある[20]。そうであるとすれば、防御権の保障を担保する通訳の援助を受ける権

利の保障は、手厚ければ手厚いほど望ましいようにも思われるが、公正な裁判及び司法の適正な運営はそれのみで実現するものではなく[21]、無制限に認められるものとは解されていない[22]。その帰結として、自由権規約委員会の個人通報制度や欧州人権裁判所において、防御権の保障は、刑事裁判で通訳の援助を受ける権利の最低ラインを規定するものとしてしばしば機能してきた。

　自由権規約の締約国は、被疑者・被告人の防御権を確保できるように通訳の援助を付与する義務を負うが、逆に言えば、防御権の行使が確保されてさえいればよく、その範囲を超えてまで通訳の援助を付する義務を負うものとは解されていない。例えば、自由権規約委員会は、「母語が裁判所の公用語と異なる被告人であっても、自らを実効的に防御するために十分に当該公用語を知っている場合には、無料で通訳の援助を受ける権利を持たない」と述べている[23]。欧州人権裁判所も、欧州人権条約6条3項(e)の違反の有無を判断する際に、通訳翻訳の不備それ自体ではなく、それにより防御権の行使が阻害されたか否かを基準としてきた[24]。したがって、自由権規約の当事国は、被疑者・被告人の防御権の保障に必要な限度で、刑事裁判手続で通訳の援助を付与することを義務づけられていると言える。

　自由権規約委員会は、刑事裁判手続において無料で通訳の援助を受ける権利を「武器対等の原則の一側面」と位置付けるが[25]、そのようには解し難い側面がある。武器対等の原則は、裁判の当事者の権利を、その相手方に認められた権利・権限との関係で相対的に画するものである[26]。しかし、通訳の援助を受ける権利の範囲は、相手方との関係ではなく、防御権の保障との関係で決まる。また、通訳の援助なくして裁判官等と被疑者・被告人との意思疎通は不可能であり、意思疎通なくして公正な裁判ひいては司法の適正な運営も不可能であるという意味において、その権利の保障は刑事裁判手続を成立させる前提たる制度的担保である[27]。この相違は、武器対等の原則からその援助が導出されている弁護人[28]は、被疑者・被告人の側にたつべきものと解されているのに対し、司法通訳人は、いずれかの立場に与することを求められても想定されてもいないことにも表れている[29]。仮に通訳の援助を武器

対等の原則の一側面と理解するにしても、何をもって両当事者が対等となるのかは判然としない[30]。通訳の援助を受ける権利は、「武器対等の原則」からは切り離して理解すべきであろう。

3 自由権規約14条3項(a)及び(f)に基づく義務の内容

　刑事裁判手続で通訳の援助を受ける権利を規定する自由権規約14条3項(a)及び(f)は、防御権の保障に必要な限度で通訳の援助を付することを義務づけると解されてきた。では、自由権規約の締約国は、具体的にどのような場合に無料で通訳の援助を付さなければならないのであろうか。とりわけ、14条3項(f)は、「裁判所において」使用される言語を理解し又は話すことをできない場合に、通訳の援助を受ける権利が保障されると規定していることから問題になる。

　以下においては、自由権規約委員会の一般的意見や個人通報に対する見解、欧州人権裁判所判決等の検討から、自由権規約14条3項(a)又は(f)のもとで、「通訳の援助」を付与することを義務づけられる手続（1）及び対象者（2）、「無料」を義務づけられる範囲（3）、対象となる陳述又は文書（4）、通訳の方法（5）及び通訳の質（6）について、検討する。

3.1 「通訳の援助」を付することを義務づけられる手続

　自由権規約14条3項(a)及び(f)のもとで、締約国は、起訴及び裁判においてのみならず（1）、起訴前の諸手続（2）及び弁護人との接見においても（3）、「通訳の援助」を付する義務を負うと解されてきた。また、同条3項の適用される「刑事上の罪」の決定にあたるかは、その罪の性質・目的等から実質的に判断されている（4）。

3.1.1 起訴及び裁判

　自由権規約14条3項(a)のもとで、刑事上の罪で公式に起訴された被告人は、「その理解する言語」で罪名及び公訴事実を告げられる権利を保障されており、締約国は罪の性質及び理由を「その理解する言語」で告知するために、通訳の援助を付する義務を負う。

　公訴内容の告知は自由権規約14条に規定される権利を行使する前提条件であり[31]、被告人が防御権を実効的に行使するために不可欠であるから[32]、「その理解する言語」での告知は被告人の権利であり、それを確保するために通訳又は翻訳を付することは締約国の当然の義務である。国連高等弁務官事務所が国際法曹協会と協力して作成した『司法運営における人権：裁判官、検察官及び弁護人のための人権マニュアル』は、「その理解できる言語で罪を告げられる権利は、この要件を満たすために国家当局は適切な通訳人及び翻訳人を付さなければならない、ということを当然に意味する」とする[33]。

　自由権規約14条3項(f)のもとで、締約国は、「刑事上の罪の決定」に関わる起訴後の一連の裁判手続において、通訳を付することを義務づけられる[34]。公判請求後開始前の[35]、例えば日本における公判前整理手続に日本語を解さない被告人が参加する場合、通訳を付すること、また当該手続に関わり必要な範囲で文書を翻訳することが義務づけられる。

3.1.2 起訴前

　自由権規約委員会は、逮捕後起訴前に適用されるのは、自由権規約14条3項(a)ではなくて9条2項であるとする[36]。9条2項のもとで、逮捕時にその理解する言語で逮捕理由及び被疑事実を告知される権利は保障されているが[37]、捜査時の警察・検察での取調べの際等に通訳の援助を受ける権利が保障されるかは文言上明らかではない。

　しかし、9条に関する自由権規約委員会の一般的意見によると、逮捕後起訴前に弁護人と連絡をとる権利は、恣意的な抑留と身体の安全の侵害を防ぐために、9条のもとで認められている[38]。また、同委員会は、刑事上の罪に問われている者は、手続の全段階で弁護人により実効的に援助される必要が

あり[39]、14条3項(b)のもとで、公判中のみならず、逮捕後起訴前の取調べ及び予備審問においても弁護人の支援を受ける権利を有すること、締約国はその支援を付する義務があることを確認してきた[40]。防御権の行使のために、起訴前の取調べ及び予備審問の段階で弁護人の支援を受けられるのであれば、防御権の行使の前提となる通訳の援助は、当然に認められると解せられる。

ただしこの権利は、逮捕時に適用される9条2項というよりも、14条3項(f)のもとで認められていると解すべきであろう。明文上「逮捕の時に」限定されている9条2項と異なり、14条3項柱書及び同項(f)の文言上、通訳の援助を受けられる場面は必ずしも起訴後の手続に限定されていない。被疑者・被告人が状況を理解し、適切に防御権を行使するためにも、司法の適正な運営のためにも、起訴前の手続から通訳の援助は不可欠である。14条3項(f)の保護法益から、起訴前と起訴後とを区別する正当な理由は導き出せない。

欧州人権裁判所も、Luedicke et al. v. Germany 事件判決において、自由権規約14条3項(f)と一言一句同じ欧州人権条約6条3項(e)について、それは「無料で通訳の援助を受けるための条件を示している」に過ぎないと指摘している[41]。そして、欧州人権裁判所は、6条3項(e)のもとで、起訴前の警察での取調べにおいても通訳の援助を受ける権利が保障されると、繰り返し判示してきた[42]。

3.1.3　弁護人との接見における通訳

自由権規約の締約国は、14条3項(f)のもとで、「裁判所において使用される言語」を理解できない又は話せない被疑者・被告人について、刑事手続のすべての段階において、防御権の行使に必要な範囲で、弁護人との接見に通訳の援助を付与する義務を負う。

法廷地国の弁護人の使用する言語は、その国の公用語、つまり「裁判所において使用される言語」であることが多く、裁判所で使用される言語を理解できない者は、弁護人との遣り取りも困難な場合が多い。被疑者・被告人と

弁護人とが相互に言葉を解し合えず、意思疎通できなければ、被疑者・被告人が自らの防御を実効的に行うことは不可能である。そして、起訴後の対応等を検討するためには、起訴前から弁護人の支援が不可欠であり、被疑者・被告人の防御権の保障という自由権規約14条3項(f)の保護法益から、起訴前と起訴後を区別する正当な理由は弁護人との接見についてもない。裁判所が弁護人を選任する場合には、可能な限り被疑者・被告人と意思疎通のできる弁護人を選任すべきであり、そうでない場合には通訳の援助も付する必要がある[43]。

　自由権規約委員会は、前述したように、刑事上の罪を問われている者は、当然に手続の全段階で弁護人により実効的に援助される必要があり[44]、自由権規約14条3項(b)のもとで、公判中のみならず起訴前の取調べ及び予備審問の段階から弁護人の支援を受ける権利を有し、締約国はその支援を付する義務があると確認してきた[45]。同条の「裁判所において使用される言語を理解し又は話すことができない場合」とは、無料で通訳の援助を受ける者の条件を示しているだけで、それが付与される時間的範囲を公判中に区切るものとは解せられない[46]。したがって、14条3項(f)は、起訴前も含め、弁護人との接見において、被疑者・被告人は通訳の援助を受ける権利を認めるものと解せられる。

　ただし、自由権規約14条3項(f)は、あくまでも裁判所で使用される言語を理解できない者に通訳の援助を受ける権利を認めるにとどまる。裁判所で使用される言語を理解できない被疑者・被告人が、自らとは意思疎通できるが、裁判所で使用される言語を理解できない弁護人を私選した場合、通訳の援助を付与する義務が課されるのは、被告人の防御権の行使に必要とされる範囲に限られるであろう。また、裁判所で使用される言語を理解できる被疑者・被告人が、その言語を理解できない弁護人を私選した場合は、締約国に弁護人接見及び公判で通訳の援助を付与する義務はないと解せられる。裁判におけるすべての陳述及び文書の通訳・翻訳は義務づけられていないことと相まって（3.4参照）、実際上の問題として、被疑者・被告人が防御の機会を逃す可能性はあるかもしれない。

欧州人権裁判所は、1975（昭和50）年の X v. Austria 事件決定において、欧州人権条約6条3項(e)は「被告人と裁判官との間の関係にのみ適用」されるのであり、被告人と弁護人との関係は射程外であると述べたが[47]、その後立場を変更して、現在、公判前の弁護人との打ち合わせも6条3項(e)の「無料で通訳の援助を受ける」権利の対象とする立場を採用している。例えば、自動車事故で行政罰を科された被告人が、当該処分に対して不服申立てを行うために裁判所に要請して通訳の援助を受けたが、公判開始前に不服申立てを撤回したため公判に至らなかった場合に、裁判所が通訳費用を請求できるか否かが問題となった Zengin v. the Federal Republic of Germany 事件において、欧州人権裁判所は通訳費用の請求を6条3項(e)の違反と判断している[48]。

3.1.4　「刑事上の罪」の射程

自由権規約14条3項の適用される「刑事上の罪」に該当するか否かは、その罪の性質・目的から実質的に判断される。

自由権規約委員会は、取締役の過失推定を規定する破産法違反で起訴された被告人に、「刑事上の罪」に問われている者に適用される自由権規約14条2項が適用されるか問題となった Morael v. France 事件において、当該過失推定は「刑事上の罪の起訴」に関わるものではなく、「人の活動から生じるリスクに対する責任（liability）の制度に関わる推定」であり、過失推定を規定した条文の目的は債権者への補償で、私法上の罰しか伴っていないので、14条2項は適用されないと判断した[49]。これは14条2項についての見解であるが、同じ文言を用いた14条3項の「刑事上の罪」も同様に解釈されよう。

また、欧州人権裁判所も、ドイツ法上「秩序違反」（Ordnungswidrigkeit）に区分される、道路交通法違反の処分決定に関する手続で、通訳費用の支払いを違反者に請求することが、欧州人権条約6条3項(e)の違反を構成するか問題となった Özrürk v. Germany 事件判決において、①その罪を規定している文書が刑事法に含まれるか否か、及び、②それに対する罰の性質を踏まえると、その罪は性質上刑事法上の罪か否かを検討したうえで、本件原告の違

反は6条にいうところの「刑事上の罪の違反」に該当するとして、本件手続に対する6条の適用を認め、通訳費用の支払いを課した国内裁判所の決定を、6条3項(f)の違反と判断している[50]。

3.2 「無料」を義務づけられる範囲

自由権規約14条3項(f)のもとで、締約国は、有罪無罪を問わず通訳費用を一律「無料」とすることを義務づけられる（1）。ただし、防御権の保障の観点から、被告人の自己都合による不出廷の際の費用は無料とならない場合がある（2）。また、締約国は、14条3項(a)の告知の際（3）、弁護人接見の際（4）、捜査段階の取調べの際（5）の通訳の費用も、無料とすることが義務づけられる。

3.2.1 「無料」の意味

判決確定後に通訳費用を請求することは、たとえ有罪が確定した被告人に対してであっても、自由権規約14条3項(f)の違反を構成する。

自由権規約委員会は、14条に関する1984（昭和59）年の一般的意見において、無料で通訳の援助を受ける権利は「裁判手続の結果とは無関係」であるとはっきりと述べた[51]。1982（昭和57）年に出された、日本の第1回国家報告に対する最終報告においても、自由権規約委員会は、日本の法令上、「有罪となった者は通訳の費用の支払いを義務づけられるように見えるが、そうであるとすれば、それは自由権規約に抵触する」と述べている[52]。

欧州人権裁判所も、Luedicke et al. v. Germany 事件判決において、欧州人権条約6条3項(e)の「無料で」という文言は、裁判所の英仏両公用語のもとで、通常、「条件付き免除でも、一時的免除でも、猶予でもなく、絶対的な免除又は免責」という意味を有しており[53]、かつ、6条3項(e)の目的はとりわけ、裁判所で用いられている言語を理解又は話すことのできない被告人が、当該言語に精通している被告人と比して被る不利益の軽減にあるところ、有罪判決を受けた者に通訳の費用を請求できるとする解釈は、6条3項

から多くの効果を奪うとして[54]、有罪判決を受けた者に費用を負担させることはできないと判断した。

また、欧州人権裁判所は、裁判所の言語に精通しないすべての被告人に通訳を任命することにしていれば、その不利益は生じないように思われるかもしれないが、通訳人を任命するか否かは被告人の態度に応じて判断されうるところ、有罪判決確定後に求償されることに対する懸念は被告人の態度に影響しうるとして[55]、そのような制度運営になっているとしても、有罪判決を受けた被告人に対して通訳費用を求償することはできないとも述べている。

3.2.2　不出廷の際の通訳の費用

自由権規約14条3項(f)の趣旨目的はあくまでも被疑者・被告人の防御権の保障と公正な裁判の確保であるから、無料になるのはあくまでも「その刑事上の罪の決定について」「援助」を受けた部分の通訳費用となり、被疑者・被告人が不出廷の場合の、被疑者・被告人に対する通訳費用の請求は認められると解される。

欧州人権裁判所は、被告人が公判に「十分な理由の説明なく」出廷しなかった際の通訳費用の請求が、欧州人権条約6条3項(f)の違反を構成するかが問題となったFedele v. The Federal Republic of Germany事件決定において、「『援助』という文言によると、6条3項(f)は公判に出廷した被告人に関わる」ものであり、「公判に出席し、かつ、出席しているときに、『裁判所において使用されている言語を理解し又は話すことができない』者のみが、通訳の『援助』をうけることができる」と述べて[56]、本件における公判欠席時の通訳費用の請求は、同条の違反を構成しないと判断している。

3.2.3　「罪の性質及び理由」の告知のための通訳の費用

「その罪の性質及び理由を告げられる」際の通訳の費用に関し、自由権規約14条3項(a)に明文上の規定はない。しかし、公訴事実と罪名の告知は14条に規定される権利を行使する前提条件であり[57]、同条1項に規定される裁判所の前での平等及び3項(a)及び(f)の趣旨目的たる防御権の保障から当然

に[58]）、無料にすることが義務づけられると解せられる。

　欧州人権条約もその6条3項(a)で「速やかに、その理解する言語で詳細にその罪の性質及び理由を告げられる」権利を規定するところ、欧州人権裁判所は、Luedicke et al. v. Germany事件判決において、6条3項(e)の「裁判所において使用される言語を理解し又は話すことができない場合」とは、「無料で通訳の援助を受けるための条件」に過ぎず[59]、6条3項(e)の無料の通訳の援助を受ける権利は、口頭審理のみならず「その罪の性質及び理由」の告知に及ぶと判断している[60]。

3.2.4　弁護人との接見における通訳の費用

　自由権規約14条3項(f)の趣旨目的からは、弁護人との接見における通訳の費用は、資力を問わず、また国選弁護人か私選弁護人かによらず、無料とすることを義務づけられると解せられる[61]。

　自由権規約委員会は、一般的意見において、資力のない被告人は、公判前及び公判中に無料で通訳人を付せられなければ、弁護人との意思疎通が確保されえない場合がありうると指摘している[62]。弁護人との接見における通訳費用が被疑者・被告人の負担になるとすれば、被疑者・被告人が後に発生する金銭的負担への懸念から弁護人との接見を控え、防御を尽くさず、また準備が不十分なまま公判に臨む可能性がある[63]。私選弁護人の場合に弁護人の接見での通訳費用が被疑者・被告人の負担になるとすれば、弁護人を自ら選任する権利が阻害されることにもなろう[64]。

　ただし、14条3項(f)は、裁判所で使用される言語を理解できない被疑者・被告人に通訳の援助を受ける権利を認めるものであり、それとの関係で、弁護士との接見に通訳を付すことが締約国に義務づけられる範囲は限界づけられることに注意が必要である（3.1.3参照）。

3.2.5　捜査段階の通訳の費用

　自由権規約14条3項(f)の趣旨目的から、締約国は、捜査段階での被疑者・被告人の取調べにおける通訳の費用も無料とすることを義務づけられると解

第11章　刑事裁判手続において通訳の援助を付する自由権規約上の義務の射程

せられる。

　それに対し、被疑者・被告人の防御とは無関係の捜査段階での通訳費用は、同条の射程外との判断が出ている。欧州人権裁判所は、捜査のために傍受した申立人のクルド語とトルコ語での通話記録をドイツ語に翻訳した費用を、有罪確定後に申立人に請求したことが、欧州人権規約6条3項(e)の違反を構成するか否か問題となったAkbingöl v. Germany事件決定において、申立人の通話記録は犯罪捜査のために翻訳されたものであり、「申立人はこれらの通話の内容を知っていたのだから、防御のために必要なものではなかった」として、無料の対象には当たらないと判断している[65]。

3.3　「通訳の援助」を付することを義務づけられる対象者

　自由権規約14条3項(f)のもとで、締約国の裁判所は、防御権の行使の観点から、被疑者・被告人が裁判所で使用される言語を理解できるか否かを判断する必要がある（1）。同14条1項の裁判所の前の平等により、訴訟参加者に対しても通訳の援助の保障が義務づけられる（2）。また、被疑者・被告人らはこの権利を放棄しうるが、言語を理解していないことが状況から明白で、防御権の行使や公正な裁判を阻害される場合は、締約国に通訳の援助を付する義務があると考えられる（3）。

3.3.1　「裁判所において使用される言語を理解すること又は話すことができない」者

　自由権規約14条3項(f)は、母語を使用する権利を保障することを締約国に義務づけるものではない（1）。締約国は、被疑者・被告人が裁判所で使用される言語を理解できることが明白である場合には、通訳の援助を付すことは義務づけられないが（2）、それが明白ではなく、被疑者・被告人側から通訳の援助の要請がある場合には、通訳の要否を検討し対応する義務を負う（3）。通訳を付さない判断が許容されるには、裁判所で使用される言語で簡単な質問を解し、解答できる能力が最低限必要である（4）。通訳の要否は、

279

事件の複雑さと罪の重さも考慮して、防御権の実効的行使の観点から判断していく必要がある（5）。

3.3.1.1 母語を使用する権利

自由権規約14条3項(a)及び(f)は、被疑者・被告人に司法手続において母語を使用する権利を認めるものではなく、あくまでも被疑者・被告人の防御権の保障に必要な範囲で通訳の援助を受ける権利を定めるものである[66]。

自由権規約委員会は、フランス語も話せるがブルトン語を母語とする被告人による、自己及び弁護側証人のブルトン語での証言と通訳の援助の要請をフランスの裁判所が却下したことが、自由権規約14条1項、3項(e)及び(f)の違反を構成するか否か問題となったGuesdon v. France事件の見解において、ある一言語を裁判での公用語とすることは14条の違反にならないとしたうえで、「公正な審理という要件は、裁判所の公用語とその母語の異なる市民が公用語で十分に自分の考えを表現できる場合に、この市民に通訳のサービスを利用させることを当事国に命じるものではない。被告人又は被告人側の証人が裁判所の言語で理解し又は自分の考えを表現し難いときにのみ、通訳のサービスを利用させる義務がある。」とした[67]。そして、「14条1項及び3項(f)の公正な裁判という概念は、被告人が通常話している又は最も容易に話している言語で自分の考えを表現できるようにすることを含むものではない」と述べた[68]。

他方で、自由権規約14条3項(a)及び(f)の適用は国籍を問うものではなく、法廷地国の国籍を有する者であっても、裁判所で使用される言語を理解できず又は話せない者は、通訳の援助を受ける権利を有する。

3.3.1.2 裁判所で使用される言語を理解できることが明白な場合

仮に被疑者・被告人から通訳の援助の要請があったとしても、国籍、居住地、経歴及び取調べの状況などから、被疑者・被告人が裁判所で使用される言語を理解できることが明白である場合、通訳の援助を付すことは締約国に義務づけられない。

第11章　刑事裁判手続において通訳の援助を付する自由権規約上の義務の射程

　前述した Guesdon v. France 事件において、自由権規約委員会は、「被告人が裁判所の言語に十分に堪能であると裁判所が確信している場合、裁判所は、裁判所の言語以外の言語で自分の考えを表現する方が被告人にとって望ましいか否か確認することを義務づけられない」のであり、本件において通報者は、「自己又は弁護側証人が、平易だが十分なフランス語で裁判所において発言できなかったことを立証しなかった」ので[69]、自由権規約14条1項及び3項(e)及び(f)の違反はない、と判断している[70]。

　また、被告人がロシア語の起訴状の写しを希望したが、グルジア当局から付与されなかったことが、自由権規約14条の違反を構成するか否か問題となった、Domukovsky and Others v. Georgia 事件においても、被通報国より、当該被告人のグルジア語の知識は卓越したもので、グルジア語で陳述したとの主張がなされたこと、及び、弁護人から、被告人たる通報者がロシアで研究してきた旨の主張はあったが、グルジア語の知識が十分ではないことの立証はなされなかったことから、通報者の14条3項(f)の権利の侵害は立証されていないと判断している[71]。

　欧州人権裁判所も同様の基準で判断を下しており[72]、例えば、ロシア生まれの被告人に上訴審で通訳を付せられなかったことが、欧州人権条約6条3項(e)の違反を構成するかが問題になった、Katritsch c. France 事件判決においては、被告人には起訴事実を検討する十分な時間がありかつそれは複雑ではないことに加えて、同人は少なくとも6年フランスに在住し、フランスで結婚してこどもがいて、スポーツのコーチを職業としていたこと、及び、フランスの当局は拘置所から被告人はフランス語を話すとの連絡を受けていたことから、同条の違反はないと判断している[73]。

3.3.1.3　裁判所で使用される言語を理解できることが明白ではなくかつ被疑者・被告人から要請のある場合

　それに対し、国籍、居住地、経歴及び取調べの状況などから、裁判所で使用される言語を理解することが明白ではなく、被疑者・被告人側から通訳の援助の要請がある場合には、締約国は通訳の要否を検討し対応する義務を負

うと解される。

　欧州人権裁判所は、チェコスロバキア生まれで現在ドイツ在住のドイツ国籍を有する申立人が、イタリア語で書かれた起訴処分通知について、イタリア語の知識不足で通知内容を理解し難い、とイタリアの当局にはっきりと通知し、母語又は国連公用語での送付を要請したにもかかわらず、当局が応じなかったことが、欧州人権条約6条3項の違反を構成するか否か問題となった、Brozicek v. Italy 事件において、「申立人はイタリア出身でもイタリア在住でもない。……起訴された罪を通知する文書の意味を当該通知から理解できる十分なイタリア語の知識を、申立人が実際に有していることを立証できないのであれば、イタリア司法当局は、この要請を受け取り次第、6条3項の要件の遵守を確保すべく、それに応じるための措置をとらなければならなかった」が、提出された文書と証言からその立証はされなかったとして、6条3項(a)の違反を認定した[74]。

　また、欧州人権裁判所は、トルコ語をいくらか話せるが、手書きの文書は読めず、書くこともできない申立人が、通訳の援助を要請したにもかかわらず、通訳人も弁護人も不在のまま警察の捜査官による取調べを受けさせられ、確認させてもらえないまま供述調書に署名させられて、裁判でその旨を主張したが認められず、確定判決が出されたことが、欧州人権条約6条3項(a)の違反を構成するか否かが問題となった Amer v. Turkey 事件判決において、「警察による取調べの段階での申立人の通訳の便益の必要性の検証は、警察での勾留中の通訳の不在が申立人の公正な裁判を受ける権利を毀損していないことを確認するために、国内裁判所が適切に検討すべき問題であった」のであり、そのための十分な指摘（具体的には、申立人がトルコ語の文書を読めないこと、取調べから約3週間後に通訳を初めて付せられたこと）は、申立人及びその弁護人からなされていたとして[75]、6条3項(e)と併せて同条1項の違反を認定した[76]。

　以上を踏まえると、被疑者・被告人から通訳の援助を要請された場合又はその不備の申立てがあったときに、法廷地国の当局が通訳の要不要を検証することなく通訳を不要と判断し、その帰結として被疑者・被告人の防御権の

第11章　刑事裁判手続において通訳の援助を付する自由権規約上の義務の射程

行使が阻害されたことが立証された場合は、自由権規約14条の違反を構成しうると考えられる。

3.3.1.4　通訳の援助を付す義務を課せられない理解の度合い

　欧州人権裁判所は、欧州人権条約5条2項についてであるが、Zokhidov v. Russia 事件判決において、勾留時の告知の際に「自己の理解できる言語で」通知されていなかったという申立てに関し、ロシア語での簡単な質問を理解し、解答できたことを申立人が証言し、かつそれを裏付ける記録の写しがあったことを根拠として、5条2項の違反とは判断しなかった[77]。

　公訴事実の告知及び裁判の場面では、最低限それと同程度の言語能力が必要であろう。公判での防御権の行使の直接の前提となる、自由権規約14条3項(a)及び欧州人権条約6項3項(a)のもとでの罪の性質及び理由の告知は、逮捕時の告知以上の「詳細」さが必要とされている[78]。また、裁判での遣り取りは、逮捕・勾留の理由及び被疑事実の告知よりも格段に複雑である。したがって、逮捕・勾留の理由及び被疑事実の告知の段階で通訳不要とされるレベルの言語能力を有していたとしても、公訴事実の告知段階及び裁判段階で通訳が必要となる可能性はある。被疑者・被告人が防御権を十分に行使しうるかという観点から、通訳の援助の要否を慎重に判断する必要がある。

3.3.1.5　理解できるか否かの検討要素

　通訳の援助の要不要を判断する際には被疑者・被告人の語学力が何よりも重要であるが、複雑な事件であれば援助の必要は高まる。また、罪状が重ければ、防御権を実効的に行使できるよう、一層の配慮が必要であろう。したがって、通訳の援助の要否は、事件の複雑さと罪の重さも考慮し、被疑者・被告人の防御権の実効的行使の観点から判断する必要がある[79]。

3.3.2　訴訟参加者

　国内法上被害者等の訴訟参加が認められている場合、自由権規約14条1項の裁判所の前の平等により、訴訟参加者に対しても通訳の援助の保障が義務

283

づけられる。

　自由権規約委員会は、L.N.P. v. Argentina 事件において、刑事訴訟法上、被害者に当事者として訴訟参加が認められているにもかかわらず、当該権利の通知がなされず、そのため参加できず、さらに無罪判決も通知されなかったこと、及び、被害者と証人が意志疎通し難いスペイン語で、通訳も付されずに公判が執り行われたことを、被害者たる通報者の14条1項のもとで認められる裁判所への平等なアクセス権の侵害であると認定している[80]。

3.3.3　通訳の援助を受ける権利の放棄

　被疑者・被告人は通訳の援助を受ける権利を放棄しうる[81]。しかし、防御権の保障及び公正な裁判の確保という自由権規約14条3項(a)及び(f)の趣旨目的からは、被疑者・被告人側から通訳の援助の要請がない場合や、援助を受ける権利が放棄された場合も、言語を理解していないことが状況から明白で、防御権の行使や公正な裁判が阻害される可能性が高い場合や、実際に阻害されている場合には、締約国に通訳の援助を付する義務があろう[82]。

　防御権は被疑者・被告人に帰属する権利であるから[83]、その際、被疑者・被告人に対する通訳の援助の要不要の判断は、あくまでも被疑者・被告人の語学力等を検討してなされるべきであり、弁護人の意見に依拠して判断されるべきではない（本章3.4.2参照）[84]。

3.4　通訳の対象となる陳述又は文書の範囲

　自由権規約14条3項(f)のもとで、締約国は、被疑者・被告人の防御権の行使に必要なすべての陳述及び文書に対して、無料で通訳の援助を付する義務を負う（1）。その際、通訳されるべき陳述・文書の範囲は、被疑者・被告人が自己の防御のために必要か否かを基準に判断されるべきである（2）。

3.4.1　防御権の行使に必要なすべての陳述及び文書

　自由権規約14条3項(f)の保護法益の一つは被疑者・被告人の防御権の確

第11章　刑事裁判手続において通訳の援助を付する自由権規約上の義務の射程

保にあることから、自由権規約の締約国は、起訴前か公判中かを問わず、被疑者・被告人の防御権の行使に必要なすべての陳述及び文書に対して無料で通訳の援助を付する義務を負う。14条3項(f)は、文言上、陳述のみならず文書に対しても無料で通訳の援助を受ける権利を保障するか不明瞭であるが、被疑者・被告人の防御権を保障し公正な裁判を確保するためには、被疑者・被告人が逮捕状、起訴状その他の書証等を理解することは不可欠であり、文書に対する通訳の援助も当然に含むと解せられてきた[85]。

　欧州人権裁判所も、Luedicke et al. v. Germany 事件判決において、欧州人権条約6条3項(e)は「裁判所において使用される言語を理解し又は話すことのできない場合には」無料で通訳の援助を受ける権利が付与されると規定するが、それは「無料で通訳の援助を受けるための条件を示している」に過ぎず、6条の保障する公正な裁判を受ける権利という文脈のなかで同条3項(e)を解釈すると、その規定は、「裁判所において使用される言語を理解又し又は話すことのできない被告人が、公正な裁判という利益を享受するために理解することが必要な、自己に提起された手続におけるすべての文書又は発言の翻訳又は通訳に、無料で通訳の援助を受ける権利を有することを意味する」と述べている[86]。

　ただし、当該条文は、すべての陳述及び文書に通訳の援助又は翻訳を付与することまで、締約国に義務づけるものではない。あらゆる陳述及び文書に通訳又は翻訳を付することを義務づければ、すべての段階で膨大な時間がかかることとなり、自由権規約14条3項(c)の不当な遅延なく裁判を受ける権利を侵害しうるのみならず、締約国の裁判手続を滞らせ、結果として、同条3項(f)の保護法益でもある、公正な裁判ひいては司法の適正な運営の実現を遠のかせることになりうる[87]。起草過程においては、ソ連とユーゴスラビアが、通訳の援助の対象を関連する全資料に拡張することを繰り返し主張したが、却下されてきた[88]。したがって、14条3項(f)のもとで通訳又は翻訳が義務づけられる陳述又は文書は、あくまでも防御権との関係で必要な範囲にとどまると解される。

　この点について、欧州人権裁判所は、Kamasinski v. Austria 事件判決で、

285

欧州人権条約6条3項(e)は、裁判手続におけるすべての書証又は公文書の書面での翻訳を義務づけるものではないが、「提供される通訳の援助は、被告人が自己に対する事件について知り、とりわけ裁判所で事件を説明することにより、自己を防御することができるようにするもの」であるべき、と述べている[89]。また、Güngör c. l'Allemagne 事件決定以降、同裁判所は防御権の行使に必要な通訳の援助について、「問われた罪を理解し、かつ、とりわけ裁判所で事件について自分の解釈を証言して自己を防御することができるように」するもの、と判示している[90]。

以上の帰結として、裁判所の判決を翻訳しないことそれ自体は、必ずしも自由権規約14条3項(f)の違反を構成しないと解せられる。欧州人権裁判所は、裁判所の判決を翻訳しないこと自体が、欧州人権条約6条3項(e)の違反を構成するわけではないと解してきた[91]。前述した Kamasinski v. Austria 事件判決では、被告人は弁護人による口頭の説明で判決及びその理由を十分に理解し、上訴及び無効の申立てをできているので、同条の違反はないと判断されている[92]。

また、被疑者・被告人が、タイプされた当該言語の文書は読めるが、手書きの文書を読むこと困難な場合は、手書きの文書に対しては通訳の援助が付せられる必要があることも指摘されている[93]。

3.4.2 防御権の保障を評価する対象

防御権は被疑者・被告人に帰属するものであるから[94]、通訳の義務づけられる陳述・文書の範囲は、あくまでも被疑者・被告人が自己の防御のために必要か否かを基準に判断されるべきである。自由権規約14条3項も、(b)号で被疑者・被告人の防御権を明記した上で、(c)号でその方法として「直接に又は自ら選任する弁護人を通じて」防御すると規定する。

弁護人と被疑者・被告人の利害が一致しなかったり、弁護人が被疑者・被告人の利益を害したりする場合もないわけではない。Kamasinski v. Austria 事件に関する欧州人権委員会決定[95]に付せられた反対意見においては、欧州人権条約6条3項(a)の目的は、「罪に問われている者に、問われている罪と

公訴事実とを完全に理解させて、自己の防御を検討可能にすること」にあり、弁護人が資格のある通訳であったとしても、被告人が弁護人に防御について指示するためには、十分な情報の速やかな提供が必要であるから、「その理解する言語で被告人に情報を提供する責任を、弁護人に移転することはできない」と指摘された[96]。当該事件の欧州人権裁判所判決では、被告人側ではなく、被告人の防御権の行使が確保されているか否かが検討されている[97]。

　この点、自由権規約委員会は、被告人と弁護人とを一体的にとらえて、「被告人側」の防御権の行使が保障されているか否かを基準に評価しているように解せられる。例えば、一般的意見においては、翻訳を認められる文書の範囲に関わり、自由権規約14条3項(b)の「防御の準備のために十分な便益」について、被告人が裁判手続における言語を話さなくとも、当該言語に精通した弁護人によって代理されている場合には、本件に関連する文書が弁護人に利用可能にされていれば十分となりうると述べている[98]。

　また、被告人側の裁判に関連する全文書の翻訳の要請を裁判所が拒絶したことが、自由権規約14条3項(b)の違反を構成するか否かが問題となった、Harward v. Norway 事件に対する見解において、同委員会は、「公正な裁判の保障には、被告人側が、被告人に対する書証を把握する機会があることが不可欠」であるが、これは、「弁護人が犯罪捜査における関連する文書を利用可能である場合に、裁判所における言語を理解しない被告人に、関連する全文書の翻訳が提供される権利を保障するものではない」と述べ、本件においては、弁護人は全文書にアクセスできかつ通訳の援助も受けており、また防御の準備のための期限延長の要請もなかったことから、被告人の公正な裁判を受ける権利、とりわけ防御の準備のために十分な便益を与えられる権利は侵害されていないと判断した[99]。以上は、Michael and Brian Hill v. Spain 事件の見解においても確認されている[100]。

　弁護人が被疑者・被告人を援助している限りにおいて、両者を一体化して防御権の行使の実効性を評価することに問題はないであろうが、両者間の関係性によっては被疑者・被告人の防御権が毀損される場合があることから、防御権の帰属者が被疑者・被告人であることを念頭においた解釈適用が必要

と思われる。

3.5　通訳の方法

　自由権規約14条3項(f)のもとで、締約国は、被疑者・被告人の母語以外の言語で通訳することを許容されている（1）。裁判所で使用される言語を解さない被疑者・被告人等との遣り取りに際しては、用語の選択等に一定の配慮が求められよう（2）。口頭での通訳で足りる場合に、すべての文書を翻訳する義務はないが、「罪の性質及び理由」の告知については、防御権の行使に明らかに支障がない場合を除き、内容を記した書面とそれを翻訳した書面の交付が義務づけられると解すべきであろう（3）。通訳の方法の選択は締約国の裁量の範囲内である（4）。

3.5.1　母語以外の言語での通訳

　自由権規約14条3項(a)及び(f)は、あくまでも被疑者・被告人の防御権の行使に必要な範囲で通訳の援助を受ける権利を定めるものであるから[101]、被疑者・被告人の母語での通訳を義務づけるものではない[102]。防御権の実効的行使には母語での通訳が望ましい場合が多いと考えられるが、少数言語の通訳人の確保は困難な場合が多いし、時間的、地理的又は地域的事情等により母語での通訳を提供できない場合もあることから、被疑者・被告人の母語以外の言語での通訳を介して刑事裁判手続を行うことは、同条のもとで許容されるであろう。

　この点について、欧州人権裁判所は、Sandel v. "The Former Yugoslav Republic of Macedonia" 事件判決において、裁判所がヘブライ語の通訳を見つけるために2年半もの時間を費やしたこと等により、判決が出るまでに7年もかかったことは、欧州人権条約6条1項の「妥当な期間内」の要件を満たさず、同条の違反を構成すると判断している[103]。適正な通訳人の選任に時間をかけすぎて、迅速な裁判の要請ひいては公正な裁判を阻害しては本末転倒である[104]。

3.5.2　用語の選択

　自由権規約14条3項(a)及び(f)の保護法益は、被疑者・被告人自身の防御権の保障にある[105]。裁判所で使用されている言語を解さない被疑者・被告人は一般に、検察官よりも、また当該言語を解する者よりも、手続、法制度及び進行状況の理解に劣らざるをえない。言語を解さない者の抱える困難を踏まえて、防御権行使の前提となる罪の性質及び理由の告知の際においては、防御の準備ができるよう、わかりやすく伝えることが要請されるであろうし、公判段階においても、被告人が審理及び状況を十分に理解して実効的に防御権を行使できるように、訴訟を運営する必要があろう。

　この点について、欧州人権裁判所は、Fox, Campbell and Hartley v. the United Kingdom 事件判決において、逮捕時に「自己の理解する言語で」逮捕の理由及び被疑事実を告げられる権利を定める欧州人権条約5条2項のもとで、「逮捕されたすべての者は、その者の理解できる平易な、専門用語ではない用語で」告げることを義務づけられている、と述べている[106]。

　裁判での防御権の行使の直接の前提となる、自由権規約14条3項(a)及び欧州人権条約6項3項(a)のもとでの罪の性質及び理由の告知は、逮捕時の告知以上の「詳細」さが必要とされてきたが[107]、「詳細」な告知を理解できなければ、被疑者・被告人は自己の防御権を行使することは不可能であるから、その際も「その者の理解できる平易な、専門用語ではない用語で」告げることが義務づけられよう。また、防御権を行使すべきは公判においてであり、防御権は被告人に帰属するものであるから、公判段階においても、被告人の防御権の行使に必要な事項については、被告人が理解できるわかりやすい言葉で説明されることが要請されよう。

3.5.3　書面の翻訳の口頭での通訳による代替

　自由権規約14条3項(f)のもとで、防御に必要なすべての文書を翻訳する義務までは課せられておらず、口頭での通訳で足りる場合は条約上の義務はそれで果たされると解される。欧州人権裁判所も、欧州人権条約6条3項(e)が翻訳者ではなく「通訳（an interpreter）の援助」を保障していることから

も、口頭での援助で条約上の要件を満たしうると指摘する[108]。

ただし、「その罪の性質及び理由」の告知について、自由権規約14条3項(a)の文言上、書面での告知は要件とされていないが、裁判所で使用される言語を被告人が理解できない場合は、防御のために告知内容を正確に理解することの重要性と、通訳の援助を介して理解することの難しさに鑑み、それがなくとも防御権の行使に支障がないことが明らかではない限り[109]、内容を記した書面とそれを翻訳した書面の交付が義務づけられると解すべきである[110]。

自由権規約委員会は、一般的意見において、罪の根拠となる理由と事実を告知する場合は、書面で、又は、後に書面で確認されるのであれば口頭で実施しうるとし[111]、書面の交付を原則としている。また、欧州人権裁判所は、米国籍で米国在住の被告人に対する罪名のみが英語で記された起訴状の送達が、欧州人権条約6条3項(a)の違反を構成するか問題となったKamasinski v. Austria事件において、「被告人が、問われた罪の事実上及び法律上の根拠を公式に書面で通知されるのは、送達時以後であるという意味において、起訴状は刑事手続において決定的な役割を果たす」と述べて、「裁判所で使用される言語に精通していない被告人は、その理解する言語で起訴状を翻訳した書面を交付されさえしないとすると、実際上不利な立場に置かれる可能性がある」と指摘している[112]。欧州人権裁判所のその後の判決も、この点について繰り返し確認している[113]。

3.5.4　通訳の形態

法廷での通訳の援助は、同時通訳、ウィスパリング通訳、逐次通訳、事前に翻訳したものの読み上げといった方法を組み合わせて行われており、また発話をそのまま通訳する場合もあれば、発話の要約を通訳したり遣り取りの結果だけを伝えたりする場合もある。

自由権規約のもとでは、被疑者・被告人の防御権の実効的行使と公正な裁判手続という保護法益を毀損しない限り、いかなる方法をとることも許容されていると解される。欧州人権裁判所は、Kamasinski v. Austria事件判決に

おいて、逐次通訳で要約されていること、証人尋問が通訳されないことそれ自体は、欧州人権条約6条3項(e)の違反を構成せず、他の諸要素と併せて検討される必要があるとしている[114]。

　締約国は、被疑者・被告人の防御権の実効的行使を確保するためにはいかなる方法をとることが望ましいかという観点から、通訳の方法を選択する必要があろう。

3.6　通訳の質

　自由権規約14条3項(f)のもとで、締約国は、一定以上の質の通訳を提供しかつ管理することを義務づけられる（1）。その際、司法通訳人の基準又は選定手続が国内法上制定されていること及び通訳人がその基準を満たしていることは、通訳の適正さの根拠になりうる（2）。しかしそれのみで当該裁判での通訳の質が担保されるわけではなく、個別具体的な事件のなかで、防御権の行使に十分な通訳の援助を受けられたか否かが問題となる（3）。取調べ段階での通訳の不十分は、それにより被疑者・被告人の防御権が侵害され又は裁判の公正が確保されない場合には、同条の違反を構成しうる（4）。同条の趣旨目的からは、通訳人の能力不足又は誤訳・訳し落とし等により防御権及び公正な裁判を毀損する恐れのある場合には、被告人側からの申立てがなくとも、裁判所を含む権限ある当局による職権での対応が求められよう（5）。

3.6.1　通訳の適正を確保する裁判所の義務

　被疑者・被告人が裁判所において使用される言語を理解し又は話すことができない場合、被疑者・被告人の防御権の実効的行使及び公正な裁判を実現するには、適正な通訳が不可欠である[115]。したがって、自由権規約14条は、締約国がその前提となる一定以上の質の通訳を提供しかつ管理する義務を含むと考えられる[116]。

　欧州人権条約6条3項(e)は、適正な通訳を確保する義務も国家に課すものと解釈されてきた[117]。欧州人権裁判所は、例えば Kamasinski v. Austria 事

件判決において、「6 条 3 項(e)で保障される権利を現実的にかつ実効的に保障する必要から、権限ある当局の義務は通訳の任命に限られるものではなく、特定の状況において通知があった場合には、提供された通訳の適正さをその後ある程度管理することにまで及びうる」と指摘し[118]、弁護人の援助に関する義務について検討した Artico v. Italy 事件判決を参照して、弁護人について述べられているのと同じように、通訳人を任命するだけでは実効的な通訳の「援助」(assistance)を受ける権利は保障されず、例えば通訳人が長期にわたり任務を履行しない状況にあることが通知された場合には、当局は通訳人を交代するか任務を果たさせる義務があると示唆した[119]。この点はその後の判決においても繰り返し確認されている[120]。

訴訟指揮権を有する裁判所が、通訳の質をも含め公正な裁判の砦となるべきであり[121]、被告人からの申立てがある場合はもちろんのこと、仮に申立てがない場合であったとしても、不適切な通訳には介入し、通訳の適正化をはかることが求められよう[122]。

3.6.2 国内的基準の充足

自由権規約その他の条約上、通訳の資格試験やチェックインタープリターの導入といった具体的な制度の構築は国家に義務づけられておらず、また人権条約機関の事例・判決において、それがないことをもって条約違反が認定された例もない。ただし、司法通訳人の基準又は選定手続が国内法上制定されていること及び通訳人がその基準を満たしていることは、通訳が適正であることの根拠になりうる。

自由権規約委員会の個別通報においても、国内法規則上の基準の充足は、通訳の質を検討する際の判断要素の1つになっている。自由権規約委員会は、逮捕時に能力ある通訳の援助を受けられず罪を理解できなかったとして、自由権規約 9 条 2 項の違反が申し立てられた Michael and Brian Hill v. Spain 事件において、「当該国により提出された文書によると、当該通訳人はアドホックな通訳ではなくて、その能力を保証するはずの諸規則にしたがって選任された公式の通訳人である」として、諸事実から 9 条 2 項の違反

は示されないと判断している[123]。公判中の通訳の質の悪さ故に被告人に損害を与える誤りが起きたとして、同14条3項(f)の違反が主張されたWerenbeck v. Australia 事件においても、当該請求の受理不可能の根拠の1つとして、通報者の公判での通訳人が完全なプロの資格を有していることが立証されたことをあげている[124]。

また、欧州人権裁判所も、Cuscani v. The United Kingdom 事件判決において、裁判官が公判中に語学力を検査してもいない被告人の兄弟に通訳をさせようとしたことは、欧州人権条約6条1項及び3項(e)の違反を構成するとしており[125]、法廷地国による語学力の検査が通訳の適正さの基準となることを示唆している。

3.6.3　防御権の侵害

しかし、国内法規則上司法通訳人の選定手続等が制定されていたとしても、選定基準が低かったり運用が停滞していたりすれば、通訳の質は保証されえない。国内法上司法通訳人の基準又は選定手続があること、それに則って選任されていることは、通訳の質が確保されている証拠の1つにはなりうるが、それのみで当該裁判における通訳の質が担保されるわけではない。結局、通訳の援助を受ける権利が侵害されたか否かは、個別具体的な事件のなかで、被疑者・被告人が防御権を実効的に行使しうるために十分な通訳の援助を受けられたかという問題になる[126]。この点について、欧州人権裁判所は、Güngör c. l'Allemagne 事件決定以降、防御権の行使に必要な通訳の援助は、「問われた罪を理解し、かつ、とりわけ裁判所で事件について自分の解釈を証言して自己を防御することができるように」するものではなければならないと判示している[127]。

自己を防御するに十分な通訳の援助を受けられたか否かは、裁判手続における具体的遣り取りから判断されうる。自由権規約委員会は、前述したWerenbeck v. Australia 事件において、公判の記録を調査して裁判所の訴訟運営と通訳に問題がなかったかを検討している。そして、通訳人が資格を有していたことに加えて、裁判の記録の謄本によると、裁判官は通訳の業務を手

助けすべく証人尋問に定期的に介入していたことを指摘して、本件においてはこのような通訳が当事国より付与されており、かつ、裁判の記録によると通訳には何の問題もないとして、14条3項(f)違反の申立てにつき受理不可能と判断した[128]。

欧州人権裁判所も、通訳人の誤解による誤訳が問題とされた Diallo v Sweden 事件において、裁判の記録を検討してその真偽を認定している[129]。また、文書の翻訳の質の悪さが問題とされた H.K. c. Belgique 事件判決においても、欧州人権裁判所は、裁判の記録の検討と、翻訳は若干不正確であったが申立人は要点を理解していたとする専門家の鑑定書から、申立人は、防御の準備をするために問われている罪を理解するのに十分な情報を、自己の理解する言語で得ていたと判断している[130]。

前述したように、裁判所は、通訳の適正を確保するために、的確に対処する義務を負う。不適正な通訳により防御権のあからさまな侵害がある場合であれば、裁判所が介入しないことは自由権規約14条3項(f)の違反を構成しうるであろう。ただし、一般に通訳の資格をもたず、裁判所で使われない言語に精通しているとは言えない裁判官らに、多くを期待することは難しい。Kamasinski v. Austria 事件の欧州人権委員会決定は、裁判所には通訳の質をある程度管理することが要請されるが、「権限ある当局が介入する義務は、防御権を妨げる可能性のある通訳の不備に気づいた場合にのみ生じうる」と述べている[131]。

3.6.4 取調べ段階での通訳の不備

警察での取調べの通訳が裁判所の認定した通訳人ではないこと、また公判での通訳人が警察若しくは検察と関係があること又は公平性を欠くことのみでは自由権規約14条3項(f)の違反を構成しないが、それにより被疑者・被告人の防御権が侵害され又は裁判の公正が確保されない場合には、同条の違反を構成しうると解せられる。

Kamasinski v. Austria 事件では、逮捕後起訴前の警察での取調べにおける在監人又は裁判所の認定していない通訳人による通訳の援助が、欧州人権条

約6条3項(e)の違反を構成するか否かが問題となった。この点について欧州人権裁判所は、申立人が取調べのやりとりを理解できなかった様子はないとして、通訳人が裁判所の認定を受けていない者であることそれ自体で同条の違反を構成することはない、との立場を示した[132]。

また、公判の通訳人が警察及び検察から独立して任命されていないとして、欧州人権条約6条3項(e)の違反が主張された Uçak v the United Kingdom 事件決定において、「通訳は6条1項の意味での裁判所の一部ではなく、それ自体に独立性及び公平性という公式の要件は存在しない。通訳は被疑者・被告人に対し防御に際して実効的援助を提供するものでなければならず、通訳の行為は手続の公正を毀損するような性質を有するものであってはならない。」と述べている[133]。

3.6.5 被疑者・被告人による異議申立て

自由権規約委員会はしばしば、被疑者・被告人による通訳の質又は誤訳により十分な防御を尽くせなかったとの申立てに対し、刑事手続中に異議申立てがなされなかったことをもって、国内救済手続が完了していないと評価し、受理不可能と判断してきた[134]。

例えば、1992（平成4）年6月にオーストラリアでヘロイン密輸の現行犯で逮捕され、1999（平成11）年に判決の確定した日本人被告人らが、公判中の不正確な通訳等について14条3項(f)の違反等を2002（平成14）年に通報した、Katsuno, Masaharu et al. v. Australia 事件の見解で、自由権規約委員会は、ほとんどの通報は上訴審で提起されておらず、また被告人らは通訳の質の問題を予備審問及び公判中に気づいていたとうかがわれることから、判決確定後、2001（平成13）年まで気づかなかったとの主張は裏付けられないとして、自由権規約9条及び14条に基づく通報は、国内救済完了原則を満たしていないため受理不可能と判断した[135]。

しかし、裁判所で使用される言語を理解できず又は話すことのできない被疑者・被告人が、外国での司法手続のなかで、通訳の不備や誤訳、ましてや通訳人の不公正を発見し、それを指摘することはきわめて困難であろう。弁

護人が被疑者・被告人の母語を理解し又は話すことのできない場合に、弁護人にその役割を一任することも無理がある。

防御権の行使及び公正な裁判の確保という自由権規約14条3項(f)の趣旨目的からは、通訳人の能力不足又は誤訳・訳し落とし等により被告人の防御権及び公正な裁判を毀損する恐れのある場合には、被告人側からの申立てがなくとも、裁判所を含む権限ある当局による職権での対応が求められよう。また、それらの目的のためには、質の高い通訳人を確保する手続の制定、通訳人が通訳しやすい労働環境の整備、誤訳や訳し落としを発見し、治癒する仕組みといった制度的な担保も必要である。

4 おわりに

以上をまとめると、自由権規約14条3項(a)及び(f)のもとで、裁判所で使用される言語を理解すること又は話すことのできない被疑者・被告人に対し、自由権規約の締約国は、その防御権の保障に必要な範囲において、無料で通訳の援助を付す義務を負うといえる。条文上締約国に詳細な義務は課されておらず、一般的意見及び見解においても具体的な基準が提示されていない部分も多い。各国の司法制度は異なり、また個別具体的事案・状況によって、防御権の保障に必要な援助の程度は異なる。通訳の援助が自由権規約上の要件を満たしているか否かは、具体的な事案状況を踏まえて、被疑者・被告人の防御権の実効的行使が確保されているか否かに照らして判断していくほかない。

条約の明文上はいかなる制度的担保の設定も締約国に義務づけられておらず、通訳人に資格も要請されていないとは言え、条約の要求する適正な通訳を提供するには、一定の資源の投入が求められよう。通訳の援助を付与するには通訳人をリクルートすることが必要である。通訳の援助を提供しても、提供される通訳翻訳サービスが適正なものでなければ、要通訳事件において被疑者・被告人の防御権を保障し、公正な裁判ひいては司法の適正な運営を

第11章　刑事裁判手続において通訳の援助を付する自由権規約上の義務の射程

実現することはできない。要通訳事件が毎年一定数を数える状況において、条約の趣旨目的に即して通訳の援助を付与する義務を履行するためには、適正な通訳の提供を担保する制度の構築及び運用の確立が不可欠である。

　以上を踏まえると、現在の日本の法廷通訳の制度及びその運用には、自由権規約上の義務を満たしているとは評価しきれない部分が存在する。そもそも「無料で」通訳の援助を受ける権利は国内法上保障されていない[136]。運用上は免除されているとはいえ、立法的解決が望まれる。「その罪の性質及び理由」の告知は公判手続の冒頭で被告人の理解する言語で通訳されることで足りるとの裁判所の判断も[137]、自由権規約14条3項(a)に抵触しうると思われる[138]。弁護人との接見における通訳の費用も、条約の趣旨目的からは無料とされるべきであろう。さらに、適正な通訳を確保するための取組みは到底十分とは言えない。日本の現在の司法通訳の運用は司法通訳人の負担に負うところが大きく、きわめて脆い。能力の足りない通訳人の選任や誤訳・訳し落としは、防御権の行使も公正な裁判も毀損するものであるが、いずれもある程度は制度的に対応しうるものである。自由権規約の締約国として、迅速なる制度的対応とその趣旨目的に即した運用が求められる。

◆注
1)　本章に関連する主な自由権規約の条文は以下の通りである。表記は公定訳による（http://www.mofa.go.jp/mofaj/gaiko/treaty/pdfs/B-S54-0287_1.pdf（as of 9 December 2015））。
　2条1項　この規約の各締約国は、その領域内にあり、かつ、その管轄の下にあるすべての個人に対し、人種、皮膚の色、性、言語、宗教、政治的意見その他の意見、国民的若しくは社会的出身、財産、出生又は他の地位等によるいかなる差別もなしにこの規約において認められる権利を尊重し及び確保することを約束する。
　9条2項　逮捕される者は、逮捕の時にその理由を告げられるものとし、自己に対する被疑事実を速やかに告げられる。
　14条3項　すべての者は、その刑事上の罪の決定について、十分平等に、少なくとも次の保障を受ける権利を有する。
　(a) その理解する言語で速やかにかつ詳細にその罪の性質及び理由を告げられること。
　(f) 裁判所において使用される言語を理解すること又は話すことができない場合に

は、無料で通訳の援助を受けること。
2) General Comment No. 31: Article 2, The nature of the general legal obligation imposed on States Parties, CCPR/C/21/Rev. 1/Add. 13 (2004), para. 13.
3) Gazzetta Ufficialre, "Decreto del Presidente della Repubblica 22 settembre 1988, n. 447: Approvazione del codice di procedura penale. (GU Serie Generale n. 250 del 24-10-1988-Suppl. Ordinario n. 92)", at http://www.gazzettaufficiale.it/risultati/ricerca/codici/penale (as of 19 February 2014).
4) Christopher John Garwood, "Court interpreting in Italy. The daily violation of a fundamental human right", *The Interpreters' Newsletter*, n. 17 (2012), pp. 173-189.
5) Fotini Apostolou, "Interpreting Services for Immigrants: A New Reality in Greece", *The Interpreters' Newsletter*, n. 17 (2012), pp. 216-218. ギリシャでは、入国管理手続においても通訳の能力不足が問題となっている。Lena Karamanidou and Liza Schuster, "Realizing One's Rights under the 1951 Convention 60 Years On: A Review of Practical Constraints on Accessing Protection in Europe", *Journal of Refugee Studies*, Vol. 25 (2) (2012), pp. 180-181. オーストラリアでは、難民認定手続における通訳の能力不足や不備が、その後の裁判でしばしば争われている。Adolfo Gentile, "Interpreting as a Human Right - Institutional Responses: the Australian Refugee Review Tribunal", *The Interpreters' Newsletter*, n. 17 (2012), pp. 157-172.
6) 高畑幸・水野かほる・津田守・坂巻静佳・森直香「法廷通訳の仕事に関する実態調査」『国際関係・比較文化研究』(静岡県立大学) 12巻1号 (2013年) 183～184頁。
7) 同上、182～183頁。
8) 例えば、「裁判員裁判で誤訳指摘──法廷通訳技量アップ急務、資格創設の動き」『日本経済新聞』2010年8月16日朝刊30面。
9) 自由権規約委員会 (Human Rights Committee) は、自由権規約28条に基づいて設置される、同規約の履行監視機関である。専門家18名から組織され、締約国の履行状況を監視する。Cf. 横田洋三編『国際人権入門【第2版】』(法律文化社、2012年) 47頁。
10) 一般的意見 (General Comment) は、自由権規約40条4項に基づき、1980年以降、自由権規約委員会が発表してきた、条文の解釈や権利の内容に関する委員会の見解を表明する文書である。1981年に採択された一般的意見の序において、委員会は、一般的意見の目的として、①さらなる規約の履行を促進するために、委員会が報告の検討を通じて得た経験を全締約国と分かち合うこと、②数多くの報告書で明らかになった不十分な実施状況に注意を喚起すること、③報告手続の改善を提案すること、④人権の促進及び保護に関する締約国及び国際組織の活動を奨励すること、を挙げている (A/36/40 (1981), p. 107)。本文書に法的拘束力はないが、権威ある文書として、国家報告書の作成やその審査の際に頻繁に参照されている (横田編、同上)。
11) 自由権規約の履行確保のために、自由権規約第一選択議定書は、締約国の管轄

第11章　刑事裁判手続において通訳の援助を付する自由権規約上の義務の射程

下にある個人が、当該規約で保障される人権を侵害された場合に、被害者である個人が自由権規約委員会に通報し、審査を求める手続を定めた。それが個人通報制度である。委員会は通報を検討し、規約違反の有無についての見解（views）を関係締約国と個人に送付する（議定書5条4項）。当該見解も法的拘束力はもたないが、権威ある文書として尊重され、多くの締約国がそれに沿って救済措置を講じてきた（横田編、同上、50～51頁）。日本は同議定書に署名・批准していない。日本人が同議定書の締約国の管轄内で自由権規約の違反により権利を侵害された場合、被害を受けた日本人は、個人通報制度を利用して、委員会に通報することができる。

12) 本章と関連する主な欧州人権条約の条文は以下の通りである。翻訳は、奥脇直也・岩沢雄司編代『国際条約集　2015年版』（有斐閣、2015年）による。以下、条約の翻訳は原則として本条約集による。

5条2項　逮捕された者は、速やかに、自己の理解する言語で、逮捕の理由及び自己に対する被疑事実を告げられる。

6条3項　刑事上の罪に問われている全ての者は、少なくとも次の権利を有する。
(a) 速やかに、その理解する言語で詳細にその罪の性質及び理由を告げられること。
(e) 裁判所において使用される言語を理解し又は話すことができない場合には、無料で通訳（an interpreter）の援助を受けること。

13) 欧州人権裁判所は、欧州人権条約に基づいて1959（昭和34）年に創設された人権救済機関である。欧州人権条約の違反について、国家のみならず個人も直接訴えを提起することができる。日本は同条約の締約国ではないが、日本人が同条約の締約国の管轄内で同条約の違反により権利を侵害された場合、被害を受けた日本人は欧州人権裁判所に訴えを提起することができる。

14) 米州人権条約8条2項(a)も、自由権規約14条3項(f)とほぼ同じく、以下のように規定しており、本章の検討にあたっては、米州人権委員会の報告書等も可能な限り参照した。

8条2項　刑事上の罪に問われている全ての者は、法律に基づいて有罪とされないうちは、無罪と推定される権利を有する。裁判手続において、全ての人は、完全に平等に、少なくとも次の保障を受ける権利を有する。
(a) 裁判所の言語を理解しないか、又は話さない場合には、無料で通訳（a translator or interpreter）の援助を受ける被告人の権利

15) Kurbanov v. Tajikistan, CCPR/C/79/D/1096/2002 (2003), para. 7.3; Stefan Trechsel, *Human Rights in Criminal Proceedings* (Oxford Univ. Press, 2005), p. 193; Human Rights Committee, General Comment No. 32: Article 14 (Right to Equality before Courts and Tribunals and to a Fair Trial), CCPR/C/GC/32 (2007), para. 40 (hereinafter General Comment No. 32).

16) General Comment No. 32, ibid., para. 2.

17) Ibid., para. 40.

18) Luedicke, Belkacem and Koç v. Germany, no. 6210/73, 6877/75, 7132/75, ECHR,

Judgment of 28 November 1978, para. 48（hereinafter Luedicke et al. v. Germany）; Kamasinski v. Austria, no. 9783/82, ECHR, Judgment of 19 December 1989, para. 74. 当該判決についての判例評釈として、阿部浩己「35 無料で通訳の援助を受ける権利：有罪判決の後に通訳費用を請求することは、無料で通訳の援助を受ける権利について保障した6条3項(e)に違反する：リューディック判決」戸波江二・北村泰三・建石真公子・小畑郁・江島晶子編『ヨーロッパ人権裁判所の判例』（信山社、2008年）245～248頁。

19）Kamasinski v. Austria, ibid..
20）例えば、大阪地裁第12刑事部平成24年1月23日判決参照。
21）国のリソースが限られているなか、すべての陳述及び書証に通訳の援助を付すことを義務づけるとすれば、例えば自由権規約14条3項(c)で被告人に保障される迅速な裁判を受ける権利を侵害する恐れもある（田中康代「刑事手続きにおける通訳・翻訳を求める権利についての一考察：国際人権法上の先例を中心に」『法と政治』（関西学院大学）48巻2号（1997年）119頁）。裏を返せば、迅速な裁判を受ける権利の保障もまた、防御権の保障ひいては公正な裁判と対立しうるものなのであり、期間の当不当を判断する基準が問題となる（内藤光博「44 迅速な裁判：条約6条1項の『合理的期間』を超えた裁判に対する違法判決：ボタッツィ判決」戸波ほか編『前掲書』（注18）294頁）。
22）例えば、自由権規約委員会は、14条1項の裁判所のアクセス権について、司法の適正な運営や国家免除といった国際法規範による制限は許容されうると指摘する（General Comment No. 32, supra note 15, para. 18）。そして、例えば、ギリシャでは民事訴訟法923条により外国国家に対する判決の執行前に法務大臣の同意を要件とされているところ、ギリシャの法務大臣が第二次世界大戦中の大虐殺についてドイツに損害賠償の支払いを命じたギリシャ裁判所の判決の執行に同意しなかったことが、自由権規約14条1項の公正な審理を受ける権利と同規約2条3項の効果的な救済措置受ける権利の違反を構成するか否かが問題となった Panagiotis A. Sechremelis et al. vs Greece 事件においては、ギリシャ民事訴訟法923条は公正な審理と実効的救済を受ける権利に対して制限を課すものであるが、法務大臣の判断は国家免除に関する国際法及びウィーン条約法条約を踏まえたものであること、及び、当該制限は実効的な法的保護を受ける通報者の権利の本質を毀損するものではなく、判決の後の執行は排除されていないことに鑑みて、本件における同意付与の拒否は自由権規約2条3項及び14条1項の違反を構成しないと判断している（CCPR/C/100/D/1507/2006（2011）, paras. 10.4-10.5）。
23）General Comment No. 32, ibid., para. 40.
24）Kamasinski v. Austria, supra note 18, para. 84.
25）General Comment No. 32, supra note 15, para. 40. 自由権規約委員会は、武器対等の原則を、裁判所の前での平等の権利から保証される原則であって（ibid., para. 8）、「差別が法に基づくものであり、かつ、客観的かつ合理的な根拠に基づいて正当化

第11章　刑事裁判手続において通訳の援助を付する自由権規約上の義務の射程

されうるものであって、被告人に対する実際上の不利益その他の不公正を伴わないものである場合を除いて、すべての当事者に同じ手続的権利を付与しなければならない」ことを意味する原則、と説明する（ibid., para. 13）。

26)　東澤靖「武器対等の原則及び国際刑事手続における展開」芹田健太郎・棟居快行・薬師寺公夫・坂元茂樹編『講座国際人権法2　国際人権規範の形成と展開』（信山社、2006年）159頁。

27)　Trechsel, *supra* note 15, p. 329；田中「前掲論文」（注21）113～114、116頁；田中康代「国際人権法における通訳人を求める権利」北村泰三・山口直也編『弁護のための国際人権法』（現代人文社、2002年）90頁。

28)　東澤「前掲論文」（注26）132頁。

29)　Trechsel, *supra* note 15, p. 333.

30)　真実追求と法の支配の実現を目指し、自己のためではなく、司法の適正な運営の担い手として行為する検察側と、当然のことながら自らの利益ために行為する被疑者・被告人側とは、そもそも立場が異なる（Trechsel, *ibid*., p. 96）。刑事裁判手続における当該原則の機能は未だ評価し難い部分があるが、被疑者・被告人の防御権の強化を促進する原理として資する面はあろう（東澤「前掲論文」（注26）159頁）。

31)　Salikh v Uzbekistan, CCPR/C/95/D/1382/2005（2009), para. 9.4.

32)　田中「前掲論文」（注21）105頁。「罪の性質及び理由」の告知は、自由権規約14条3項に規定される諸権利を享受する不可欠の前提条件であるから、締約国は、被疑者・被告人が防御権を実効的に行使し、公判のために準備する時間を十分にとることができように、できる限りはやくその罪の性質及び理由を被告人の理解できる言語に通訳又は翻訳して伝えなければならない（同上、108頁）。自由権規約委員会は一般的意見において、同条の「速やかに」の要件を満たすには、「当該個人が、国内法上、公式に刑事上の罪を問われるか、又はそのように名前を公表された時点で可能な限り直ちに」告知しなければならないと述べている（General Comment No. 32, supra note 15, para. 31.）。

33)　Office of The High Commissioner for Human Rights in Cooperation with the International Bar Association, Human Rights in the Administration of Justice: Manual on Human Rights for Judges, Prosecutors and Lawyers, HR/P/PT/9（2003), p. 232.

34)　例えば、米州人権委員会は、メキシコでの刑事裁判手続において、メキシコのプレペチャ（Purépechas）族の申立人ら（母語はプレペチャ語）が、先住民族であることや単語が難しいことに加え、通訳の援助がないことも繰り返し主張したのに、通訳の援助を否定されたことについて（para. 38)、立証されれば8条の違反を構成すると判断している（para. 52）（IACHR, Report 72/10, Admissibility, Petition 160-01, Irineo Martinez Torres and Candelario Martinez Damian, Mexico, July 12, 2010）。同じく、メキシコでの刑事裁判手続において、メキシコのチョル（Chol）語を母語とし、スペイン語で表現することが難しい申立人らに対して通訳の援助が付されず、手続で何が起きているのか理解できなかったと主張された事例においても（para. 10)、

米州人権条約5、7、8及び25条の違反を構成する可能性が高いと判断した (para. 38) (IACHR, Report 46/13, Admissibility, Petition 659-07, Ángel Concepción Pérez Gutiérrez and Francisco Pérez Vásquez, Mexico, July 12, 2013)。

35) 2015年現在、日本の場合、起訴には公判請求と略式命令請求の2種類がある。公判請求は、公開した法廷における審理を求める起訴のことであり、略式命令請求は、公判を開かず、簡易裁判所が書面審理で刑を言い渡す簡易な刑事手続によってなされる裁判を請求する起訴のことである。

36) Paul Kelly v. Jamaica, Communication, CCPR/C/41/D/253/1987 (1991), para. 5.8; General Comment No. 32, supra note 15, para. 31 (自由権規約14条3項(a)は、「勾留されない事件を含め、刑事上の罪に関するすべての事件に適用されるが、罪を問われる以前の犯罪捜査には適用されない」).

37) General Comment No. 35: Article 9 (Right to Liberty and Security of Persons), CCPR/C/GC/35, paras. 26 and 30 (hereinafter General Comment No. 35); Albert Wilson v. Philippines, CCPR/C/79/D/868/1999 (2003), paras. 3.3 and 7.5; General Assembly, 13th Session: 3ed Committee, 865th Meeting, 28 Oct. 1958, A/C. 3/SR. 865, p. 150, para. 35 (Mr. Sudjahri (Indonesia)); Ibid., 866th Meeting, 29 Oct. 1958, A/C. 3/SR. 866, p. 153, para. 9 (Mr. U Aung Tha Gyaw (Burma)); 田中「前掲論文」(注21) 101〜102頁。

38) General Comment No. 35, ibid. para. 58.

39) Ex. Clarence Marshall v. Jamaica, CCPR/C/64/D/730/1996 (1998), para. 6.2; Christopher Brown v. Jamaica, CCPR/C/65/D/775/1997 (1999), para. 6.6; Mr. Azer Garyverdy ogly Aliev v. Ukraine, CCPR/C/78/D/781/1997 (2003), para. 7.3; Khuseynova and Butaeva v. Tajikistan, CCPR/C/94/D/1263-1264/2004 (2008), para. 8.4.

40) Ex. Concluding Observations, Kenya, CCPR/C/KEN/CO/3 (2012), para. 19; Mr. Dimitry L. Gridin v. Russian Federation, CCPR/C/69/D/770/1997 (2000), para. 8.5; Smartt v Guyana, CCPR/C/81/D/867/1999 (2004), para. 6.3; Khuseynova and Butaeva v. Tajikistan, ibid.; Lyashkevich v. Uzbekistan, CCPR/C/98/D/1552/2007 (2010), para. 9.4.

41) Luedicke et al. v. Germany, supra note 18, para. 48.

42) Ex. Kamasinski v. Austria, supra note 18, paras. 74 and 77; Hermi v. Italy, no. 18114/02, ECHR, Grand Chamber, Judgment of 18 October 2006, para. 69; Amer v. Turkey, no. 25720/02, ECHR, Judgment of 13 January 200, paras. 77 and 84; Diallo v Sweden, no. 13205/07, ECHR, Decision of 5 January 2010, paras. 23-25 (警察の取調べは公判準備のために極めて重要であり、警察での取調べ中の待遇を確保しかつ自白強要を避けるために、通訳の援助が付せられるべきと指摘する。); Baytar v. Turkey, no. 45440/04, ECHR, Judgment of 14 January 2015, paras 49-50 (Baytar v. Turkey 事件判決は、取調べ段階で付せられるべき通訳が付せられなかったという瑕疵は、公判段階で付せられたことにより治癒されないと判断している (para. 56)。).

43) Trechsel, supra note 15, p. 338.

第11章　刑事裁判手続において通訳の援助を付する自由権規約上の義務の射程

44）　Ex. Clarence Marshall v. Jamaica, supra note 39, para. 6.2; Christopher Brown v. Jamaica, supra note 39, para. 6.6; Mr. Azer Garyverdy ogly Aliev v. Ukraine, supra note 39, para. 7.3; Khuseynova and Butaeva v. Tajikistan, supra note 39, para. 8.4.
45）　Ex. Concluding Observations, Kenya, supra note 40, para. 19; Mr. Dimitry L. Gridin v. Russian Federation, supra note 40, para. 8.5; Smartt v Guyana, supra note 40, para. 6.3; Khuseynova and Butaeva v. Tajikistan, ibid.; Lyashkevich v. Uzbekistan, supra note 40, para. 9.4.
46）　Luedicke et al. v. Germany, supra note 18, para. 48.
47）　X v. Austria, no. 6185/73, ECHR, Decision of 26 May 1975, para. 1. ただし、本決定において同裁判所が、オーストリアの実行上、裁判所による弁護人選定の際に言語が考慮されており、また通訳も無料での法的支援の対象となりうることも指摘していることには留意が必要であろう。
48）　Zengin v. the Federal Republic of Germany, no. 10551/83, ECHR, Judgment of 6 December 1988, paras. 60-66.
49）　Morael v. France, Communication no. 207/1986, U.N. Doc. Supp. No. 40（A/44/40）at 210（1989）.
50）　Özrürk v. Germany, no. 8544/79, ECHR, Judgment of 21 February 1984, paras. 50-56. 軍隊における懲戒処分に関わる手続に欧州人権条約6条が適用されるか否かが問題となったEngel and Others v. The Netherlands事件判決において、欧州人権裁判所は、6条が適用されるか否かを判断する基準として、①その罪を定義している文書が刑事法に含まれるか否か、②その罪の性質及び③罰の重さを挙げ、本件手続には6条が適用されると判断した（Engel and Others v. The Netherlands, no. 5101/71, 5102/71, 5354/72, 5370/72, ECHR, Judgment of 8 June 1976, paras. 82-85）。しかし、Özrürk v. Germany事件では、相対的に罰が軽いからといって、その罪が刑事上の罪でなくなるということはないとして、③の基準は適用不要とした（Özrürk v. Germany, ibid., para. 54）。
51）　General Comment No. 13: Article 14（Equality before the Courts and the Right to a Fair and Public Hearing by an Independent Court Established by Law）, HRI/GEN/1/Rev. 9（Vol. I）, para. 13.
52）　Report of the Human Rights Committee, A/37/40（SUPP）（1982）, p. 14, para. 68.
53）　Luedicke et al. v. Germany, supra note 18, para. 40.
54）　Ibid., para. 42.
55）　Ibid..
56）　Fedele v. The Federal Republic of Germany, no. 11311/84, ECHR, Decision of 9 December 1987.
57）　Salikh v Uzbekistan, supra note 31, para. 9.4.
58）　Kurbanov v. Tajikistan, supra note 15, para. 7.3; Trechsel, *supra* note 15, p. 193.
59）　Luedicke et al. v. Germany, supra note 18, para. 48.

60) Ibid., para. 49.
61) 田中「前掲論文」（注21）118頁；田中「前掲論文」（注27）100頁；Trechsel, *supra* note 15, p. 339.
62) General Comment No. 32, supra note 15, para. 32.
63) Cf. Luedicke et al. v. Germany, supra note 18, para. 42.
64) Trechsel, *supra* note 15, p. 339.
65) Akbingöl v. Germany, no. 74235/01, ECHR, Decision of 18 November 2004.
66) General Comment No. 32, supra note 15, para. 40.
67) Guesdon v. France, CCPR/C/39/D/219/1986(1990), para. 10.2.
68) Ibid., para. 10.3
69) Ibid..
70) Ibid., para. 11.
71) Victor P. Domukovsky, Zaza Tsiklauri, Petre Gelbakhiani and Irakli Dokvadze v. Georgia, CCPR/C/62/D/623/1995, 624/1995, 626/1995 and 627/1995 (1998), para. 18.7.
72) Ex. Hermi v. Italy, supra note 42, paras. 90-91.
73) Katritsch c. France, no. 22575/08, ECHR, Arrêt du 4 novembre 2010, § 45.
74) Brozicek v. Italy, no. 10964/84, ECHR, Judgment of 19 December 1989, para. 41.
75) Amer v. Turkey, supra note 42, para. 83.
76) Ibid., para. 84.
77) Zokhidov v. Russia, no. 67286/10, ECHR, Judgment (Merits and Just Satisfaction) of 8 July 2013, para. 171. 欧州人権裁判所は、勾留の理由が示されておらず、告知に際して十分な情報の提供がないことをもって欧州人権条約5条2項の違反を認定した。
78) Clifford McLawrence v. Jamaica, CCPR/C/60/D/702/1996 (1996), para. 5.9.
79) Ex. Güngör c. l'Allemagne, no. 31540/96, ECHR, Décision du 17 mai 2001; Hermi v. Italy, supra note 42, para. 71; Katritsch c. France, supra note 73, para. 43; Şaman v. Turkey, no. 35292/05, ECHR, Judgment of 5 April 2011, para. 30.
80) L.N.P. v. Argentina, CCPR/C/102/D/1610/2007 (2011), para. 13.5.
81) Sardinas Albo v. Italy, no. 56271/00, ECHR, 8 January 2004, p. 16; David Harris, Michael O'Boyle, Edward Bates, and Carla Buckley, *Law of the European Convention on Human Rights*, 2nd ed. (Oxford Univ. Press, 2009), p. 327.
82) Trechsel, *supra* note 15, p. 328.
83) Manfred Nowak, *U.N. Covenant on Civil and Political Rights: CCPR Commentary*, 2nd rev. ed (N.P. Engel, 2005), p. 339.
84) Cuscani v. The United Kingdom, no. 32771/96, ECHR, Judgment of 24 September 2002, para. 38.
85) Nowak, *supra* note 83, p. 343.
86) Luedicke et al. v. Germany, supra note 18, ECHR, para. 48.

第11章　刑事裁判手続において通訳の援助を付する自由権規約上の義務の射程

87) 田中「前掲論文」（注27）95頁。自由権規約委員会は一般的意見において、14条3項(c)の趣旨目的は、個人を長期にわたり不安定な立場や自由を奪われた状況におくことを回避することに加えて、「司法の利益」に資することにあるとする（General Comment No. 32, supra note 15, para. 35）。
88) Nowak, *supra* note 83, p. 343.
89) Kamasinski v. Austria, supra note 18, para. 74.
90) Güngör c. l'Allemagne, supra note 79.
91) Welter v. Sweden, no. 11122/84, Decision of 2 December 1985, ECHR ; Kamasinski v. Austria, no. 9783/82, Report of the Commission adopted on 5 May 1988, ECHR, para. 180.
92) Kamasinski v. Austria, ibid., para. 84.
93) Amer v. Turkey, supra note 42, para. 82.
94) Nowak, *supra* note 83, p. 339.
95) Kamasinski v. Austria, no. 9783/82, ECHR, Commission Decision of 19 December 1989.
96) Partly Dissenting Opinion of Mr. Weitzel, Sir Basil Hall and Mrs. Liddy, ibid.. 当該反対意見の6条3項(a)の部分については、Mr. Vandenberghe, Mrs. Thune and Mr. Rozakis も賛成。
97) Kamasinski v. Austria, supra note 18, paras. 80-81.
98) General Comment No. 32, supra note 15, para. 33.
99) Harward v. Norway, CCPR/C/51/D/451/1991(1994), para. 9.5.
100) Michael and Brian Hill v. Spain, CCPR/C/59/D/526/1993（1997), para. 14.1.
101) General Comment No. 32, supra note 15, para. 40.
102) Guesdon v. France, supra note 67, para. 10.3.
103) Sandel v. "The Former Yugoslav Republic of Macedonia", no. 21790/03, ECHR, Judgment of 27 May 2010, para. 44.
104) Nowak, *supra* note 83, p. 339.
105) Kurbanov v. Tajikistan, supra note 15, para. 7.3 ; Trechsel, *supra* note 15, p. 193 ; General Comment No. 32, supra note 15, para. 40.
106) Fox, Campbell and Hartley v. the United Kingdom, no. 12244, 12245 and 12383/86, 12245/86, ECHR, Judgment of 30 August 1990, Series A, No. 182, p. 19, para. 40 ; Ladent v. Poland, no. 11036/03, ECHR, Judgment of 18 March 2008, para. 63.
107) Clifford McLawrence v. Jamaica, supra note 78, para. 5.9.
108) Husain v. Italy, no. 18913/03, ECHR, Decision of 24 February 2005 ; Hermi v. Italy, supra note 42, para. 70 ; Diallo v Sweden, supra note 42, para. 23 ; Katritsch c. France, supra note 73, para. 41.
109) 複雑な事案については書面で告知し、かつ翻訳を添付することが要請されよう（田中「前掲論文」（注27）99頁）。
110) Nowak, *supra* note 83, p. 332.

111) Ibid..
112) Kamasinski v. Austria, supra note 18, para. 79. ただし、Kamasinski v. Austria 事件判決においては、起訴状に列挙された罪に関わる事実又は法は複雑なものではなく、起訴状自体 6 頁からなる相対的に複雑ではないものであったこと、被告人は起訴状の送達以前に通訳同席のもと警察官及び捜査判事から取調べを受けており、問われている罪を十分詳細に認識していたに違いないこと、予審の議事録によると被告人は通訳同席のもとで起訴を通知されたこと、判事の援助を受けて被告人は異議を申し立てたが、その理由は起訴状の理解不能ではなくて、十分な証拠による立証がなされていないことであったこと、被告人は不十分な通訳に対する不服申立ても翻訳書面の要請もしていないこと、1 か月半後の公判での審理において、被告人は問われている罪を理解していると述べ、彼と弁護人は起訴状の英語への通訳を放棄したことから（para. 80）、被告人は口頭で英語での説明を受けたことにより「その罪の性質及び理由」を十分に通知されており、起訴状の翻訳書面がないことで被告人の防御は妨げられておらず、また公正な裁判も否定されていないとして、6 条の違反はないと判断された（para. 81）。本件では、予審段階で通訳が同席しており、またその際に瑕疵があったとしても、弁護人が英語の通訳の資格も有していることから、被告人側よりそれに対する異議申立ては可能であったと思われること、その後の手続においても通訳の不備及び起訴状の内容について被告人側より異議申立て等はないことから、欧州人権裁判所の評価は妥当であったと考えられる。
113) Ex. Hermi v. Italy, supra note 42, para. 68.
114) Kamasinski v. Austria, supra note 18, para. 83.
115) David Harris, "The Right to a Fair Trial in Criminal Proceedings as a Human Right", *I.C.L.Q.*, Vol. 16（1967）, p. 369.
116) Nowak, *supra* note 83, p. 344.
117) 水野陽一「刑事訴訟における弁護人依頼権、接見交通権、通訳・翻訳権の保障と公正な裁判を求める権利との関係について——ヨーロッパ人権条約 6 条における公正な裁判原則に関する議論を参考に」『広島法學』35 巻 4 号（2012 年）82 頁。
118) Kamasinski v. Austria, supra note 18, para. 74.
119) Ibid.; Artico v. Italy, no. 6694/74, ECHR, Judgment of 13 May 1980, para.33.
120) Ex. Hermi v. Italy, supra note 42, para. 70; Diallo v Sweden, supra note 42, para. 23; Baytar v. Turkey, supra note 42, para. 57; Panasenko c. Portugal, no. 10418/03, ECHR, arrêt du 22 juillet 2008, para. 62.
121) Cuscani v. The United Kingdom, supra note 84, para. 39; Hermi v. Italy, ibid., para. 72; Katritsch c. France, supra note 73, para. 44.
122) Trechsel, *supra* note 15, p. 329.
123) Michael and Brian Hill v. Spain, supra note 100, para. 12.2.
124) Werenbeck v. Australia, CCPR/C/59/D/579/1994（1997）, para. 9.7.
125) Cuscani v. The United Kingdom, supra note 84, paras. 38 and 40.

126) Trechsel, *supra* note 15, p. 339.
127) Güngör c. l'Allemagne, supra note 79. Ex. Panasenko c. Portugal, no. 10418/03, ECHR, arrêt du 22 juillet 2008, para. 62.
128) Werenbeck v. Australia, supra note 124, para. 9.7.
129) Diallo v Sweden, supra note 42, para. 28.
130) H.K. c. Belgique, no. 22738/08, ECHR, Décision du 12 janvier 2010, p. 8.
131) Kamasinski v. Austria, Commission Decision, supra note 95, para. 172.
132) Kamasinski v. Austria, Judgment, supra note 18, para. 77.
133) Uçak v the United Kingdom, no. 44234/98, ECHR, Decision of 24 January 2002.
134) Rhona K. M. Smith, *Textbook on International Human Rights*, 6th ed. (Oxford Univ. Press, 2014), p. 280.
135) Katsuno, Masaharu et al. v. Australia, CCPR/C/88/D/1154/2003 (2006), para. 6.2.
136) 河上和雄・古田佑紀・原田國男・中山善房・河村博編『大コンメンタール刑事訴訟法　第2版　第3巻』（青林書院、2010年）191～192頁。
137) 東京高判平成3年9月18日判タ777号260頁。
138) 田中「前掲論文」（注21）107～108頁。

付録　主要な裁判員裁判対象事件一覧表 (2008年12月時点)

出典：法務省ホームページ「よろしく裁判員　教師用参考資料」
http://www.moj.go.jp/content/000003697.pdf（2015年11月25日アクセス）

① 死刑又は無期に当たる罪（刑法犯）

罪名	条項	死刑	無期 懲役	無期 禁錮	有期 懲役	有期 禁錮
現住建造物等放火	第108条	○	○		5年以上	
激発物破裂（108）	第117条第1項前段	○	○		5年以上	
現住建造物等浸害	第119条		○		3年以上	
電汽車転覆・艦船転覆	第126条第1項，第2項		○		3年以上	
汽車転覆等致死	第126条第3項	○	○			
往来危険による汽車転覆等致死	第127条，第126条第3項	○	○			
電汽車往来危険転覆，艦船往来危険転覆	第127条		○		3年以上	
水道毒物等混入致死	第146条後段		○		5年以上	
通貨偽造・同行使	第148条第1項，第2項		○		3年以上	
詔書偽造・同行使	第154条第1項，第2項，第158条第1項		○		3年以上	
偽造詔書等作成・同行使	第156条，第158条第1項		○		3年以上	
強制わいせつ致死傷	第181条第1項		○		3年以上	
強姦致死傷	第181条第2項		○		5年以上	
集団強姦等致死傷	第181条第3項		○		6年以上	
殺人	第199条	○	○		5年以上	
身の代金目的拐取	第225条の2第1項		○		3年以上	
拐取者身の代金取得等	第225条の2第2項		○		3年以上	
強盗致傷	第240条前段		○		6年以上	
強盗致死（強盗殺人を含む）	第240条後段	○	○			
強盗強姦	第241条前段		○		7年以上	
強盗強姦致死	第241条後段	○	○			

以上のほか，上記各罪の未遂処罰規定による罪（例・殺人未遂）

② 死刑又は無期に当たる罪（特別法犯）

罪名	条項	死刑	無期懲役	無期禁錮	有期懲役	有期禁錮
営利目的による覚せい剤の輸出入又は製造	覚せい剤取締法第41条第2項		○		3年以上	
航空機の強取等	航空機の強取等の処罰に関する法律第1条第1項		○		7年以上	
航空機強取等致死	航空機の強取等の処罰に関する法律第2条	○	○			
航行中の航空機を墜落させる等の罪	航空の危険を生じさせる行為等の処罰に関する法律第2条第1項，第2項		○		3年以上	
航空機墜落等致死	航空の危険を生じさせる行為等の処罰に関する法律第2条第3項	○	○		7年以上	
業務中の航空機の破壊等致死	航空の危険を生じさせる行為等の処罰に関する法律第3条第2項		○		3年以上	
業として行う不法輸入等	国際的な協力の下に規制薬物に係る不正行為を助長する行為等の防止を図るための麻薬及び向精神薬取締法等の特例等に関する法律第5条		○		5年以上	
サリン等の発散	サリン等による人身被害の防止に関する法律第5条第1項		○		2年以上	
けん銃等の発射	銃砲刀剣類所持等取締法第31条		○		3年以上	
営利目的によるけん銃等の輸入	銃砲刀剣類所持等取締法第31条の2第2項		○		5年以上	
組織的な殺人	組織的な犯罪の処罰及び犯罪収益の規制等に関する法律第3条第1項第3号，第2項	○	○		6年以上	
組織的な身代金目的略取等	組織的な犯罪の処罰及び犯罪収益の規制等に関する法律第3条第1項第6号		○		5年以上	
常習強盗傷人・常習強盗強姦	盗犯等ノ防止及処分ニ関スル法律第4条		○		10年以上	
爆発物使用	爆発物取締罰則第1条	○	○		7年以上	7年以上
加重人質強要	人質による強要行為等の処罰に関する法律第2条		○		5年以上	
加重人質強要（航空機の強取等の罪を犯した者による人質強要）	人質による強要行為等の処罰に関する法律第3条		○		10年以上	
人質殺害	人質による強要行為等の処罰に関する法律第4条	○	○			
営利の目的による銃砲の無許可製造	武器等製造法第31条第2項		○		5年以上	
営利の目的によるジアセルモルヒネ等の輸出入，製造	麻薬及び向精神薬取締法第64条第2項		○		3年以上	
流通食品への毒物混入等致死傷	流通食品への毒物の混入等の防止等に関する特別措置法第9条第2項		○		1年以上	
高速自動車国道における往来危険による自動車転覆等致死	高速自動車国道法第27条第2項後段		○		3年以上	
事業用自動車転覆等致死	道路運送法第101条第2項後段		○		3年以上	
自動車道における往来危険による自動車転覆等致死	道路運送法第102条，第101条第2項後段		○		3年以上	
決闘殺人	決闘罪に関する件第3条，刑法第199条	○	○		5年以上	
放射線の発散等	放射線を発散させて人の生命等に危険を生じさせる行為等の処罰に関する法律第3条第1項		○		2年以上	

以上のほか，上記各罪の未遂処罰規定による罪

③ 法定合議事件であって故意の犯罪行為により被害者を死亡させた罪（刑法犯）

罪名	条項	死刑	無期		有期	
			懲役	禁錮	懲役	禁錮
ガス漏出等致死	第118条第2項，第205条				3年以上	
往来妨害致死	第124条第2項，第205条				3年以上	
浄水汚染等致死	第145条，第205条				3年以上	
特別公務員職権濫用等致死	第196条，第205条				3年以上	
傷害致死	第205条				3年以上	
危険運転致死	第208条の2				1年以上	
不同意堕胎致死	第216条，第205条				3年以上	
遺棄等致死	第219条，第205条				3年以上	
逮捕等致死	第221条，第205条				3年以上	
建造物等損壊致死	第260条後段，第205条				3年以上	

④ 法定合議事件であって故意の犯罪行為により被害者を死亡させた罪（特別法犯）

罪名	条項	死刑	無期		有期	
			懲役	禁錮	懲役	禁錮
決闘傷害致死	決闘罪に関する件第3条，刑法第205条				3年以上	

おわりに

　筆者が最初に司法通訳翻訳に関心を持ったきっかけは、現職である静岡県立大学に赴任してしばらくしたある日、留学生との雑談の中で聞いた、日本語学校在学中に法廷通訳の経験をしたという話であった。日本語を学習中である日本語学校生が司法の現場で重要な役割を担っているという事実に愕然とし、それから少しずつ関連の文献資料や情報を収集し、2000年には、司法通訳に関する実態把握と研究のための予備考察として、静岡県における調査を行った。この調査は、手続過程で司法通訳翻訳を必要とする機関である警察、裁判所、弁護士会の関係者へのインタビュー調査であった。その後、実際に司法通訳翻訳に携わっている通訳人に対するグループインタビュー調査等を行い、その結果、司法通訳翻訳に関わる様々な問題の存在を知った。しかしながら、この時点ではそれらの問題を深く探求することも改善に向けての有効な提言を行うこともできなかった。

　法廷通訳翻訳を含む司法通訳翻訳に関しては、徐々に様々な進展が見られ、新しい制度作りが漸進的に進行しつつあるようである。第Ⅰ部第１章で紹介されたように、裁判所では、法廷通訳人の経験等に応じて各種の研修を行っており、また法廷通訳のための参考資料として、18言語の『法廷通訳ハンドブック実践編』及び３言語の『法廷通訳ハンドブック』が法曹会から出版されている[1]。さらに、通訳人の個人情報に対する配慮や、法廷での複数通訳人体制の導入[2]、事件の被害者遺族への通訳人手配など、法廷通訳翻訳

や通訳人に関わる状況の改善は少しずつ進んでいるかに見える。しかし、未だ解決されない問題も多い。日本の法廷通訳人は職業上の肩書がなく、国家資格も存在せず脆弱な立場におかれている。裁判員裁判制度が始まり、本書第Ⅱ部で述べられているように、通訳人にとっての負担はむしろ増加していると思われる。

　本書の執筆者の専門は様々であり、多様な手法や問題領域を対象とする広範なアプローチからの力作が揃ったと思う。法廷通訳翻訳に関する問題が極めて重要であることにはもはや疑問を差し挟む余地はないであろうが、その一方でこれらの問題が早急に改善されるとは思えない。だが、法廷通訳翻訳をとり巻く環境は日々変化しており、ここで明らかになった現状を把握し改善へ向けて進展を図るためのいろいろな指針が見えてきているのも事実である。私たち研究グループは、この問題に関して今後も発信を続け、多くの関係機関や法廷通訳人と問題の共有をしていきたいと考えている。本書が法廷通訳翻訳の研究及び実務上のたたき台として活用され、法廷通訳翻訳をとり巻く環境がさらに改善し発展することを願ってやまない。

　本書が刊行に至るまでには、多くの方々のご指導とご支援、尊い支えがあった。快く調査に応じてくださった通訳人の皆さん、貴重なご意見ご指導と励ましをくださった研究者及び関係者の皆さん、また刊行を引き受けていただき、適切なサポートをしてくださった大阪大学出版会の川上展代さんはじめ編集部の方々には大変お世話になった。深く感謝申し上げる。

　なお、本研究の公開にあたって、日本学術振興会（JSPS）より平成27年度科研費（研究成果公開促進費）の助成を頂いた（課題番号15HP5228）。記して感謝を申し上げたい。

2015年12月
水野かほる

1）最高裁判所事務総局刑事局『平成27年度ごぞんじですか法廷通訳　——あなたも法廷通訳を——』による。
2）これについては様々な意見がある。第Ⅱ部第4章を参照。

索引

編者注:本書の題目にあり、ほぼ全章に頻出する「裁判員裁判」、「裁判員制度」、「通訳翻訳」、「法廷通訳」、「法廷通訳人」については、項目からは割愛した。

あ 行

意見書　25, 27, 29, 34, 49, 50, 65, 143, 189, 190, 245, 264
イタリア語　31, 70, 71, 113-115, 218, 282
一般的意見　269, 271, 272, 276, 278, 287, 290, 296, 298, 301, 305
インドネシア語　31, 53
ウルドゥー語　31, 53, 201
英語　4, 6, 13-15, 31, 35, 37-40, 42, 43, 47, 53, 56, 57, 65, 69-72, 74, 76, 78, 79, 81, 83, 85, 88, 105, 137, 145-164, 169, 180, 181, 186, 207, 218, 245, 246, 248, 251-254, 257, 264, 290, 306
英語変種　158, 159
欧州人権裁判所　269-271, 273, 275-279, 281-283, 285-291, 293-295, 299, 303, 304, 306
欧州人権条約　269, 270, 273, 275-278, 281-283, 285, 286, 288-291, 293, 295, 299, 303, 304

か 行

外部圏　155-157, 162
拡張圏　155
覚せい剤　16, 30, 35, 40-43, 85, 87, 90, 115, 149, 150, 154, 161, 309
カリフォルニア州通訳人連盟（CFI）　250
漢語方言　127
韓国・朝鮮語　31, 36-39, 53, 69-71, 95, 173-178, 180, 181, 184, 186, 187, 189
広東語　37, 43, 127, 132, 137, 141, 143, 153, 156, 251
傾き　170, 175, 177, 182

言語イデオロギー　147, 150-152, 154, 161
誤訳　49, 55, 57, 74-76, 79, 86, 87, 91, 95, 96, 99, 102, 107-112, 116-118, 132, 133, 138, 141, 158, 159, 167, 168, 188, 245, 268, 291, 294-298
公益通訳翻訳　2, 16
肯定命題・否定命題　182
ごぞんじですか法廷通訳　19, 23, 31, 32, 33, 35-37, 43, 64, 121, 143, 148, 153, 165, 312

さ 行

最高裁判所　6, 19, 20, 23, 28, 31-33, 35, 42, 43, 50, 53, 64, 86, 121, 143, 146, 148, 149, 153, 159, 163-165, 188, 215, 249, 312
裁判員裁判の実施状況等に関する資料　35, 43, 153, 165
資格認定制度　5, 7, 20, 27, 29, 49, 245, 263, 268
質の保証　64, 211, 213-215, 229, 235
職業訓練　64, 215, 219, 229, 235
シンハラ語　31, 37
自由権規約　19, 267-281, 283-292, 294-302
自由権規約委員会　269-272, 274-276, 278, 280, 281, 284, 287, 290, 292, 293, 295, 298-301, 305
守秘義務　57, 58, 61, 164, 261
少数言語　47, 53, 105-107, 147, 148, 154, 161, 212, 218, 219, 258, 288
人権　2, 58, 64, 102, 103, 161, 165, 272, 292, 298-301, 306
スウェーデン語　53
ストレス　11, 54, 65, 68, 77, 82, 88, 112, 118, 120

スペインのリーガル通訳翻訳　196
スペインの公認通訳翻訳　202-204
スペインの司法通訳翻訳　198
スペイン語　31,37,39,40,43,53,70,71,85,
　　88-90,93,94,151,153,164,199,201,204,
　　205,212,236,238,248,251,284,301
世界諸英語　155,157

た　行

タイ語　31,36,37,125
台湾語　37,43,70,71,95,132-134,137,139,
　　141,143,153
多民族　125,129-131,138,142,153
多様性　5,93,125-127,129,131,132,138,
　　139,141,142,146,154,158,160,236
台湾国語　126,132-137,139,141
中国語　6,31,36-40,42,43,53,56,95,
　　125-129, 131-134, 136-144, 153, 163,
　　173-176,178-184,186,187,189-191,218,
　　239
通訳しやすさ　176,177
通訳の適切さ　176-178,184,189
通訳言語　6,20,28,32,35,37-40,43,48,52,
　　53,68,71,76,84,88,95,117-119,121,
　　132,145-150,152-154,160,161,173,187
通訳人の職業倫理　223
通訳人を導管とみなす言語観　188
通訳人候補者名簿　20,21,81
通訳人選任　21,22,24-26,70
通訳業務の委託　213,238
通訳翻訳人の養成　200
ドイツ語　31,39,40,53,70,71,108,109,218,
　　279
統計　31,35,42,125,142,144,146,149,153,
　　163,195
透明な翻訳機械　168,188
導管　152,168,188,260,262
トルコ語　31,53,251,279,282

な　行

内部圏　155,156
二重否定　173-176,183-188,190,191

日弁連　27-29,49,50,63
日本語　1-7,12-15,19,24,36,40,43,48,51,
　　52,58-61,63,64,67,69,75,76,78,79,82,
　　95,100,108,113,114,118,127,133-136,
　　138,143,149,154,157,159-161,163,168,
　　169,171,173-176,178-187,189-191,205,
　　238,246,248,251-254,257,258,263,264,
　　268,272,311
日本弁護士連合会　27,34,49,65,143,188,
　　190,245,264
入札制度　202

は　行

被告人　1,3,4,6,14-16,18-20,23-26,28,29,
　　35,36,38-41,43,48,55,57,58,60-62,67,
　　72,74,75,77-79,82,83,85,87-91,93,96,
　　99-101,105,107,109,114,115,118,120,
　　126,128,132,135,136,139,141,142,146,
　　148,149,152-154,156-163,167,222,233,
　　254,261,268-270,272-297,299-301,306
被疑者　1, 16, 24, 25, 32, 33, 108, 126, 128,
　　132, 136-139, 141, 146-148, 152-154,
　　157-163,167,199-201,205,269,270,273,
　　274,277-291,293-296,301
否定疑問文　60,168-182,185-191
非母語話者　154,157,160
普通話　126-129,131,132,134-136,141-143,
　　189
フィリピン（タガログ）語　13,15,31,32,36-
　　40,47,69-71,105,121,153,163,251
武器対等の原則　269-271,300,301
福建語　70,71,95,132,137,141,153
負担　6, 11, 19, 24, 30, 47, 48, 50, 51, 54, 55,
　　57,58,60-64,67,68,72-74,77,78,83,84,
　　87,91,93,95,98,99,101,104,105,107,
　　109,111,112,117-121,130,168,184,187,
　　188,231,252,277,278,297,312
フランス語　31,36,39,40,53,145,164,218,
　　251,280,281
米国　7, 15, 27, 28, 148, 151, 155, 157,
　　245-251,256-259,262-264,290
米国翻訳者協会（ATA）　250

314

米州人権委員会　299,301
米州人権条約　269,299,302
北京語　6,37,43,53,70,71,95,126,127,132,
　　133,153,251
ベトナム語　31,36-38,251
ヘブライ語　53,288
ペルシア語　37,39,53,70,71,107
防御権　269-274,276,277,279,280,282-291,
　　293,294,296,297,300,301
報酬　28,47,50,53,55,56,60-64,67,72,73,
　　77,96,97,99,117,118,120,140,202,206,
　　214,237,268
法廷通訳人研修　18,20
ポーランド語　53,70,71,111,147,218,251
ポルトガル語　31,36-39,70,71,79,88,89,
　　115,163,164,218,251

ま行

マレーシア語　53
ミシガン州通訳翻訳ネットワーク（MiTiN）
　　250
ミャンマー語　31,53
模擬裁判　18,48,164

ら行

リンガフランカ　145-148,152,155,157,158,
　　160-162
ロシア語　31,37,39,40,218,251,281,283

執筆者等一覧

水野かほる（みずの　かおる／編者、第7章、おわりに）
静岡県立大学国際関係学部准教授。名古屋大学大学院文学研究科日本言語文化専攻博士課程（前期）修了。専門分野：日本語教育、社会言語学。主要論文：「外国人事件における司法通訳の正確性——要通訳事件の事例からの考察——」『言語政策』第4号、日本言語政策学会（2008）1-24頁；「法廷通訳人が法曹三者の発言に感じる訳しやすさ・訳しにくさ——法廷通訳人のための『やさしい日本語』開発に向けて——」『Ars Linguistica (Linguistic Studies of Shizuoka)』Vol. 20，日本中部言語学会（2013）73-89頁。

津田守（つだ　まもる／編者、はじめに、第1章、第4章）
名古屋外国語大学現代国際学部教授。同大学院グローバル共生コース（多言語多文化マネジメント及び公益通訳翻訳専攻）代表。大阪大学グローバルコラボレーションセンター名誉教授。1948年、東京生まれ。青山学院大学卒業、フィリピン国立大学文理大学院社会学修士修了。同文理学部社会学科専任講師、四国学院大学社会学科助教授、大阪外国語大学フィリピン語学科主任・助教授、ハーバードロースクール客員研究員、大阪外国語大学教授（同大学院通訳翻訳専修コース担当）、大阪大学教授（大学院高度副プログラム「司法通訳翻訳」及び「医療通訳」コースを担当）を経て現職。日本通訳翻訳学会理事及び評議員を歴任。1986年以降、司法・行政（捜査、弁護、法廷、矯正等）通訳翻訳にも携わり、現在に至る。フィリピン社会研究、日比関係論のほか、通訳翻訳関連の編著書・論文多数。『15言語の裁判員裁判用語と解説（全3巻）』現代人文社、2013年（第1巻は日本語、英語、中国語［簡体字］、中国語［繁体字］、韓国・朝鮮語、モンゴル語；第2巻は日本語、英語、フィリピン語、インドネシア語、ベトナム語、タイ語；第3巻は日本語、英語ヒンディー語、ウルドゥー語、ペルシア語、ロシア語、ポルトガル語、スペイン語所収）。

ヤコブ・E・マルシャレンコ（Jakub E. Marszalenko／第2章、第6章）
名古屋外国語大学大学院国際コミュニケーション研究科博士後期課程在籍。1983年、ポーランド共和国生まれ。ワルシャワ大学日本語日本文化専攻、ワルシャワ大学博士前期課程（日本語日本文化専攻）及び、大阪大学大学院人間科学研究科博士前期課程（グローバル人間学専攻）修了。修士（日本語日本文化学及びグローバル人間学）。専門分野：司法通訳学、リンガフランカとしての英語。主要論文："English as the language of Interpreting in criminal proceedings in Japan, *Obras Colectivas Humanidades* (39) - *(Re)Visiting Ethics and Ideology in Situations of Conflict*, pp. 313-323, 2014., "Three stages of interpreting in Japan's legal process, *Language and Law/Linguagem e Direito*, 1 (1): pp. 174-187, 2014., "Public Interest Interpreting and Translation in Japan: Nagoya's Pioneering Training Program, *The Journal of Translation Studies*, Vol. 16-4, pp. 117-146, 2015 (coauthored by Mamoru Tsuda).,

"English as a Lingua Franca in Interpreter-Mediated Criminal Proceedings in Japan: The Issue of Readability of Translated Judgment Texts, *Forum International Journal of Interpretation and Translation*, Volume 13 No. 2, pp. 45-68, 2015. 2011年より英語及びポーランド語の通訳人として、警察、検察庁、裁判所などにおける司法通訳翻訳に携わる。

高畑幸（たかはた　さち／第1章、第3章）

静岡県立大学国際関係学部准教授。1969年、大阪生まれ、秋田育ち。大阪外国語大学（現・大阪大学）大学院でフィリピン研究専攻、大阪市立大学文学研究科後期博士課程（社会学専攻）修了。博士（文学）。専門分野：都市社会学、都市エスニシティ、在日外国人問題（特に在日フィリピン人）。主要論文：「大都市の繁華街と移民女性──名古屋市中区栄東地区のフィリピンコミュニティは何を変えたか」『社会学評論』第62巻第4号、日本社会学会、504-520ページ、2012年。1993年よりフィリピン（タガログ）語の法廷通訳を始め、担当事件件数は英語通訳を含め約450件。

佐野通夫（さの　みちお／第4章）

こども教育宝仙大学教授。1954年、静岡県生まれ。東京大学法学部第1類、同大学院教育学研究科教育行政学専門課程、ソウル大学大学院教育学科を経て、博士（教育学）（広島大学）。1997年1月、法廷通訳人候補者として登載され、高松高裁管内の各地裁・高裁で通訳人を務める。1998年2月、法廷通訳研究会（高松高裁）、2001年9月、法廷通訳研究会（広島高裁）に法廷通訳経験者講師として出席、2003年1月、法廷通訳人セミナー講師（高松高裁）、2004年8月、刑事通訳人と刑事委員会との交流会（岡山弁護士会）に出席、2006年3月、2008年12月、法廷通訳フォローアップセミナー講師（高松高裁・広島高裁）等歴任。

浅野輝子（あさの　てるこ／第4章）

名古屋外国語大学現代国際学部教授。同学部及び大学院国際コミュニケーション研究科にて通訳法による英語、司法通訳翻訳、保健医療福祉における通訳等の授業を担当。名古屋地方裁判所、名古屋高等裁判所にて法廷通訳人として25年間、外国人裁判に携わる。「あいち医療通訳システム」推進委員会委員、同研修プログラム講師。科学研究費挑戦的萌芽研究（2014-16年度）「自治体による医療通訳者養成と活用：＜あいち医療通訳システム＞検証と全国モデル構築」研究代表者。主要論文：「被疑者国選弁護制度導入に伴う外国人刑事事件に於ける接見通訳の重要性」。共著「通訳の現場から学ぶ実践演習」（南雲堂フェニックス 2008年）「翻訳入門──日英編──」（大阪教育図書 2014年）など。

額田有美（ぬかだ　ゆみ／第4章）

大阪大学大学院人間科学研究科博士後期課程在籍。日本学術振興会特別研究員。1988年、兵庫生まれ。大阪外国語大学（現・大阪大学）スペイン語専攻卒業、大阪大学大学院人間科学研究科博士前期課程（グローバル人間学専攻）修了。専門分野：法文化研究（文

化鑑定、カルチャーディフェンス、先住民慣習法裁判など)、応用・実践人類学、ラテンアメリカ地域研究。主要論文："El perito cultural como traductor cultural: análisis cualitativo del peritaje cultural en Costa Rica"(「文化の翻訳者」としての文化鑑定士――コスタリカの「文化鑑定」についての質的分析)『ラテンアメリカ研究年報』第35号、日本ラテンアメリカ学会、107-142頁、2015年。

本松恵 (もとまつ　めぐみ／第5章)
名古屋外国語大学大学院国際コミュニケーション研究科博士後期課程在籍。1987年中国吉林省に生まれ、1999年来日。福岡教育大学国際共生コース卒業後、大阪大学大学院言語文化研究科(言語社会学専攻)修了。修士(言語社会学)並びに副専攻司法通訳翻訳学、修了。2012年より中国語(北京語)通訳人として、警察、裁判所などにおける司法通訳翻訳に携わる。

鈴木いづみ (すずき　いづみ／第10章)
ISS及び日本コンベンションサービスの会議通訳者として稼働後、1978年に渡米。ミシガン州にて1984年、鈴木・マイヤーズ＆アソシエーツ㈱設立。1989年、アメリカ翻訳者協会(American Translators Association: ATA)に加入後、日英両方向の認定翻訳者となり、日本語部門長、理事、翻訳認定試験審査委員などを歴任。現在は認定委員会委員及び通訳方針諮問委員会委員(Interpreting Policy Advisory Committee)を務める。1991年に創立されたミシガン翻訳者通訳者ネットワーク(Michigan Translators/Interpreters Network: MiTiN)のの発起人一人で、長年会長を務めた後、現在は理事会アドバイザー。2003年、カリフォルニア州にて日英の認定法廷通訳人の資格取得。全国司法通訳者翻訳者協会(National Association of Judiciary Interpreters and Translators: NAJIT)会員。

マリア・イサベル・アルコネロ・グティエレス
(María Isabel Alconero Gutiérrez ／第8章)
賢王アルフォンソ10世大学(スペイン)講師。会議・司法通訳としても活動。バリャドリード大学(スペイン)翻訳・通訳学部卒業(スペイン語、フランス語、英語、イタリア語)。ラグナ大学(テネリフェ、スペイン)会議通訳修士課程(スペイン語、フランス語、英語、イタリア語)修了。バリャドリード大学翻訳・通訳学部修士課程修了。専門分野：翻訳・通訳学。主要論文："Análisis contrastivo de la Traducción francés-español de unidades fraseológicas cromáticas en guiones cinematográficos"(映画脚本に見るフランス語・スペイン語翻訳の語法の比較分析、バリャドリード大学修士論文)。

イグナシオ・キロス (Ignacio Quiros ／第8章訳)
常葉大学・静岡県立大学非常勤講師(スペイン語)。ボルドー第三大学(フランス)東洋文明・言語学部卒業。ボルドー第三大学東洋文明・言語学部博士課程修了。パリ大学(フランス)ソルボンヌ高等研究実習院宗教学部博士課程在学中。専門は東洋学、スペイン

語教育。通訳者としても活動（スペイン語⇔日本語、フランス語、英語）。主要論文："Regarder le corps dans la mythologie japonaise. Tabou ou vertu?"（記紀における「身体」と「視線」の関連をめぐって）, *Récits du corps au Maroc et au Japon*, 2011, pp. 33-45. *Fonctions et représentations du corps dans la culture japonaise*（日本文化における腹と腰を中心とした身体に関する概念、ボルドー第三大学修士論文）。翻訳：Masataka Suzuki, "La modernisation des temples bouddhiques : Nanzō-in et la société locale de Sasaguri"（鈴木正崇「仏教寺院の近代化と地域社会――篠栗町南蔵院の場合――」、共訳）*Cahiers d'Extrême-Asie*, 23, 2014, pp. 351-421.

森直香（もり　なおか／第8章訳、第9章訳）
静岡県立大学国際関係学部講師。南山大学外国語学部卒業。京都外国語大学大学院修士課程外国語学研究科修了。バリャドリード大学（スペイン）大学哲文学部博士課程修了。博士（哲文学）。専門分野：スペイン文学、比較文学、スペイン語教育。主要論文："Murakami Haruki y España"（村上春樹とスペイン）, *Kokoro : Revista para la difusión de la cultura japonesa*, núm. 16, septiembre-diciembre 2014, pp. 2-12. "Lorca y Mishima"（ロルカと三島）, *Hecho teatral*, núm. 12, 2012, pp. 485-511.「初期受容期の日本におけるロルカ悲劇の解釈――1955～56年『ベルナルダ・アルバの家』公演の分析を通して――」、『イスパニカ』第52号、日本イスパニア学会、2008年、pp. 127-144. 翻訳：「ロルカ・青年時代の未刊の戯曲『観念的小コメディア』『魂の戯曲』『魂の演劇――霊的生活の風景――』」『スペイン学』第14号、京都セルバンテス懇話会、2012年、pp. 141-151. ミシェル・モネ「フランスにおける『ドン・キホーテ』の受容」『ドン・キホーテ事典』樋口正義、本田誠二、坂東省次、山崎信三、片倉充三編、行路社、2005年、pp. 284-297。

フアン=ミゲル・オルテガ・エラエス（Juan Miguel Ortega Herráez／第9章）
アリカンテ大学（スペイン）博士助教。マドリード自治州高等裁判所、スペイン内務省翻訳・通訳人。グラナダ大学（スペイン）翻訳・通訳学部博士課程修了。博士（翻訳・通訳学）。主著：*Interpretar para la Justicia*（司法のための通訳）. Granada, Comares, 2010. 主要論文：Martin, A. and Ortega Herráez J.M., "From invisible machines to visible experts : Views on interpreter role and performance during the Madrid train bomb trial", Cristina Schäffner, Krzysztof Kredens and Yvonne Fowler (eds), Interpreting in a Changing Landscape, Amsterdam/Philadelphia, Benjamins, 2013, pp. 101-116. "Cómo acreditar intérpretes a través de la traducción : análisis crítico de la acreditación profesional de intérpretes jurídicos en España"（翻訳を通じてどのように通訳者たちに資格認定を行うか：スペインにおける司法通訳の資格認定の批判的分析）, *Trans : revista de traductología*, vol. 15, 2011, pp. 131-153. Ortega Herráez, J.M.; Abril Martí, M.I.; Martin, A. "Community Interpreting in Spain : a comparative study of interpreters' self-perception of role in different settings", Sandra Hale, Uldis Ozolins y Ludmila Stern (eds) *The Critical Link 5 : Quality in Interpreting – a shared responsibility*, Amsterdam/Philadelphia, Benjamins, 2009, pp. 149-167.

坂巻静佳（さかまき　しずか／第11章）
　静岡県立大学国際関係学部講師。東京大学法学部卒業。東京大学大学院法学政治学研究科総合法政専攻博士課程修了。博士（法学）。専攻分野：国際法。主要論文：「重大な人権侵害行為に対する国家免除否定論の展開」『社会科学研究』（東京大学社会科学研究所）第60巻2号（2008年）33～60頁；「国際司法裁判所『国家の裁判権免除』事件判決の射程と意義」『国際法研究』第1号（2013年）113～141頁；「軍艦その他の政府公船に対し保護権の行使としてとりうる措置」『日本海洋政策学会誌』第5号（2015年）48～60頁。

裁判員裁判時代の法廷通訳人

2016年2月28日　初版第1刷発行　　　［検印廃止］

編　者　　水野かほる・津田　守

発行所　　大阪大学出版会
　　　　　代表者　三成　賢次

〒565-0871　大阪府吹田市山田丘 2-7
　　　　　　大阪大学ウエストフロント
TEL 06-6877-1614
FAX 06-6877-1617
URL：http://www.osaka-up.or.jp

印刷・製本　　尼崎印刷株式会社

ⓒ K. Mizuno, M. Tsuda, et. al. 2016

Printed in Japan

ISBN 978-4-87259-507-9 C3032

Ⓡ〈日本複製権センター委託出版物〉

本書を無断で複写複製（コピー）することは、著作権法上の例外を除き、禁じられています。本書をコピーされる場合は、事前に日本複製権センター（JRRC）の許諾を受けてください。